Comentários sobre
EXCELÊNCIA NO DESENVOLVIMENTO DE PRODUTOS

"Este livro nos leva além da qualidade de fabricação para aspectos da qualidade geral de produtos que, com frequência, recebem pouca atenção. Eles são essenciais, mas difíceis de quantificar. **Excelência no Desenvolvimento de Produtos** presta o notável serviço de esclarecer a natureza de tais produtos e sugerir maneiras específicas de empregá-los. Deseja produzir produtos que as pessoas realmente querem? Leia este livro."

DAVE BEACH, *Professor, Diretor do Product Realization Lab, Stanford University, Hasso Platner Institute of Design.*

"Em um mundo que constantemente cria formas aprimoradas de atingir fins não aprimorados, Jim Adams dá um passo atrás e pergunta: 'Pra começo de converça, o que faz um produto ser excelente?' **Excelência no Desenvolvimento de Produtos** é um livro de conceitos práticos, um mergulho profundo nos aspectos essenciais que explicam por que simplesmente usamos algumas coisas e temos estimação por outras. Engenheiros, designers e profissionais de marketing enriquecerão seu repertório com este livro e vão querer saber como ficamos tanto tempo sem ele."

DEV PATNAIK, *CEO e cofundador da Jump Associates; autor de* Wired to Care.

"Jim Adams nos delicia mais uma vez com um bom produto. Este livro logo deverá se tornar uma leitura fundante para todo estudante, profissional e empreendedor que aspira a realmente fazer a diferença."

NICOLAS SHEA, *fundador do eClass and Start-Up Chile.*

"Os conceitos de Jim Adams a respeito de como fazer um bom produto têm sido parte essencial de nosso esforço de design na Forbes Marshall, na Índia, há mais de dez anos. Nossos produtos costumeiramente ganham prêmios por inovação nacional e design, e isso ocorreu em grande parte por termos incorporado e praticado os conceitos de Jim. A publicação de *Excelência no Desenvolvimento de Produtos* é um acontecimento que aguardo há mais de uma década. Mal posso esperar para que nossos engenheiros tenham seus exemplares. Se você conhece o trabalho de Jim, estará lá na fila para comprar este livro. Se você não conhece, uma grande descoberta o aguarda."

NAUSHAD FORBES, *CEO na Stean Engineering Businesses e na Forbes Marshall; presidente do Conselho da Confedereção de Inovação da Indústria Indiana.*

EXCELÊNCIA NO DESENVOLVIMENTO DE PRODUTOS

EXCELÊNCIA NO DESENVOLVIMENTO DE PRODUTOS

Como criar e desenvolver produtos que construam uma imagem de qualidade, elegância, emoção e prazer

JAMES L. ADAMS

M.Books do Brasil Editora Ltda.

Rua Jorge Americano, 61 - Alto da Lapa
05083-130 - São Paulo - SP - Telefones: (11) 3645-0409/(11) 3645-0410
Fax: (11) 3832-0335 - e-mail: vendas@mbooks.com.br
www.mbooks.com.br

Dados de Catalogação da Publicação

Adams, James L. – Excelência em Desenvolvimento de Produtos
2014 – São Paulo – M.Books do Brasil Editora Ltda.

1. Marketing 2. Desenvolvimento de Produtos 3. Vendas

ISBN: 978-85-7680-236-5

Do original: Good Product/Bad Products
Original publicado por The McGraw-Hill Companies
ISBN original: 978-1-07-178240-1

© 2012 por The McGraw-Hill Companies
© 2014 por M.Books do Brasil Editora Ltda.

Editor: Milton Mira de Assumpção Filho
Tradução: Maria Lucia Rosa
Produção Editorial: Carolina Evangelista
Coordenação Gráfica: Silas Camargo
Editoração: Crontec

2014
M.Books do Brasil Editora Ltda.
Proibida a reprodução total ou parcial.
Os infratores serão punidos na forma da lei.
Direitos exclusivos cedidos à
M.Books do Brasil Editora Ltda.

Para Marian, que lutou para aprimorar minha qualidade.

Agradecimentos

Em primeiro lugar, gostaria de agradecer a todos os estudantes da Stanford que fizeram uma série de cursos que não só me deram a oportunidade de pensar sobre qualidade de produto com eles, mas também me deram um excelente feedback sobre as anotações do curso que se tornou a base para este livro. Esses cursos começaram em 1984 intitulado Tecnologia e Estética, que ministrei no programa Stanford Values, Technology, Science and Society (VTSS), inicialmente instigado pela habilidade de Barry Katz, então professor no programa e agora professor de Humanidades e Design na Califórnia, no Colégio de Artes. No início de 1993, este curso foi listado nos departamentos de Engenharia Mecânica, Engenharia Industrial e Administração de Engenharia da Stanford bem como no VTSS como Qualidade e os Produtos industrializados. Em 1997, ele recebeu o nome de *Excelência no Desenvolvimento de Produtos*, e desde 2000 tem sido ministrado por meu bom amigo e colega, o Professor David Beach, diretor do Product Realization Lab in the Design Group do Departamento de Engenharia Mecânica da Stanford, que redesenhou o curso para adequá-lo ao seu estilo e modo de pensar, mas manteve parte da estrutura anterior e continuou a usar minhas anotações. Se qualquer ex-aluno ler isso, agradeço – espero que você tenha aproveitado e aprendido tanto em meu curso quanto eu.

Quanto à publicação, eu gostaria de agradecer a meu agente, de Serviços Literários John Willing, que encontrou para o livro um lar; Stephanie Frerich, editor entusiasta de aquisição da McGraw-Hill Professional, que conduziu o livro por todo o processo de edição; Zachary Gajewski, editor de desenvolvimento, que fez um trabalho heroico de cortar material extra, ajustar os textos e, de modo geral, transformar o manuscrito em um livro bem mais razoável; Charles Fisher e o grupo de produção, que o refinou e o compôs; e, por fim, Julia Baxter e Ann Pryor, que ajudaram a fazer o mundo saber da existência dele.

Sou grato a várias pessoas que leram e comentaram todas as partes das anotações e o manuscrito, inclusive não só David Beach, mas também Baushad Forbes, CEO, Steam Engineering Businesses, Forbes Marshall, Inc., em Pune India, um amigo íntimo e ex-aluno de doutorado que insistia repetidamente para que eu escrevesse este livro e colocasse as anotações originais do curso para funcionar em sua empresa (chamando-as de "regras de Jim"), dando-me feedback valioso sobre sua utilidade; Professor Sheri Sheppard, meu crítico número 1 de redação do Design Group em Stanford; Bob Adams, diretor de Business Partnerships for Sustainable Conservation (uma organização sem fins lucrativos) e produtor rural; Dev Parbaik, cofundador e executivo chefe da Jump Associates, uma empresa de estratégia de crescimento em San Mateo, Califórnia; e finalmente, mas, sem dúvida, não menos importante, agradeço à minha esposa Marian Adams, que lê, comenta e edita tudo o que eu escrevo porque ela me ama e porque eu fico irritado se ela não faz isso.

Sumário

Agradecimentos 9

Introdução 15

Capítulo 1 – Produtos e qualidade
Qual é a situação? 19

Tendências futuras: crescimento e "gosto" da população 21

Um exemplo de aprimoramento da qualidade 23

Além da qualidade de fabricação 28

Concorrência global 29

Daqui para frente 31

Capítulo 2 – Problemas para aumentar a qualidade do produto
Mentalidade curta e atitudes 33

Raciocínio, solução de problemas e qualidade 34

A tradição é forte 39

Falhas na teoria econômica 44

A natureza mutável do design 45

Mais criatividade e inovação 51

Capítulo 3 – Desempenho, custo e preço
É um bom negócio? 57

Quantificando o desempenho 58

A complexidade do custo e do preço 62

O equilíbrio entre desempenho e custo 64

Por que existem problemas? 68

Capítulo 4 – Adequação humana
O produto é adequado às pessoas? 73

Adequação física 76

12 EXCELÊNCIA NO DESENVOLVIMENTO DE PRODUTOS

Adequação sensorial 80
Adequação cognitiva 85
Complexidade 90
Segurança e saúde 94

Capítulo 5 – Trabalho artesanal
Alegria para o produtor, alegria para o usuário 99
Por que damos importância ao trabalho artesanal? 100
O prazer e o orgulho do artesanal 102
A indústria e o problema da cultura 105
A natureza do artesanato 110
Algumas sugestões 114

Capítulo 6 – Produtos, emoções e necessidades
Amor, ódio ou balela? 121
O papel desempenhado pelas emoções 122
A complexidade das emoções humanas 125
Diversidade em reações emocionais 130
Os mecanismos da emoção 131
Necessidades humanas 134
Necessidades e emoções 137
Necessidades de sobrevivência 137
    Necessidades sociais 141
    Necessidades intelectuais 144
Encontrando a necessidade 145

Capítulo 7 – Estética, elegância e sofisticação
O conhecimento pela experiência 149
Estética e produtos industrializados 151
Um breve histórico do design industrial 154
Elegância e sofisticação 158
Forma e função de produto 163
Algumas preocupações sobre a estética de hoje 166

Capítulo 8 – Simbolismo e valores culturais
Quem somos nós? 173
Produtos, simbolismo e culturas 175
Produtos e culturas nacionais 177
Produtos e subculturas 181
Globalismo e culturas 185

Capítulo 9 – Restrições globais
O produto é adequado a uma terra finita e a seus habitantes? 191
Grandes problemas 192
O papel do produto industrializado 194
Por que esses problemas? 196
Resposta à mudança 199
Abordagens revolucionárias 202
O iceberg 207
Normas e leis 209
E agora, o que fazer? 214

Capítulo 10 – Conclusão
O que aprendemos? Para onde vamos? 217

Notas 223

Leituras adicionais 229

Índice remissivo 231

Sobre o Autor 243

Introdução

Este é um livro sobre qualidade, que trata de produtos de tecnologia e indústria e defende a ideia de que a longo prazo os melhores produtos prevalecem, tendo efeitos positivos e promovendo o crescimento dos indivíduos, das organizações e nações que os produzem e os utilizam, bem como da raça humana como um todo. Se produzimos coisas que não nos servem bem, elas serão um fracasso no mercado ou, em casos extremos, serão prejudiciais – por exemplo, considere o uso de gás tóxico em guerras, ou dos clorofluorcarbonos (CFCs) em refrigeração. No livro todo, eu enfatizo máquinas, dada a minha formação, mas o conteúdo pode ser extrapolado facilmente para produtos menos tangíveis. Eu também me concentro nos chamados produtos de consumo – itens produzidos para serem vendidos a indivíduos e grupos de indivíduos –, embora, de vez em quando, eu mencione aspectos de produtos usados por organizações (sistemas de computação, edifícios) e encomendados por governos (armas, estações espaciais, estradas).

Acredito que seja essencial pensarmos de forma mais séria sobre a qualidade geral dos produtos fabricados industrialmente. Uma vez que passo grande parte de meu tempo com pessoas do setor industrial, da educação e de escritórios de design, posso dizer com segurança que não sou o único. Lentamente, estamos nos tornando cientes de que nossa tecnologia pode nos servir melhor e devemos nos preocupar mais com a qualidade de nossas vidas e nosso ambiente; supondo que exista um padrão razoável de vida e que as necessidades básicas estejam sendo satisfeitas, a lucratividade e a satisfação do consumidor dependem da qualidade, bem como da quantidade.

Este livro se baseia em anotações que escrevi para um curso de pós-graduação intitulado "Produtos Bons, Produtos Ruins", que eu ministrei durante vários anos na Universidade de Stanford. O curso integrava a Divisão de Design do Departamento de Engenharia Mecânica, no Departamento de Ciência da Administração e Engenharia, na Escola de Engenharia e o programa de Stanford em Ciência, Tecnologia e Sociedade. Porém, as classes não incluíam apenas alunos desses programas, mas também muitos da Escola de Pós-graduação de Administração e outras áreas da universidade. Um grande número de alunos à distância que dedicam parte do tempo aos estudos e trabalham em

16 EXCELÊNCIA NO DESENVOLVIMENTO DE PRODUTOS

empresas também participavam por meio do Center for Professional Development de Stanford. O curso ainda existe, porém agora é ministrado por um bom amigo, o Professor David Beach, que usa minhas anotações.

Qualidade é um conceito escorregadio, complexo e às vezes abstrato. As definições de dicionário não ajudam muito (por exemplo, "o padrão de algo medido em comparação a outras coisas de natureza similar: o grau de excelência de algo"[1]). Os filósofos passaram muito tempo lidando com o conceito de qualidade. Este não é um livro de semântica ou filosofia, por isso para nossa finalidade simplesmente iremos supor que qualidade significa "bom". Mas é claro que isso nos deixa algumas perguntas, como: "Bom para quem?"; "Bom para o quê?"; "Bom quando?"; "Bom onde?"; e se você realmente gostar de detalhes, "O que você quer dizer com 'bom'?". Não seguirei esse caminho.

Eu examinarei "bom" considerando vários critérios pelos quais os produtos podem ser avaliados. Esses critérios são essenciais para a alta qualidade, e talvez possa ser mais fácil pensar neles do que na qualidade como um todo. Esses fatores são vitais para levar ao sucesso, mas com frequência recebem pouca atenção dos engenheiros e executivos e outros envolvidos em produção, em parte porque não existem maneiras fáceis de aplicar métodos quantitativos a tais fatores ou usar regras simples para atingi-los. Por que as pessoas parecem estar dispostas a pagar mais caro por uma BMW ou uma Mercedes do que por um Chevrolet? O desempenho é uma razão, mas existem muitas outras. Os tópicos tratados neste livro têm muito a ver com esse fenômeno. Eu também discutirei as razões pelas quais esses tópicos não recebem a devida consideração, e táticas para dar mais ênfase a eles.

Este certamente não é um livro tradicional de engenharia. Não há fórmulas nem teorias científicas que nos permitam otimizar coisas como apelo emocional, simbolismo ou adequação cultural. Embora eu seja engenheiro, o livro presta pouca atenção a seleção, análise de estresse, desempenho elétrico e mecânico e confiabilidade. Minha experiência me leva a crer que tais considerações recebem muito mais atenção e têm respostas melhores do que os tópicos neste livro. Fico impressionado com a capacidade que tantas indústrias têm de executar a parte "técnica" de seu trabalho, embora às vezes não entendam quais são as suas prioridades. Fico menos impressionado com sua capacidade para lidar com os aspectos "mais subjetivos" da definição de produto, design e desenvolvimento.

Este também não é um livro típico de negócios. Não contém resumos executivos no início de cada tópico, nem listas com os tópicos principais ou "saídas" simples. Uma vez que eu tenho dado tantas palestras, seminários e aulas a executivos, sei que muitos apreciam regras e princípios simples que parecem ser a chave para o melhor desempenho organizacional e para o lucro. Mas a qualidade não é uma coisa simples. O conteúdo deste livro exige reflexão e prática para que ele funcione. Espero que ele estimule esse vigor mental, e encorajo você a aplicar o material à medida que faz a leitura dele considerando vários produtos. Disseram-me que este livro é uma taxonomia de aspectos da qualidade de produto. Se você quer saber sobre a qualidade de vinhos, por exemplo, primeiro deve aprender uma taxonomia relacionada (aulas de degustação de vinhos?). Depois você toma muito vinho (para fazer essa análise, claro).

Incluo alguns problemas, propostos no final dos capítulos, para ajudá-lo a considerar e praticar a aplicação dos conceitos. Este material destina-se a ajudá-lo a reforçar sua capacidade de ter um entendimento melhor da qualidade de produto a fim de produzir, promover ou talvez apenas apreciar produtos melhores. Mas como a maior parte do conteúdo situa-se na esfera do pensamento (como ser mais criativo, melhorar sua memória, cuidar de abelhas ou solucionar equações diferenciais) é necessário integrar o que você aprende em seus processos mentais. Ao escrever livros, lecionar e dar consultoria sobre criatividade e inovação ao longo de muitos anos, descobri que é fácil juntar aulas interessantes, *workshops* e referências de livros para compor o conteúdo, mas é difícil ajudar as pessoas a fazer o que elas dizem que querem fazer – tornar-se mais criativas e inovadoras. Essa questão surge porque o trabalho é necessário para mudar os hábitos. Os exercícios são fornecidos para lhe dar uma oportunidade de pensar mais especificamente sobre o conteúdo dos capítulos – um pouco de trabalho, se você aceitar. Ou talvez a prática seja uma forma melhor de fazer isso.

Por meio do ensino e de falar sobre esta metodologia descobri que é de interesse de consumidores e de quem produz, porque é um esquema que pode ser usado para analisar suas compras passadas e futuras. Este aspecto me agrada muito porque os consumidores têm uma capacidade imensa para aprimorar a qualidade de produtos.

O conteúdo do livro baseia-se nos longos anos que eu tenho me dedicado a dar relevância à questão da qualidade. Trabalhei como engenheiro em empresas que lutavam para introduzir novidades (no Jet Propulsion Laboratory – JPL) e naquelas que deveriam ter feito isso, mas não o fizeram (como a General Motors). Incluindo o curso *Excelência no Desenvolvimento de Produtos*, eu tenho lecionado design, criatividade, estética, comportamento organizacional, além da natureza da engenharia e da tecnologia. Eu adoro máquinas (carros, motocicletas, tratores velhos, o que for) e tento constantemente imaginar por que passo tanto tempo para adquiri-las e mexer com elas, enquanto meu quintal vai se enchendo de projetos de reformas e consertos. Finalmente, prestei consultoria a muitas empresas que fabricam produtos e enfrento constantemente questões relativas à qualidade. Durante todas essas atividades, descobri que as pessoas tendem a pensar parcialmente no problema da qualidade, mas não no quadro como um todo.

Um dos objetivos deste livro é ajudar o leitor a se tornar mais ciente de alguns aspectos da qualidade geral que, com frequência, não recebem a devida atenção. Os capítulos abrangem aspectos fundamentais da qualidade que deveriam ser pensados de forma mais específica. Nem todos eles se aplicam necessariamente a todas as coisas, mas se nós, como sociedade e de um modo global, damos-lhes pouca atenção, saímos perdendo. O conteúdo deste livro reflete meus valores e inclinações pessoais. Sinta-se livre para divergir e afirmar seus próprios valores e preferências. Melhor ainda, escreva seu próprio livro e me ponha a par dele – o diálogo é a chave para entender melhor a qualidade. Todos nós, estejamos envolvidos na produção, no marketing ou na distribuição de produtos, ou ainda na aquisição e uso deles, precisamos pensar com mais clareza se estamos ou não empregando nossos recursos na coisa certa.

CAPÍTULO

Produtos e qualidade

Qual é a situação?

O produto perfeito seria um ganho para todos: os fabricantes ficariam pessoalmente realizados e ricos, enquanto os usuários ficariam gratos para sempre porque suas vidas melhorariam muito. Os distribuidores ficariam muito felizes com a demanda pelo produto e a mídia obviamente aproveitaria a oportunidade pelo impacto positivo que teria. O governo adoraria o produto perfeito porque a balança de pagamento aumentaria e os grupos de ambientalistas o respeitariam porque o produto não usaria os recursos limitados nem poluiria a ecosfera.

Evidentemente, não existem produtos perfeitos, mas têm aparecido alguns extremamente bons: o prendedor de roupas, o carro da Volkswagen, o clipe de papel, a interface com usuário – desenvolvida inicialmente pela Xerox e depois pela Apple e Microsoft – a pá, o DC3, a Cadeira ou Poltrona Barcelona[1]. O que distingue esses produtos de similares que aparentemente não eram tão bons: o Pontiac Aztec[2], o primeiro laptop da Apple, a usina nuclear de Chernobyl? Por que alguns produtos considerados excelentes desaparecem? Como explicar produtos que são constantemente criticados, mas parecem ser eternos favoritos, como a boneca Barbie, sapatos de salto alto e armas de brinquedo?

Por que aceitamos conviver com tantos aborrecimentos no dia a dia? Por exemplo, por que devemos gastar tanto tempo cuidando de nossos sistemas de computação? São eles que deveriam nos atender. Não seria bom se todos os

20 EXCELÊNCIA NO DESENVOLVIMENTO DE PRODUTOS

automóveis tivessem a tampa do tanque de gasolina no mesmo lugar e tivessem um relógio que não exigisse a leitura do manual do proprietário para ser acertado? Não deveria ser possível abrir com mais facilidade as embalagens que compramos? Por que é tão difícil encontrar produtos condizente com as necessidades e desejos daqueles que desviam da norma, seja nas dimensões físicas e capacidade, interesses intelectuais e formação, ou sensibilidade e sabor? Muitas são as pessoas que, como eu, têm dificuldade de se levantar rapidamente de poltronas baixas e que não se sentem satisfeitas quando confinadas a uma poltrona de classe turística durante um voo longo. Esses problemas têm a ver com a adequação entre produtos e usuários, mas os produtos também podem apresentar fraco desempenho e preços excessivamente altos, inconfiabilidade, manutenção difícil, fabricação grosseira, feiura, ostentação, complexidade desnecessária, representação de pessoas ou lugares que os usuários não gostam, e destruição da beleza natural e saúde futuras.

Todos os produtos podem ser aprimorados. Tenho certeza que você tem evidências disso em sua experiência pessoal – depois de usar um produto durante um tempo, geralmente, começamos a criticar detalhes específicos e somos capazes de pensar em maneiras de fazê-lo melhor. O potencial para aprimoramento de um produto também pode ser visto observando a evolução dos produtos – embora alguns se mantenham constantes por longos períodos (o alfinete) e outros piorem (modelos "clássicos" de carros), a maioria melhora com o tempo. Isso não quer dizer que todos os produtos sejam inerentemente ruins – meus avós considerariam muitos produtos que estão no mercado incríveis –, mas estes poderiam ser melhores. Uma vez que os produtos são desenhados e produzidos por pessoas brilhantes, instruídas e bem intencionadas, por que não são melhores?

Examinando nossa história, é fácil ver por que ficamos deslumbrados com os produtos industrializados. Só nos aproximamos do que agora chamamos de ciência e tecnologia durante um décimo de milionésimo de nossa história. Fomos produtores, domesticamos animais, vivemos em vilas e criamos ferramentas durante um período trinta vezes mais longo que esse, mas como espécie passamos a maior parte de nossa História com escassez de alimento, abrigo e segurança, para não mencionar transporte, cuidados médicos e brinquedos. Grande parte da população do mundo continua a viver dessa forma.

Nas últimas centenas de anos, as coisas miraculosas que chamamos "produtos industrializados" se tornaram disponíveis. À medida que áreas do mundo ficaram mais ricas e populosas, uma parcela cada vez maior de recursos foi dedicada à produção e ao consumo desses produtos. Essas mudanças preocuparam algumas pessoas, como os luditas[3] e membros do movimento *Arts and Crafts*[4], mas a grande maioria considerou esses produtos maravilhosos. Não é de surpreender que desenvolveríamos um apreço extremo por coisas que atendem às nossas necessidades.

Desde cerca de 1900, produtos industrializados proliferaram. A China é um exemplo atual desse processo em ação, ou veja Orchard Road, o centro de varejo e entretenimento de Cingapura. Qualquer loja Walmart nos Estados Unidos antes do Natal também exibe este fenômeno de maturidade. Mas temos problemas relacionados, incluindo: enormes diferenças no acesso aos produtos entre ricos e pobres, armas que podem destruir números inaceitáveis de pessoas inocentes, uma ecosfera cada vez mais contaminada, uma população crescendo de forma ameaçadora, expectativas disparando e produtos fabricados industrialmente que deveriam nos servir melhor. O crescimento exponencial, no entanto, não continua para sempre, apesar das esperanças de alguns economistas e das teorias de Adam Smith, nem existirão para sempre os impérios, as empresas ou valores. Os produtos industrializados e o processo que os traz até nós serão tão diferentes (ou mais) daqui a cem anos quanto foram cem anos atrás.

Tendências futuras: crescimento e "gosto" da população

As futuras tendências dos produtos industrializados obviamente atenderão a uma sociedade com necessidades diferentes, à medida que a população continua a crescer (pelo menos por um tempo). Só se pode esperar que indivíduos pobres passem a ser mais abastados. Aumentaremos o número de produtos que fabricamos e consumimos para sempre? Não – a natureza finita da Terra nos impõe limites, e demorará muito até construirmos carros na Lua. Também, os indivíduos tendem a se tornar mais seletivos quanto aos produtos. À medida que adquirimos mais dinheiro, produtos e experiência, não somos tentados a comprar coisas simplesmente porque elas são baratas ou queremos novos brinquedos. Os muito ricos, por exemplo, não compram mais quaisquer produtos. Se Bill Gates tivesse de se equiparar a mim em número de pro-

22 EXCELÊNCIA NO DESENVOLVIMENTO DE PRODUTOS

dutos por dólar de valor líquido, ele teria de encher vários milhares de casas e quintais.

O "gosto" mudará? Isso é garantido. Já fomos a museus suficientes, lemos livros suficientes e estudamos história o suficiente para saber disso. Fico fascinado ao longo dos meus quarenta anos na Universidade de Stanford ao observar mudanças frequentes e radicais nos desejos dos estudantes por produtos, a começar pela época hippie quando os estudantes ouviam LP's de música de raiz, tocavam violão acústico, usavam calças boca de sino e lutavam contra a indústria. Já agora estudantes de bermudas e tênis ficam plugados a iPad's e laptops, e com celulares nas mãos. Nesse ínterim, houve um movimento contínuo.

Qualquer que seja a situação no futuro, a qualidade do produto será essencial para o sucesso nos negócios. A maioria dos produtos é produzida por empresas interessadas em crescer e aumentar a riqueza de seus proprietários. Uma parte essencial desses objetivos é reter e motivar funcionários de alta qualidade. Produtos de mais qualidade aumentam o orgulho e a satisfação dos funcionários, além da reputação da empresa. Mas uma forma de obter lucros em curto prazo é diminuir as despesas, encurtando o tempo em que o produto chega ao mercado e baixando o custo do design e da produção. Outra é diminuir os gastos no desenvolvimento de novos produtos e aprimoramento dos que já existem. Ambos resultarão em menos qualidade.

Desde que "produto de qualidade superior" significa custos mais baixos e lucros mais altos, os produtos são promovidos por meio de propaganda e outros meios de aproveitar suas vantagens (sejam reais ou imaginárias), a fim de aumentar a demanda. Tais ações estimulam as vendas, mas também podem resultar em desapontamento se os produtos não estiverem à altura de seu preço. Além desses fatores, nos Estados Unidos existe uma cultura que venera o "mais": maior, mais rápido e mais barato. No processo, a qualidade do produto pode ser comprometida, e isso acontece com frequência. O rápido crescimento da empresa nem sempre está correlacionado com a qualidade do produto.

A qualidade aprimorada do produto, no entanto, gera valor agregado, aumenta a capacidade competitiva, mas não necessariamente aumenta o custo e causa uma demanda maior. Também parece haver uma demanda estável por produtos de alta qualidade que não são baratos. Por exemplo, o iPhone Apple é um produto de alta qualidade no que diz respeito à função e aparência (pelo menos, até que a bateria comece a falhar). No período em que eu estava escrevendo este livro, a International Data Corporation (IDC) indicou que o iPhone tinha apenas 4% do mercado de celulares no mundo inteiro no final de 2010, mas aparentemente estava ganhando 50% do lucro mundial com celulares.[5] A Apple está colocando no mercado muitos produtos e serviços que atendem aos critérios de alta qualidade, e, quando eu estava escrevendo este livro, sua margem de lucro bruta estava em torno de 40%.[6]

Um exemplo de aprimoramento da qualidade

O final dos anos 1960 e a década de 1970 foram um despertar amargo para os Estados Unidos, em todos os sentidos. Para mim, esses anos foram extremamente duros porque saí de meu emprego como engenheiro do California Institute of Technology (Caltech) no Jet Propulsion Laboratory, onde projetava satisfeito espaçonave lunar e planetária, e iniciei minha vida como professor em uma universidade que estava prestes (literalmente) a pegar fogo. Mas certamente foi um período de questionamento e maior consciência. No contexto deste livro, ele fez muita gente se tornar muito mais crítica da tecnologia e, portanto, dos produtos.

Antes desse período, as pessoas reclamavam com frequência de produtos que não funcionavam, ou que eram, muito inconvenientes, mas pareciam aceitar as falhas de produtos em troca de suas qualidades. Quando eu era criança, meu avô reclamava de seu trator Ford, que aquecia demais e às vezes ameaçava matá-lo ao andar para trás. Mas ele nunca pensou seriamente em voltar a usar cavalos. Minha mãe amaldiçoava sua máquina de lavar Easy Spindrier porque as roupas nunca se distribuíam por igual no tambor de centrifugação para evitar que a máquina batesse em coisas que não deveria bater, mas ela nunca quis voltar a torcer a roupa com a mão. Meu primeiro automóvel foi um Chevrolet Club Coupe 1941 e, embora ele não fosse muito bom na resistência a derrapagem, eu o adorava.

Por que os americanos amavam seus produtos de forma mais incondicional no passado? Eram produtos americanos e, portanto, supunham que eram os melhores do mundo. Não foram os Estados Unidos que lançaram o Modelo T[7], o suco de laranja concentrado e a bomba atômica? Não construíram trezentos mil aviões durante a Segunda Guerra Mundial? Os produtos industrializados americanos não tiveram um papel importante para derrubar o mal sem precedentes? Se havia problemas no mundo, a tecnologia e seus pro-

24 EXCELÊNCIA NO DESENVOLVIMENTO DE PRODUTOS

dutos estavam ajudando a saná-los, e não a aumentá-los. Não se pensava em carros que se convertessem em aviões e energia atômica gratuita no futuro? Também, o crescimento da indústria e a produção em massa foram os propulsores do capitalismo, que trouxeram os empregos e o dinheiro para os Estados Unidos. Eles puderam ter mais recursos e comprar mais produtos.

Eu estava no JPL por causa do Sputnik, que mandou uma mensagem cruel para os Estados Unidos em 1957. A temida União Soviética teve êxito ao explodir tanto bombas atômicas quanto de hidrogênio na época, em que os EUA sempre haviam sidos os pioneiros. O resultado foi a "Corrida Espacial", e uma vez que o espaço era fascinante, a tecnologia era exótica e o país parecia estar sempre atrás da União Soviética nessa corrida, não importava o quanto isso custasse, como eu não iria trabalhar no JPL, que tinha o papel principal nas festividades? Como sabemos, os Estados Unidos acabaram com a "defasagem espacial" e dispararam na frente, mas, para nosso espanto, as pessoas começaram a questionar se o resultado valia o custo. Nós não deveríamos estar gastando o dinheiro em coisas como a erradicação da fome, saúde e igualdade? Não deveríamos por em ordem nossas ações na Terra antes de colonizar a Lua? Estávamos na década de 1960 e a consciência social estava começando a crescer.

Ainda nos anos 1960, o ambientalismo tomou as primeiras páginas (Rachel Carson escreveu *Primavera Silenciosa,* em 1962) e começou a se preocupar com os efeitos da tecnologia e nosso estilo de vida capitalista na ecosfera. De fato, no final dessa década começamos a nos preocupar com todos os tipos de coisas que ainda eram consideradas inquestionáveis, desde questões étnicas e de gênero até o direito ao aborto e justiça social. Os produtos da indústria não eram ignorados, mas o impacto na política econômica ou de governo, à época, foi relativamente pequeno.

Nos Estados Unidos, a preocupação com a qualidade do produto viria poucos anos depois, quando alguns dos produtos americanos e indústrias primeiro foram ameaçados e, então, perderam o lugar para aqueles feitos em outros países. O sucesso impressionante do Japão foi um choque enorme, uma vez que os Estados Unidos os venceram claramente na Segunda Guerra Mundial e tentaram convencer o mundo de que eles só eram capazes de fazer imitações baratas de produtos americanos.

Em 1997, Charles O'Reilly e Michael Tushman escreveram um livro excelente intitulado *Winning through innovation: A practical guide to leading organizational change and renewal* ["ganhando pela inovação: um guia prático para liderança organizacional, mudança e renovação"],[8] no qual citaram as seguintes

Produtos e qualidade **25**

indústrias (em sua maioria empresas norte-americanas) em que os líderes perderam rapidamente participação de mercado nos anos 1970, 1980 e 1990:

- relógios;
- automóveis;
- câmeras;
- equipamento estéreo;
- televisores em cores;
- ferramentas manuais;
- pneus radiais;
- motores elétricos;
- fotocopiadoras;
- construção de navios;
- software;
- produção de aço;
- processadores de alimentos;
- fornos micro-ondas;
- equipamento atlético;
- semicondutores;
- robôs industriais;
- máquinas-ferramentas;
- equipamento ótico;
- serviços de consultoria;
- hardware de computador;
- têxteis;
- linhas aéreas;
- serviços financeiros.

Eles também nomearam os melhores produtos por categoria, que consideraram ser vítimas de seu próprio sucesso, que são mostradas na lista a seguir. Todas elas perderam participação de mercado durante esse período. Algumas se recuperaram. Outras não.

- ICI (químicos)
- IBM (computadores pessoais)
- Kodak (fotografia)
- Sears (varejo)
- GM (automóveis)
- Ampex (videogravadores)
- Winchester (discos rígidos)
- U.S. Steel (aço)
- Syntex (farmacêuticos)
- Philips (eletrônicos)
- Volkswagen (automóveis)
- SSIH (relógios)
- Oticon (aparelhos para audição)
- Bank of America (serviços financeiros)
- Goodyear (pneus)
- Polaroid (fotografia)
- Bausch and Lomb (visão)
- Smith Corona (máquinas de escrever)
- Fuji Xerox (copiadoras)
- Zenith (TVs)
- EMI (scanners CT)
- Harley-Davidson (motocicletas)

Esta sacudida ocorreu inicialmente em indústrias dependentes de recursos como construção de navios e aço. A reação inicial nos Estados Unidos foi de perplexidade, porque eles se consideravam ricos em recursos, em capacidade de produção, em mão de obra e em gerenciamento, e acreditavam que seus produtos fossem superiores. A racionalização quanto ao sucesso da concorrência foi que ela estaria trapaceando ao recorrer a baixos salários, conluio entre governo e indústria e práticas comerciais desonestas. No entanto, começaram também a perder mercado nos produtos de maior valor agregado (eletrônicos, automóveis, máquinas-ferramentas) e os produtos de outros países começaram a ser vistos como "melhores". A balança comercial americana sofreu à medida que foram importando mais e exportando menos. E agora que muitas das empresas estrangeiras estão fabricando nos Estados Unidos, é difícil pensar que países como o Japão estavam trapaceando, ao praticarem salários baixos e o conluio entre governo e indústria. Os Estados Unidos da América tiveram de aceitar o fato de que a concorrência, simplesmente, passou à frente.

Finalmente, admitindo que alguma coisa estava errada, os Estados Unidos se concentraram em aprimorar um aspecto particular da qualidade de produto – a qualidade da fabricação, uma área desprezada depois da Segunda Guerra Mundial, que foi particularmente tomada pelo pensamento técnico e quantitativo da indústria. A campanha para aprimorar a qualidade da fabricação tem tido um êxito notável, tanto nos Estados Unidos quanto em outros países industrializados. Os benefícios têm variado do aumento na confiabilidade do produto (garantias de mais anos para os automóveis), a redução de custo (taxas de rejeição bastante reduzidas), ao aprimoramento da aparência (acabamento e encaixes).

Eu tive o prazer de acompanhar esse processo em muitas empresas, mas particularmente na Hewlett-Packard (HP) e na Ford. Os CEOs dessas duas empresas à época, John Young e Donald Petersen, colocaram o aprimoramento da qualidade da fabricação entre suas prioridades, e atingindo todos os níveis das empresas. Os programas resultaram em aperfeiçoamento surpreendentes na confiabilidade de seus produtos, economia de custo, comunicação entre diferentes funções e disciplinas, e o orgulho entre os funcionários. As empresas norte-americanas em áreas como a automotiva e a eletrônica aprenderam com empresas como a Toyota, e foram capazes de se equiparar às empresas japonesas. Um foco importante no aprimoramento da qualidade da fabricação foi reduzir os defeitos e a variabilidade das peças. Esses fatores são fundamentais para melhorar qualquer tipo de qualidade do processo à medida que o foco em pequenos detalhes do todo pode levar a grandes aprimoramentos.

Essas foram grandes mudanças na estrutura organizacional e procedimental que serviram como instrumentais no aprimoramento da qualidade da fabricação, inclusive no fortalecimento da interação entre funções, principalmente entre designers e funcionários que trabalham na fabricação. A velha abordagem de "jogar por cima do muro", em que os designers completavam o design e então o mandavam para a fabricação, foi suprimida, resultando em "design para fabricação", e aumentou a sensibilidade ao processo de fabricação. Embora os designers e os funcionários da fabricação perdessem o prazer de culpar uns aos outros por problemas nos produtos, o benefício para eles foi enorme. Outros benefícios vieram ao inaugurar um gerenciamento mais forte da cadeia de suprimento, que incluía exportar abordagens à qualidade de fabricação aos fornecedores, ao estoque *just-in-time,* minimizar o investimento em peças estocadas e em montagem, e padronização de componentes e peças.

A responsabilidade pela qualidade da fabricação desceu por toda a organização em razão da percepção de que os reais fabricantes não só sabiam mais sobre o processo que os gerentes, mas também eram as pessoas que cuidavam da qualidade do trabalho. Isso ajudou a anular a hierarquia organizacional e a criar equipes que funcionavam muito bem. A Gestão da Qualidade Total (GQT ou *Total Quality Management* – TQM, em inglês), o empoderamento do trabalhador, a motivação e o trabalho junto aos fornecedores, o incentivo à criatividade no processo de fabricação e o uso de abordagens quantitativas mais sofisticadas para eliminar desperdícios e aprimorar a produção tornaram-se comuns. As empresas também aprenderam a projetar linhas de montagem mais flexíveis e produtos que pudessem ser fabricados mais facilmente.

Contudo, nem todas as empresas fizeram essas campanhas, e não está claro que o esforço tenha se mantido tão forte naquelas que as fizeram. W. Edwards e Joseph M. Juran, os primeiros gurus da qualidade que se mudaram para o Japão e inspiraram esforços inovadores para melhorar a qualidade da fabricação lá, depois que suas lições tiveram fraca receptividade nos Estados Unidos, ensinaram que o aprimoramento da qualidade da fabricação deveria ser um objetivo permanente. Infelizmente, suspeito que uma vez que os Estados Unidos aprenderam o novo jogo, muitos fabricantes do país voltaram a relaxar. O esforço gasto nessa "revolução" foi imenso, como foi o seu sucesso, mas ele não se alastrou, transformando-se em uma revolução na qualidade geral do produto. A qualidade de fabricação, e não necessariamente a qualidade geral, foi o foco. Aprimorar a qualidade da fabricação era consistente com a abordagem quantitativa preferida por gerentes e engenheiros na indústria, por isso foi possível usar medidas e formas de avaliação para estabelecer objetivos específicos, enquanto a qualidade geral, menos suscetível a tais ferramentas, às vezes tenha sido deixada de lado.

Além da qualidade de fabricação

Podemos aprender muito com as campanhas bem-sucedidas para o aprimoramento da qualidade de fabricação. Por exemplo, sabemos que é possível aprimorar acentuadamente a qualidade do produto, mas, para que isso aconteça, grandes contratempos deverão ser enfrentados. Espera-se que esses contratempos não ocorram em toda parte, mas este, certamente, foi o caso com a qualidade da fabricação nos Estados Unidos. Nas indústrias norte-americanas onde a alta confiabilidade do produto era exigida, como na fabricação de espaçonaves e mísseis militares, a atenção para com a qualidade da fabricação era essencial. Mas muitas indústrias simplesmente não ficaram atentas a isso. Países concorrentes dos americanos tiveram um forte retrocesso durante a Segunda Guerra, e os Estados Unidos ficaram impressionados com sua própria capacidade de produção. A demanda por produtos após a Segunda Guerra Mundial foi enorme. Os lucros podiam ser altos. E quando as coisas vão bem, as pessoas infelizmente (ou felizmente) agem como se fossem continuar assim – basta ver as "bolhas" e subsequentes "estouros" da década de 1990 e no início deste século. Pense nas empresas que tiveram problemas porque atrasaram demais para adotar novas tecnologias ou naquelas que não percebem que os critérios de desempenho estão mudando.

Uma vez que as empresas norte-americanas têm tido sucesso há vários anos, elas não viram razão para mudar suas práticas. Era confortável manter grandes estoques e supunha-se que os fiscais pudessem assegurar a qualidade adequada. As empresas, principalmente as grandes, acomodaram-se ao sucesso e subestimaram o tempo e o esforço que levariam para mudar. E aprimorar a qualidade exige mudança. Procedimentos para definir desvios permitidos nas dimensões de peças foram desenvolvidos durante o longo período em que os humanos controlavam as máquinas-ferramentas, portanto, eles não deveriam funcionar bem quando os computadores passaram a controlar isso? Em vez de se preocupar com detalhes de produtos, os altos gerentes achavam que suas funções eram mais financeiras. Coube às empresas japonesas, que estavam usando as ferramentas de Juran e as abordagens de Deming, entre outras, a tarefa de fazer os Estados Unidos despertar.

Manter um programa para aumentar a qualidade também requer esforço. Infelizmente, os objetivos de negócio e as teorias gerenciais seguem ciclos. Por exemplo, os tópicos importantes na época em que este livro foi escrito pareciam ser inovação e empreendedorismo. Na mídia, pouco se fala sobre qualidade de produção – a pouca atenção que existe é orientada para mudanças potencialmente radicais por meio de avanços contínuos na tecnologia digital, como produtos construídos em impressoras tridimensionais, sendo o *input* dado diretamente por designs criados com programas de modelagem por computador. Muito do interesse em inovação é focado em avanços em processos tecnológicos, aplicações da internet e a "próxima" descoberta (nanotecnologia, por exemplo), em vez de aprimorar a qualidade geral do produto.

Poderíamos aprimorar a qualidade geral de um modo radical, como aprimoramos a qualidade da produção? Acho que sim. E de fato poderíamos usar as técnicas (objetivos, benchmarking, recompensas, entendimento mais claro dos componentes da qualidade) utilizadas em campanhas anteriores, para fazer isso.

Concorrência global

Felizmente (ou preocupantemente), os Estados Unidos têm uma forte motivação para aumentar a qualidade geral do produto: a concorrência global. Indústrias em muitos outros países, senão na maioria, estão dedicando um esforço cada vez maior para desenvolver produtos de melhor qualidade. A Airbus está levando vantagem na concorrência com a Boeing, e as ruas nos Estados Unidos estão cada dia com mais carros alemães e sul-coreanos. A abundância de produtos chineses comprados por americanos atualmente é causa de preocupação com a China, e parece estar revivendo, nos norte-americanos, o medo sentido do Japão, nas décadas de 1970 e 1980.

30 EXCELÊNCIA NO DESENVOLVIMENTO DE PRODUTOS

Como muitas economias emergentes, a China começou seu rápido crescimento com base no custo. Comprei minha primeira caixa com ferramentas para perfuração há cerca de 15 anos. Um jogo completo de tamanhos em uma caixa de metal por apenas 39,95 dólares – inacreditável. Meus amigos riram de mim e disseram que as pontas quebrariam. De fato, quebraram. Comprei outro jogo o ano passado – ainda pelo mesmo preço. Nenhum deles quebrou! A China está elevando a curva de qualidade em razão da prática, da educação e da experiência de produzir componentes e produtos para as melhores indústrias com base em outros países que têm padrões de qualidade mais altos. A China também está focalizando produtos artesanais, cuja qualidade também está crescendo. As empresas chinesas estão até ampliando suas competências. Por exemplo, o país é extremamente competitivo na construção internacional em larga escala. A nova expansão leste da ponte que liga San Francisco à Oakland Bay contém 24 módulos de aço enormes, todos com tamanho igual à metade de um campo de futebol, fabricado na China e despachado para os Estados Unidos. A atenção ganha por meio de projetos locais como o Aeroporto Internacional de Pequim e a Hidrelétrica de Três Gargantas resultou em projetos de larga escala desde a Arábia Saudita até a cidade de Nova York.

A Índia está entrando como importante participante nas exportações de produtos. Também está seguindo a tendência para a qualidade geral superior, percebendo que a qualidade é valor, e lucra-se mais com produtos de maior valor agregado. Ao contrário de antigos pressupostos, os Estados Unidos não têm o monopólio de bons engenheiros e gerentes, abordagens criativas à produção, ou alta capacidade de fazer marketing e design – países como a Índia estão se equiparando aos EUA.

A maior visibilidade de produtos estrangeiros no mercado internacional não é surpresa para aqueles que ensinam em universidades e viajam bastante. Nos Estados Unidos, estudantes estrangeiros têm tido o melhor aproveitamento em escolas há muito tempo: o velho adágio que eles são bons em teoria, mas fracos na aplicação e na criatividade, nunca foi verdadeiro. Nem é verdade que os atuais engenheiros nascidos nos Estados Unidos sejam melhores porque cresceram em fazendas ou passaram sua juventude consertando carros e rádios. Já não há tantos produtores agrícolas, e os carros e rádios não são mais fáceis de consertar sem o equipamento adequado e uma boa dose de conhecimento específico. É bem fácil trocar o ponto de ignição em um carro mais antigo – é possível fazer isso a olho –, mas não se consegue diagnosticar um sistema de controle de ignição moderno com a mesma facilidade.

De fato, os estudantes de engenharia nascidos nos Estados Unidos atualmente têm mais êxito no desempenho em matemática e ciências e menos capacidade de aplicação de seus conhecimentos e criatividade. Não há nada inerentemente superior no pensamento norte-americano. Uma base econômica estável e prioridades nacionais são o que os engenheiros do mundo todo precisam para fazer um excelente trabalho. Se as empresas não têm as especialidades exigidas, podem contratá-las. A capacidade empresarial dos indianos, japoneses, cingapurianos, chineses e pessoas de outros países asiáticos é de assustar, hoje em dia, em negócios que vão de lojas que vendem rosquinhas a novas empresas no Vale do Silício. Considere as pessoas que dirigem o Tata Group na Índia, que consiste de 114 empresas que criam produtos que vão desde chá até aço e de agroquímicos a automóveis Jaguar. A versão deles do Nano de 2009, conhecido como o carro "Um-lakh"[9] por custar em torno de cem mil rúpias (cerca de 2.500 dólares), também sugere capacidade inovadora.

Daqui para frente

O aprimoramento da qualidade do produto deve abarcar todos os aspectos de uma organização. Exige um esforço prioritário em todos os níveis e em todas as funções de uma empresa, o que significa que o conselho de diretores, o CEO e outros altos gerentes devem acreditar nele. Um objetivo de instaurar o sentimento de orgulho em toda a empresa, por estar associada à entrega de produtos que são os melhores de sua categoria e a um sistema adequado de reconhecimento e recompensa, deve ser estabelecido. As empresas que fabricam produtos de alta qualidade devem ter um alto grau de interação entre todas as funções, disciplinas e níveis gerenciais. Engenharia, produção e marketing precisam ter uma comunicação boa, o que não é comum, e entender as capacidades, técnicas e objetivos uns dos outros. Uma empresa que esteja buscando produtos de qualidade melhor também deve ter um alto nível de capacidades tradicionais na solução de problemas de engenharia e administração, uma vez que tecnologia sofisticada, capacidade empresarial e um número crescente de disciplinas e abordagens são exigidos na produção, inclusive de produtos simples.

32 EXCELÊNCIA NO DESENVOLVIMENTO DE PRODUTOS

A determinação de preços e lucro recebe atenção considerável na maioria das empresas, como também as estratégias e o estabelecimento de metas, embora se possa argumentar sobre a quantidade alocada para o desenvolvimento e aprimoramento de produto e a atenção geral dada à qualidade. No início da HP, os fundadores decidiram que o crescimento da empresa seria determinado pela necessidade de prover recursos suficientes para manter o desenvolvimento de novos produtos e os engenheiros motivados e orgulhosos de sua linha de produtos, e do fato de seus produtos serem os melhores de seu tipo. Esse objetivo exigiu um forte crescimento, mas é, sem dúvida, diferente do objetivo de simplesmente superar o lucro obtido no trimestre correspondente do ano anterior.

Problema proposto

Escolha um produto industrializado que, em sua opinião, seja de altíssima qualidade e um produto que tenha qualidade extremamente baixa. Em cada caso, especule por que isso ocorre. No caso do produto de baixa qualidade, o que poderia ser feito para aumentá-la? Isso poderia ser feito sem aumentar seu custo? Nesse caso, por que você acha que isso não foi feito?

No curso onde este livro surgiu em Stanford, os alunos devem escrever um parágrafo curto justificando suas escolhas. Também os encorajo a pesquisar amplamente de modo a não convergirem todos para seu produto Apple favorito e seu software mais odiado. As escolhas e as especulações dos alunos aparecem no site do curso de modo que possam ver o que os outros pensam, e isso forma um bom material para discussão. Assim, você pode achar interessante discutir suas escolhas com outras pessoas.

CAPÍTULO

Problemas para aumentar a qualidade do produto

Mentalidade curta e atitudes

A cultura americana, por exemplo, é relativamente jovem, abençoada pela abundância de espaços utilizáveis, recursos naturais excelentes e composta por imigrantes ambiciosos. Mas as culturas jovens que prosperaram à custa da utilização de recursos naturais podem ser brutas. Como exemplo, pense na relutância de muitas pessoas envolvidas na fabricação de produtos que gerem mais conforto, e na competência delas para lidar com questões estéticas e emocionais em suas vidas e na cultura – em certo sentido, isso reflete nossa história. Nosso passado industrial é caracterizado por pessoas competentes, competitivas (às vezes cruéis) e ganhos materiais espetaculares. Ainda hoje ficamos fascinados com livros que trazem suas biografias e histórias. O estereótipo da insensibilidade masculina é um fator importante na história dos Estados Unidos.

Os americanos ficam encantados com histórias como o comentário que o General Grant fez sobre música: "Eu só conheço duas melodias. Uma é Yankee Doodle e uma não é".[1] Ele não era engenheiro nem presidente de empresa, mas se tornou presidente dos Estados Unidos. Muitos homens "tradicionais" americanos (eu já fui um deles, até passar por um novo aprendizado na escola de artes, na universidade, com as mulheres de minha vida e com o decorrer

34 EXCELÊNCIA NO DESENVOLVIMENTO DE PRODUTOS

do tempo) parecem sentir prazer com eventos atléticos caros, fora de casa, com mulheres fisicamente atraentes, carros e aviões velozes, uma boa bebida e talvez excelentes negócios. Pintura, poesia, dança e "beleza" não se encaixavam no estereótipo do homem americano mais velho e eram considerados, por eles, "coisa para mulheres".

Porém, tais atitudes não são próprias dos homens, nem dos Estados Unidos. Eu conheço um grande número de homens e mulheres no setor industrial que, embora sejam altamente sensíveis e possam ter conhecimentos e habilidades refinados, relutam em empregar essa forma de pensar e qualificar no trabalho. Muitos gerentes de empresas, principalmente aqueles que fabricam máquinas, são tímidos e preferem não discutir, não experimentar fatores estéticos e nem ensiná-los a seus engenheiros e gerentes. O resultado é que eles subestimam os fatores estéticos no design se comparado com pessoas da moda ou do design arquitetônico, por exemplo. Profissionais que atentam para considerações estéticas historicamente recebem papéis de consultoria em empresas em vez de assumir responsabilidade por linhas de produção, e os fatores estéticos parecem assumir uma posição secundária, atrás daqueles que podem ser facilmente quantificados.

Raciocínio, solução de problemas e qualidade

Uma vez que eu passei muitos anos trabalhando em uma universidade, posso culpar parcialmente a educação pela falta de atenção adequada à qualidade geral do produto. A maioria dos engenheiros e muitos gerentes é, afinal, produto de nossas universidades. Nós na academia somos obcecados por teoria, otimização, raciocínio lógico rigoroso, inovações e no que está por trás da próxima grande novidade. Ensinamos o pensamento crítico mais do que o pensamento criativo, e os três R's (reduzir, reutilizar, reciclar), mais que a qualidade. Os membros de nosso corpo docente contam com a palavra escrita e falada, matemática e experimentos rigorosos e a quantificação, quando possível. Infelizmente, as características de um bom produto, como a elegância e as emoções envolvidas como a paixão, não são facilmente descritas por essas linguagens – você não pode atribuir um número à elegância ou ao amor. Também é difícil definir coisas como o grau de clareza necessário para permitir o aprimoramento.

Muitos docentes de faculdades de engenharia não se sentem à vontade nem têm a formação adequada para lidar com tais assuntos. Mesmo os professores cujas vidas pessoais abrangem ativamente considerações filosóficas, políticas e humanísticas hesitam em levá-los para a sala de aula. Em geral, os cursos enfocam análise em vez de síntese. Aspectos de produtos que não podem ser modelados nem descritos matematicamente são referidos como "design não técnico" ou "design de produto", e frequentemente são vistos com suspeita pela maioria dos professores das escolas de engenharia.

Essa atitude tende a influenciar não apenas os critérios de admissão e o conteúdo do curso em escolas de engenharia, mas também a atitude dos próprios estudantes. De fato, há tanta ênfase no raciocínio e no quantitativo, e uma gama tão pesada de atividades que usam o lado esquerdo do cérebro nos currículos (análise matemática, aplicação de ciência, contar com precedentes, números, quadros e gráficos) que provavelmente muitas vezes assustamos os alunos que gostam realmente de atividades que usam o lado direito do cérebro (relacionadas à criatividade, emoção e intuição). Os alunos de engenharia têm muito pouca oportunidade para lidar com a interação entre pessoas e produtos ou para pensar em assuntos fora do currículo tradicional do curso. As escolas de administração são um pouco melhores, expondo os alunos a campos como comportamento organizacional, marketing, administração geral e estratégia. Mas elas, também, têm cada vez mais se inclinado para o quantificável. Sendo engenheiro, certamente acredito na análise métrica, estatística e matemática, mas muitos aspectos da qualidade são difíceis de mensurar.

Nos anos 1980, surgiu um grande número de publicações sobre o tópico mencionado anteriormente de qualidade de fabricação. Alguns dos que envolveram mais reflexão foram escritos por David Garvin, que desde aquela época é professor na Escola de Administração em Harvard. Em um artigo que é uma sólida referência, "Competing on the eight dimensions of quality", ele discutiu oito aspectos da qualidade:[2]

1. desempenho;
2. características;
3. confiabilidade;
4. conformidade;
5. durabilidade;

36 EXCELÊNCIA NO DESENVOLVIMENTO DE PRODUTOS

6. utilidade;
7. estética; e
8. qualidade percebida.

O artigo enfatiza principalmente a conformidade (desvio do padrão) com os efeitos positivos resultantes no desempenho, confiabilidade e durabilidade. O texto de Garvin separa as duas últimas qualidades ao comentar: "As duas dimensões finais da qualidade são as mais subjetivas. A estética – a aparência, som, gosto, tato ou cheiro de um produto – é claramente uma questão de julgamento pessoal e um reflexo de preferências individuais." Ele não nega que sejam importantes; mas diz que são menos suscetíveis a conclusões universais. Eu concordo com ele, mas, do meu ponto de vista como designer e consultor, a estética e a qualidade percebida, embora sejam admissivelmente difíceis de generalizar em populações grandes, com frequência desempenham papéis dominantes para o sucesso dos produtos. No contexto de muitos empresários com quem eu trabalhei, que parecem ser alérgicos a coisas que não podem ser medidas e marcadas em gráficos, Garvin merece uma medalha por incluir esses assuntos – e uma coroa de louro por incluir a utilidade, um componente da qualidade que é cada vez mais esquecido.

A ênfase crescente no marketing, dentro das empresas, tem sido benéfica para a qualidade dos produtos. Quando eu comecei minha carreira, muitos setores pareciam alarmantemente insensíveis aos clientes. Os produtos eram desenhados de maneiras tradicionais, e uma vez que os clientes não tinham opção, eram forçados a se adaptar a eles. Agora, no entanto, é padrão tentar "se aproximar do cliente". Técnicas como o teste beta e grupos de discussão atualmente são comuns. Técnicas quantitativas complexas que incluem análise conjunta estão ajudando no problema tradicional de marketing de separar e priorizar o que o cliente quer. Porém, alguns dos componentes da qualidade não recebem necessariamente alta prioridade do cliente mesmo que devessem – em termos crassos, os clientes nem sempre sabem o que querem.

Além disso, o marketing sempre foi fraco no caso de produtos novos – é difícil para as pessoas reagirem a um produto se não tiveram experiência alguma anterior com ele. E o marketing se restringe à estratégia da empresa. Ao criar novos produtos, o marketing pode ajudar, mas certos princípios de-

Problemas para aumentar a qualidade do produto **37**

vem ser seguidos. Os produtos devem ser fisicamente adequados às pessoas, quer elas pensem em especificá-los em seu grupo de discussão, quer não. A elegância é um bom aspecto, mesmo que as pessoas tenham dificuldade em descrevê-la. O simbolismo é importante, mesmo que muitos clientes possam negá-lo.

O marketing, quando aplicado a empresas, também carrega os valores das pessoas envolvidas no negócio. O primeiro notebook Apple foi um fracasso, apesar de seu programa de marketing. Os clientes potenciais diziam que queriam uma função Macintosh que incluísse bateria com oito horas de vida, na menor caixa possível. Isso parecia fantástico em uma empresa, talvez, dominada por engenheiros. Mas aquela caixa pesava 8 kg, e não era o que os compradores imaginavam. O que eles queriam realmente era algo pequeno e leve. A Apple percebeu isso para a linha de computadores PowerBook, de muito sucesso, em que o objetivo de design se tornou "colocar todos os recursos possíveis dentro de uma caixa (pequena)". Os profissionais de marketing se esqueceram do gosto que as pessoas têm pelas coisas pequenas – o máximo com o mínimo – mas, na época, a maioria dos usuários de computador provavelmente não admitiria isso.

Finalmente, a intenção do marketing é definir produtos que satisfaçam ao cliente e atinjam os objetivos financeiros da empresa. Para tanto, coletam-se dados sobre os desejos dos clientes existentes e potenciais. Com frequência, o alvo são indivíduos e pequenos grupos que têm poder aquisitivo. Mas o que é bom para os indivíduos e para as empresas pode não ser bom para as sociedades. Por exemplo, o desejo de motores potentes a gasolina em grandes veículos não é compatível com o preço cada vez mais alto do combustível, com o ar limpo e com as ruas congestionadas das cidades.

Sou otimista em relação aos engenheiros e empresários, à indústria e à qualidade dos produtos, e tenho confiança de que a indústria está melhorando no design e na produção. Muitos são os bons designers no mundo. Contudo, muitos produtos estão sendo desenhados por pessoas que não são bons designers. As empresas têm aprimorado imensamente a qualidade da produção (seja local ou terceirizada), mas muitas ainda deixam a desejar. A abordagem da equipe interdisciplinar multifuncional ao design de produto trouxe um grau necessário de integração ao processo de desenvolvimento de produto, mas que ainda não existe em muitas empresas. Alguns gerentes apreciam e são

38 EXCELÊNCIA NO DESENVOLVIMENTO DE PRODUTOS

exigentes com o design. Muitos, embora neguem veementemente, não são. Há também engenheiros que valorizam a estética e a resposta emocional dos usuários aos seus aparelhos. Mas certamente há quem prefira não se envolver em tais considerações.

Essa situação está melhorando, mas as mudanças são relativamente recentes, estimuladas quase sempre pela concorrência estrangeira. A Ásia e a Europa, por exemplo, têm tradições estéticas mais consolidadas que os Estados Unidos. Mais a longo prazo, as sociedades parecem ter se tornado mais exigentes e menos alheias à qualidade estética e intelectual das coisas. Michelangelo esculpiu Pietà e os chineses faziam vasos Ming no século XV. Os peregrinos só chegaram na América no século XVII e empregaram seus esforços para garantir alimento, abrigo e segurança. Os americanos também se preocupava com guerras, em ganhar dinheiro e em se tornar uma potência mundial. Mudanças relativamente recentes na sensibilidade estética refletem não só o amadurecimento, mas também o crescente criticismo e as expectativas sociais que surgiram no final dos anos 1960, com a Guerra do Vietnã e com a consciência crescente de problemas ambientais que vão do aquecimento global potencial à simples feiura – e talvez à participação crescente das mulheres no design, desenvolvimento e produção de produtos, assumindo posições de influência nesse setor.

Em uma época de grandes frustrações, eu tive uma cadeira Eames e uma velha cadeira de balanço La-Z-boy na minha sala de estar. A cadeira Eames era extremamente elegante e bonita de olhar, mas não era confortável. A cadeira de balanço La-Z-boy era extraordinariamente confortável, mas minha esposa finalmente me convenceu de que deveria ir para a minha oficina. Por que eu não podia ter beleza e conforto ao mesmo tempo? Só para dar uma dica do que acontece, certa vez eu encontrei uma carta em uma revista de negócios conhecida que tratava da seleção dos produtos com melhor design do ano. A carta criticava o editor por usar designers profissionais como júri, em vez de empresários. A implicação era óbvia – empresários bons e determinados são os melhores indivíduos para avaliar o design. Então escrevi uma carta sugerindo que fosse usado um painel de designers profissionais para escolher as vinte melhores empresas. Não tive resposta.

A tradição é forte

Quando eu trabalhei por um breve período no ramo de automóveis nos Estados Unidos, cinquenta anos atrás, fiquei preso às tradições de seu sucesso passado. A empresa onde trabalhei estava ganhando muito dinheiro na venda de máquinas razoáveis, em face da limitada concorrência local e internacional. Os diversos modelos, na realidade, só tinham nomes diferentes, porque a empresa estava procurando padronizar as peças entre as divisões. Também havia pouca diversidade entre as empresas de carros norte-americanas. Os carros eram grandes, pesados, de suspensão macia e lentos para esterçar. A alta gerência da empresa estava nas mãos de homens com interesses financeiros. Os bons designers (que geralmente possuíam automóveis estrangeiros) tendiam a sair da empresa porque simplesmente não conseguiam fazer a gerência se interessar por uma variedade mais ampla de produtos que fossem mais adequados aos seus clientes. A filosofia era "mudar um pouco seu visual, torná-lo mais rápido e fazer muita propaganda". Quando eu ressaltava a penetração de mercado do Volkswagen, a resposta frequente era que o carro não andava muito bem na neve. Quando finalmente a GM reagiu ao Volks com o Corvair, este era uma cópia feita em Detroit que não podia competir.

Mas, cinquenta anos depois, podemos dizer que o setor automobilístico captou a mensagem? Na época em que eu estava escrevendo este livro, em razão da concorrência no exterior, a atenção cada vez mais voltada para as reservas de petróleo e o meio ambiente, e à situação de inadimplência, houve um surto de inovação no design de automóveis, embora muito atrasado. Mas será que isso vai durar? Procure um anúncio antigo de automóvel e compare-o com os atuais. Os dados sobre quilometragem estão aumentando, mas são poucas as mudanças radicais efetuadas para responder a problemas de trânsito e à diminuição das reservas de petróleo. Mais atenção tem sido dada à poluição, mas a indústria automobilística norte-americana não tem sido a líder nessa questão – apesar de estar pensando mais sobre ela. As propagandas automotivas também prometem nos tornar mais desejáveis, atraentes e eficazes se comprarmos o modelo do ano (meu carro não parece ajudar muito a minha imagem, mas felizmente eu não espero isso dele).

As empresas automotivas norte-americanas caem na cilada da tradição, que se reflete no design. Onde está a eficiente máquina para transportar passageiros? Por que eu tenho de levar uma tonelada e meia de metal até o super-

40 EXCELÊNCIA NO DESENVOLVIMENTO DE PRODUTOS

mercado ou sofrer o risco de me acidentar de bicicleta ou de moto ao andar sobrecarregado com sacos de compras? Por que foi necessário esperar tanto tempo por motores mais eficientes, mais limpos, pelos airbags e pela energia híbrida? Por que o porta-luvas de minha picape não guarda praticamente nada, e por que o estepe não pode ser desenhado de modo que minha mulher seja capaz de trocar o pneu? As razões não são simplesmente técnicas, e têm contribuído para a inadimplência da General Motors e o estado quase fatal da Ford e da Chrysler (adquirida pela Fiat) na recessão recente. Depois de uma importante cirurgia, essas empresas agora estão indo bem melhor, mas resta ver como elas reagirão a longo prazo – com mais propaganda ou mais atenção para atender às necessidades da sociedade.

Outra tradição nos Estados Unidos que pode reduzir a qualidade é o nosso desejo de produzir números extremamente grandes de um dado produto. Há boas razões para essa obsessão com volumes imensos de produção por motivo das economias de escala – poupando-se em cada item, desde custos com design e desenvolvimento até ferramental, e tendo-se fluxo de caixa suficiente para permitir grandes campanhas publicitárias e redes de vendas. Mas na produção em massa ocorre uma perda potencial na qualidade do produto.

Como exemplo de problemas de qualidade quando se tenta satisfazer a um grande número de pessoas, considere a caminhonete de meia tonelada. O volume de vendas desse produto é grande, mas a sua variação, exceto talvez as opcionais, é pequena. Ao mesmo tempo, esses veículos variam amplamente: de carros com mais de 25 anos, que pertencem a clubes de colecionadores, até caminhões. Mas, ao longo do tempo, o design parece ter sido muito mais observado nos carros de passageiros, e não no transporte de carga. Carrego a minha caminhonete com cargas grandes, sujas e desengonçadas e raramente evito estradas de terra. Eu só preciso de uma cabine padrão porque não levo minha família nem dou carona aos colegas de trabalho e, além disso, preciso de uma carroceria de 2,40 metros por causa das cargas que transporto. Quero uma que dure muito tempo (vinte ou trinta anos), seja fácil de manter e bem equipada com pontos para amarrar a carga e outros recursos para transportá-la com segurança. Quero ter um banco confortável com estofamento indestrutível e características funcionais simples e controles que não me distraiam enquanto dirijo. Não quero que ela consuma uma quantidade absurda de combustível e exiba os arranhões e amassados adquiridos com o tempo. Muitos são os usuários como eu, e as picapes que estão sendo fabricadas atual-

Problemas para aumentar a qualidade do produto 41

mente não atendem às nossas necessidades – simplesmente não são boas caminhonetes.

Minha última picape tinha um motor V-8 pequeno, que era maior do que eu precisava, apenas quatro pontos fracos para amarrar, localizados de modo inconveniente no compartimento de carga, e um design da carroceria que me impedia de usar a superfície externa para prender o carregamento, além dos barulhos e arranhões. A parte mecânica do caminhão era bem confiável, mas coisas como a reposição do sistema de ignição que falhava e a verificação e substituição de velas de ignição exigiam um sujeito muito inteligente e extremamente paciente. Infelizmente, o caminhão, embora estivesse longe de ser um modelo de "luxo", incluía um grande número de recursos elétricos e eletrônicos que podiam falhar, como acontecia com frequência, sendo a razão para o mau funcionamento e o constante conserto, que confundia até os mecânicos com "certificação da fábrica". Para dar um exemplo de menor importância, durante algum tempo eu tive problemas com um dos interruptores que indicava quando as portas não estavam bem fechadas. Eles estavam embutidos nas portas atrás do trinco, onde se acumulava poeira até que deixavam de funcionar, fazendo com que algumas luzes internas e externas acendessem constantemente o painel desses sinais de problemas, quando não havia nada de errado, e outras tribulações que incomodavam. Tentei remover os fusíveis que estavam causando esses problemas, mas descobri que isso desativaria outras funções necessárias.

A primeira vez que aconteceu esse erro, desisti de tentar diagnosticá-lo e levei o carro a uma concessionária. O mecânico, depois de constatar que o interruptor tinha sido mal colocado, disse-me que em tais casos eles, em geral, trocavam os interruptores nos dois lados, mas o preço era 500 dólares. Ele também foi honesto em me dizer que meu problema provavelmente voltaria a acontecer. Minha reação foi levar o carro à outra concessionária. O segundo mecânico concordou com o diagnóstico, disse-me outras coisas negativas sobre os designers da caminhonete e então constatou que seria preciso trocar os interruptores e borrifou uma grande quantidade de limpador de freio na área do trinco. O problema parecia estar resolvido, mas só temporariamente, pois começou de novo dias depois.

O terceiro mecânico da concessionária, sabendo do tratamento do segundo mecânico, acrescentou à minha tradição de estupidez por parte dos designers e informou friamente que o segundo mecânico estava totalmente errado. Então

42 EXCELÊNCIA NO DESENVOLVIMENTO DE PRODUTOS

ele borrifou uma quantidade ainda maior de óleo no trinco. Com esse procedimento, o interruptor pareceu funcionar por um tempo, mas voltou a falhar dias depois. Àquela altura eu aprendi a tirar a porta e fiquei craque em substituir os interruptores e solenoides (uma pequena peça do carro, que serve de indutor). Têm-se o entendimento de que as picapes deveriam ser projetadas para resistir à poeira – mas, com certeza, não é o caso dessas.

Alguns amigos meus que são fazendeiros tiveram um problema interessante com picapes do mesmo modelo, por isso substituíram o motor por um a diesel. As entradas de ar estavam posicionadas de modo que os motores sugavam grandes quantidades de pó do filtro de ar, exigindo a troca de filtros do caminhão, bem caros, a um ritmo alarmante; a superfície pegajosa do cartucho impossibilitava que o pó saísse com ar comprimido. Depois de conversar com revendedores e projetistas, meus amigos achavam que os designers não tinham pensado muito em dirigir as picapes em terrenos empoeirados – mas não era a intenção?

Recentemente adquiri uma picape nova, e, ao comprar o modelo que "funciona", consegui escapar de muitos incômodos, mas não de todos. Por exemplo, ela faz um barulho detestável e muito alto para tentar me forçar a colocar o cinto de segurança quando dirijo meu carro da entrada de casa até a garagem. Mas, pior ainda, a picape é tão alta que requer estribos. Não consigo alcançar as cargas no centro da carroceria se eu estiver de pé, embora eu seja significativamente mais alto que a média das pessoas. Na verdade, acho que minha caminhonete foi projetada para se andar aos sábados à noite. Outro amigo fazendeiro que comprou uma picape nova, 2011, resolveu o problema se livrando da caixa de carga padrão e mandou fazer uma carroceria plana sob encomenda para que ele pudesse alcançar suas ferramentas e a carga. Estou pensando seriamente em rebaixar minha picape. Se eu pudesse alcançar com mais facilidade os objetos na carroceria, com certeza iria gostar mais dela.

A maioria das picapes vendidas hoje em dia, entretanto, é usada mais frequentemente como carro de passeio do que como utilitário. Infelizmente, também não são bons carros. Seu peso geral, a distribuição de pesos e o alto centro de gravidade se opõem às boas qualidades de condução. A potência do motor exigida para que ela alcance aceleração igual à de um carro de passeio e velocidade máxima leva-a a gastar muito combustível. São difíceis de estacionar e manobrar. Se não for presa, a carga na carroceria escorrega quando acelera, freia e também ao fazer curvas. Finalmente, são inseguras se dirigidas

Problemas para aumentar a qualidade do produto 43

como um carro de passeio. Seu controle mais fraco torna ações evasivas mais difíceis e o freio, mais lento.

Contando com as opções disponíveis, essas caminhonetes são produtos razoáveis, como a maioria dos que são fabricados hoje em dia, em números elevados, por causa da tradição de tentar vender um mesmo design para um grande número de clientes. Com modernas técnicas automatizadas de fabricação, entretanto, deve ser economicamente viável fornecer uma oferta mais diversificada de produtos, que atenda melhor às necessidades do cliente.

Na década de 1990, mais atenção foi dada a essa questão enquanto os fabricantes experimentavam fábricas extremamente flexíveis que podiam oferecer produtos altamente individualizados. Um exemplo era a divisão Panasonic da Matsushita, que oferecia bicicletas por meio do Sistema do Cliente Individual Panasonic. Esse sistema produziu mais de 11 milhões de variações de uma bicicleta. O cliente escolhia os componentes, as dimensões e outras características desejadas, e o produto customizado chegava para o consumidor duas semanas após o pedido. Outro exemplo foi a experiência da Levi Strauss com roupas feitas sob demanda.

Temos orgulho das realizações que a produção em massa nos trouxe, entre elas muitos produtos de alta qualidade. O Volks, prendedores de roupas e iPods Apple foram, ou são, produzidos em massa e cumprem bem o seu papel, embora não sejam amados por todos. Equipamos grandes exércitos com armas padronizadas, colocamos nossa população para andar com modelos Ts e fabricamos produtos tão baratos que atingimos o padrão de vida mais alto do mundo, do ponto de vista material.

Mas as pessoas definitivamente não são as mesmas, e a maior variabilidade de produto é consistente com esse fato. Talvez haja alguma perspectiva no ramo de periódicos, que costumava ser dominado por revistas de assuntos gerais como *Life*, *Look* e *Saturday Evening Post*. A vez desses periódicos já foi, ficaram algumas lembranças. No lugar delas, as bancas estão repletas de revistas de especialidades como *Duas Rodas*, *Alfa*, *Você S/A*, *Magnum* e *Isto é*. Com o advento da internet, a especialização é ainda mais evidente: a produção de massa é a produção geral. À medida que se torna possível produzir economicamente produtos que permitam uma "adequação" maior aos clientes individuais, espera-se que o setor continue a seguir nessa direção.

As tradições e os valores, principalmente em grandes organizações como empresas de produção, são extremamente difíceis de mudar. Os consumidores e os produtores levam tempo para desenvolver novas sensibilidades e valores. Finalmente, aceitamos o fato de que as motocicletas podem ser rápidas e silenciosas. Estamos exigindo o mesmo para sopradores de folhas. Os fabricantes e os donos de aviões particulares ainda não entenderam isso. A máxima nos custos de combustível em 2008 finalmente nos alertou para o alto consumo de gasolina das SUVs e, no futuro próximo, será difícil de acreditar que existiram.

Falhas na teoria econômica

A teoria econômica parece ter várias falhas constrangedoras quando se trata de qualidade do produto. Ela tem, especialmente, problemas para lidar com qualquer coisa que não tenha um preço determinado pela demanda e oferta. Tais fatores infelizmente incluem o prazer e o orgulho que o dono sente com um produto bonito, que funciona bem, elegante e extraordinariamente bem-feito. É possível quantificar o custo de fazer um filme e as receitas de bilheteria, mas não a alegria, a nova visão ou o aprendizado de quem assistiu àquele filme. Podemos determinar facilmente o custo de fabricação e de compra de um Porsche, mas não conseguimos quantificar os sentimentos positivos da pessoa que adquire um Porsche e o dirige. O empresário pode, portanto, saber o lucro exato em dinheiro obtido de uma mercadoria, mas não o valor exato da marca, da propaganda ou, de fato, da qualidade do produto.

Essa situação pode ser outra razão para a relutância em se gastar dinheiro em atributos de um produto que aprimoram a qualidade. Se alguém quisesse atribuir um valor para esses atributos, da forma como se faz tradicionalmente, isso envolveria vender a versão original e a aprimorada, e depois determinar a diferença entre o que poderia ser cobrado de cada um deles. Essa comparação poderia ser feita no caso de opcionais que vêm em maior ou menor quantidade nos automóveis. Obviamente, é possível saber os custos de um iPhone com e sem 4G e seus preços de venda, e, portanto, determinar o lucro aumentado quando se adiciona 4G (ele é considerável). Mas você é capaz de imaginar a Apple produzindo um iPhone feio para fazer um teste só para conseguir atribuir um valor para a atratividade?

Quando se examina um determinado sistema econômico, medidas e ações ainda mais tradicionais que podem afetar a qualidade do produto podem ser encontradas. Uma delas, que é óbvia, é o desejo de crescimento contínuo e mais

Problemas para aumentar a qualidade do produto **45**

rápido possível das vendas da empresa. Os gerentes são humanos e competitivos, e querem que seu empreendimento seja o maior de seu tipo porque ser grande é tido como algo bom por muitas pessoas. Também, nós vivemos relativamente poucos anos e queremos ver nossos esforços darem o máximo de frutos possíveis antes de morrer. E precisamos crescer mais rápido que nossos concorrentes, não é mesmo? Então existe a Wall Street. Os preços das ações e o desempenho percebido dos dirigentes é avaliado em termos do desempenho trimestral, em geral comparado às vendas no trimestre precedente ou o trimestre equivalente do ano anterior – quase nunca no período de cinco ou dez anos. Essa mensuração resulta na tentativa de maximizar o lucro em curto prazo, com frequência aumentando o preço e diminuindo os custos de se desenvolver produtos novos e melhores.

A natureza mutável do design

Design é a função na criação de produtos que reduz objetivos específicos (ou gerais) do produtor para insumos ainda mais específicos para a fabricação. Em minha opinião – que admito ser tendenciosa –, o design desempenha o papel crítico na determinação da qualidade do produto. Muitos, se não a maioria, dos aspectos da boa qualidade estão nos detalhes, e embora muitas pessoas possam contribuir para o design, os designers de fato fornecem os detalhes finais.

Os produtos industrializados vão de roupas femininas a naves espaciais, ou equipamentos médicos. O processo de design varia amplamente de um setor para outro, da consultoria à equipe de projetos, e do design de produtos de consumo àquele de sistemas armamentistas. Os designers de espaçonaves não tripuladas podem não ter de se preocupar tanto com as emoções dos usuários humanos quanto os designers de batons, porque os produtos são determinados em grande parte pelo conhecimento, ciência e análise, e os humanos estão envolvidos apenas até que estes sejam lançados. Esses designers trabalham em sistemas extremamente complexos, em grandes grupos e devem se preocupar constantemente com o peso, a confiabilidade e a integração de subsistemas. Entretanto, a espaçonave deve ser montada, testada e lançada por pessoas. Também, quando os designers atingem os limites da ciência e da análise, dependem dos sentimentos e da intuição. O oposto pode ser verdadeiro para os

46 EXCELÊNCIA NO DESENVOLVIMENTO DE PRODUTOS

designers de batons, concentrando-se primeiro na centralidade de sentimentos e emoções dos usuários para depois se preocuparem com aspectos mais técnicos (por exemplo, a criação de embalagens que mantêm sua forma e protegem o batom e os mecanismos que permitem girar o batom para sair do estojo próprio sem ser danificado). Embora a importância de vários aspectos do design possa variar entre as classes de produtos, em certa medida, eles estendem a todas as atividades de design. Um número crescente de pessoas está usando o termo *design thinking* para tratar desses aspectos comuns.

A fim de aprimorar a qualidade do produto, um grupo de design deve ter os seguintes atributos:

1. *Criatividade:* a capacidade de ter boas ideias e implementá-las (o que inclui vender as ideias).
2. *Conforto com várias disciplinas intelectuais*: ter o conhecimento delas ou a capacidade de interagir facilmente com aqueles que têm esse conhecimento.
3. *Consciência de custo:* manter a atenção ao custo que o produto terá para ser criado.
4. *Capacidade de coordenação:* a forte interação entre a produção, o marketing, a administração geral e outras funções relacionadas.
5. *Conhecimento do cliente:* capacidade e desejo para adquirir um entendimento profundo do cliente ou usuário final.
6. *Entender a qualidade geral:* uma noção altamente desenvolvida do que cria qualidade, e a capacidade de distinguir o que é de alta ou de baixa qualidade.
7. *Pensar com "os dois lados do cérebro":* a capacidade de trabalhar com contribuições baseadas em conhecimento, ciência e análise, mas também em sentimentos, intuição e julgamentos.

Esses atributos podem ser resumidos dizendo-se que os bons designers não só devem ser bons designers e bons artistas, mas também compreender o lado comercial e ser capazes de trabalhar bem em equipe, o que requer habilidades sociais e técnicas.

Seria bom se todas as pessoas envolvidas no design de produtos em uma organização fossem extremamente fortes em todos esses atributos, mas, à medida que os produtos se tornam mais complexos e sofisticados, é necessário ter mais especialização e mais pessoas são envolvidas no design. O resultado é que os grupos funcional e multidisciplinar crescem, tornam-se formalizados e exigem uma habilidade organizacional crescente para assegurar que a interação necessária entre eles ocorra.

O design também se tornou mais sofisticado. Quando tomei conhecimento do design há cinquenta anos, ele era mais simples. Fui contratado durante minhas férias de verão na faculdade como engenheiro júnior na Hunter Engenharia, onde meu tio era supervisor de fábrica. Os produtos e o negócio eram relativamente simples – a empresa fabricava projetos de máquinas industriais, por contrato. Eu me sentava em uma prancheta cercada de manuais e minha régua slide e desenhava peças e montagens que então iam para a fábrica para produção e montagem. Se eu não soubesse que material escolher ou como calcular cargas, tensões, temperaturas e outras coisas pedia ajuda a uma pessoa mais experiente. Ninguém no grupo tinha diploma de engenheiro. Era uma operação tradicional de design de máquinas, mas, entre outras coisas, o grupo projetou um sistema complexo, contínuo, de moldagem, rolamento e pintura que se tornou a base para a fabricação das persianas Hunter Douglas.

Precisávamos ser criativos, e éramos criativos em juntar peças razoavelmente convencionais. Atuávamos com um conjunto limitado de disciplinas (mecânica com um interruptor ou motor, de vez em quando) e sabíamos fazer protótipos e testes. Também trabalhávamos de acordo com um orçamento no qual o único que estava envolvido era o nosso chefe. Não interagíamos com a produção, embora fizéssemos um trabalho razoável de design para a manufatura porque todos tínhamos atuado em fábricas. Uma vez que eram produtos industrializados, trabalhávamos mais de acordo com as especificações de nossos clientes e com o que nosso chefe nos dizia para fazer, do que com um entendimento profundo das necessidades dos clientes. De fato, raramente conhecíamos os representantes de nossa empresa cliente.

Não pensávamos em beleza ou adequação cultural, mas tínhamos uma boa noção de qualidade porque éramos todos malucos por maquinário. Nós mesmos construíamos peças e entendíamos de acabamento de superfície, tolerâncias e outras questões relacionadas. Tínhamos o maquinário que podíamos comprar (motocicletas, ferramentas, barcos, e assim por diante) e apreciávamos a elegância, a eficiência, a inteligência e a excelência no desempenho. Acho que o grupo podia ter sido considerado especialista tanto em aspectos mensuráveis quanto não mensuráveis da qualidade da máquina. Lembro-me de pensar sobre

48 EXCELÊNCIA NO DESENVOLVIMENTO DE PRODUTOS

esse fato mais tarde na vida, quando meu tio, que abandonou a escola depois do 9º ano para se tornar maquinista e passar a vida trabalhando em indústrias antes de ser supervisor de fábrica na Hunter Engenharia, decidiu se aposentar e construir máquinas sob demanda em sua garagem. Uma delas era uma máquina muito grande e complicada que embalava tortas de limão com muita rapidez – era simplesmente incrível. Com toda a minha experiência e educação formal, eu não seria capaz de montar aquela máquina tão bem quanto ele.

Eu viria a me deparar com abordagens diferentes ao design ao trabalhar na Shell Oil Company e na General Motors, e estudar e lecionar na Universidade de Stanford, mas minha próxima grande visão foi ao trabalhar no Jet Propulsion Laboratory. O tempo passou e tecnologias como computadores, criação de circuitos de estado sólido e titânio chegaram. Não só eram produtos sem precedentes e tecnicamente sofisticados, mas as apostas eram altas (a Corrida Espacial) e as restrições eram extremamente rígidas (peso, confiabilidade e questões de sobrevivência ao lançamento). Fui empregado, no início, como engenheiro sênior e depois como supervisor de grupo, mais uma vez profundamente envolvido no design de *hardware*. Éramos dois mil no JPL, mais subcontratados, trabalhando em dois projetos – o programa lunar Ranger e o programa planetário Mariner. O trabalho era muito diferente daquele na Hunter Engenharia. De um lado, o design era feito por um grande número de pessoas que tinham cargos diferentes (engenheiro, cientista, designer, técnico etc.). Esse processo era um esforço de equipes altamente integradas e coordenadas. E nós, engenheiros, agora trabalhávamos em mesas (talvez com uma prancheta em nosso escritório) e, na maioria das vezes, possuíamos um diploma de engenharia.

As descrições de nossos cargos se sobrepunham, trabalhávamos juntos e éramos necessários no processo de projetar e construir máquinas. Havia muitas pessoas na "seção de design" (ainda em pranchetas), e elas tinham mais educação formal (tipicamente dois anos de faculdade e alguns com diploma de engenharia) do que aqueles na Hunter Engenharia. Havia engenheiros mecânicos, elétricos, civis e de teste, que costumavam dar os esboços aos designers do que eles estavam propondo, e então passavam um tempo com eles à medida que os detalhes evoluíam. Computadores de grande porte ficavam disponíveis para analisar estruturas complexas e simular sistemas de comunicação.

Acho que o setor paga uma grande pena por associar a palavra *designer* ao tipo de pessoa que eu era e ao tipo de trabalho que eu fazia quando come-

Problemas para aumentar a qualidade do produto **49**

cei minha carreira. A palavra é associada com frequência à memória de salas cheias de pessoas anônimas esboçando cuidadosamente peças no setor de aeronaves na década de 1930. Talvez designer fosse uma palavra melhor para descrever esse tipo de trabalho, mas o desenho agora é feito por computadores. E design já não é mais algo simples. Os designers no setor, entretanto, ainda são um tanto invisíveis. Como exemplo, se você olhar os membros da Academia Nacional de Engenharia dos Estados Unidos, descobrirá muito mais engenheiros e acadêmicos do que pessoas que estão realmente envolvidas nos detalhes de design. Em Stanford, temos no corpo docente a sorte de ter Brad Parkinson, a pessoa a quem se credita o GPS (Global Positioning System). Esse crédito é justo, visto que ele o concebeu, gerenciou o projeto enquanto estava na Força Aérea Norte-americana e agora se encarrega pessoalmente de encontrar aplicações para ele. Ele é um engenheiro/designer excelente.

Anos atrás, Brad estava recebendo muitos prêmios por seu trabalho com o GPS. Eu lhe perguntei como era sentir-se famoso, e ele respondeu que era constrangedor porque os bons engenheiros são invisíveis. Este também costuma ser o caso dos bons designers, embora eu tenha conhecido muitos que provavelmente sejam mais valiosos ao seu empregador do que alguns dos executivos. É hora de atualizar a nossa imagem dos designers na indústria e nos certificar de que as outras pessoas que fazem o projeto também estão consistentes com a atualização dessa imagem.

Do ponto de vista técnico, o trabalho no JPL, ao contrário daquele na Hunter Engenharia, era extremamente interdisciplinar, exigindo a coordenação de muitos subsistemas. Tínhamos "engenheiros de sistemas" e "gerentes de sistemas" e, é claro, "design de sistemas" para garantir que a espaçonave ficasse completa com as alças fixadas e equipamento de teste, que o número adequado de protótipos de teste fosse construído, que a espaçonave não fosse danificada do trajeto até o local de lançamento e durante as operações de lançamento (provavelmente um ambiente mais perigoso do que o espaço) e que trabalhasse em paralelo e montado em uma unidade de trabalho. Acima de tudo, o pessoal que trabalhava em sistemas se encarregava de garantir que o design da espaçonave estivesse tecnicamente equilibrado e atendesse aos vários interesses envolvidos.

O termo *equilíbrio técnico* refere-se a julgar as várias demandas das pessoas responsáveis pelos diversos subsistemas – que incluem comunicações, estrutura, propulsão, orientação e controle, e ciência. Como exemplo, a seção de comunicações no JPL, em geral, queria uma proteção de segurança em torno de dez decibéis para se comunicar com a Terra, o que costumava ser feito por meio de um disco parabólico controlável que se retraía necessariamente durante o lançamento e se estendia quando estava no espaço – uma operação delicada. Uma forma de obter essa proteção de segurança era fazer a antena dez vezes maior, mas as estruturas as pessoas veriam dez vezes menor. Entram em cena os engenheiros de sistemas.

Outro debate permanente era entre o JPL e os vários interesses dos usuários envolvidos, como cientistas e a agência financiadora (o governo por meio da NASA). Os designers queriam confiabilidade, o que com frequência era obtido com simplicidade, mas a pressão de cientistas para fazer seus experimentos voarem era intensa e tornava a situação complexa. Também, os cientistas tendiam a querer coisas como campo magnético e fluxos de raio cósmico, e o público (e, portanto, o governo) gostava de fotos estonteantes – outro problema de sistemas.

Mas o JPL não estava construindo produtos para consumidores individuais. O lado comercial do desenvolvimento de produto no JPL era, de fato, relativamente fraco (lidava com controle orçamentário – não havia lucro). O marketing consistia de vender um projeto para a NASA, o que era auxiliado pelo fato de que éramos o centro da NASA encarregados da exploração sem tripulação do sistema solar. Uma vez assinado o contrato, não havia muita necessidade de se preocupar com a demanda do cliente, processos de responsabilidade, efeitos sociais ou que os custos fossem politicamente aceitáveis. Os produtos acabavam sendo visualmente admiráveis não em razão de qualquer objetivo consciente, mas por causa das restrições de peso, articulações necessárias, e aos tratamentos de superfície precisos para manter temperaturas – a aparência era totalmente determinada pela função.

Depois que saí do JPL, tornei-me professor em Stanford, lecionando cursos de design de engenharia, design de sistemas e design de produto, o que na época foi um esforço conjunto entre a faculdade de engenharia e o departamento de artes. O processo de design mudou muito desde que eu entrei na universidade, com a disponibilidade de novas ferramentas e abordagens potentes, além de mudanças nas abordagens organizacionais e na concorrência global. Novos fatores econômicos e valores sociais e individuais também desempenharam um papel. Graças a computadores e pesquisas, parece-me que talvez tenhamos nos fortalecido na solução de problemas puramente técnicos, mas não necessariamente em como fazer produtos que aumentam a qualidade da vida das pessoas – uma situação que atraiu cada vez mais o meu interesse.

Quanto a outras mudanças em design, quando cheguei em Stanford, o Vale do Silício estava nascendo. A presença de eletrônicos digitais e o aprimoramento de circuitos integrados estavam abrindo enormes oportunidades. Empresas poderiam ser abertas com pouco capital e, se bem-sucedidas, crescer rapidamente, o suficiente para fazer o negócio de capital de risco florescer no ramo de eletrônicos. Um número cada vez maior de designers parecia estar trabalhando em pequenas empresas em crescimento e se tornando interessados em problemas mais idealistas. Talvez por causa desse período bastante revolucionário, e a forte concorrência internacional visível no horizonte dos EUA, havia um grande interesse pela criatividade, inovação (uma palavra que implica mais implementação pratica do que criatividade) e empreendedorismo.

Mais criatividade e inovação

Acabei escrevendo um livro muito oportuno sobre criatividade, *Conceptual blockbusting: a guide to better ideas* ["Blockbusting conceitual: um guia para ideias melhores"], que, apesar de ter sua primeira edição em 1974, ainda continua sendo impresso, e tornou-se fortemente envolvido no estudo, ensino e consultoria desses assuntos. A criatividade é um elemento essencial do design, e também de mudança organizacional. Uma qualidade crescente que, em geral, implica mudança e inovação. As características organizacionais necessárias para encorajar a criatividade agora são conhecidas. Em certo momento, usei a planilha de verificação incluída a seguir, em minha consultoria, e também para ajudar meus alunos em seus projetos finais, nos quais eles agiam como consultores de criatividade para grupos organizacionais. A lista inclui aspectos importantes para encorajar a criatividade e aumentar a inovação não só entre designers mas também nas organizações em geral.

1. *Os clientes sabem claramente o que desejam?*
2. *Eles estão dispostos a pagar o preço (mais incerteza, fracassos, a falta percebida de controle e de recursos) pelo que querem?* As organizações muitas vezes dizem que querem se tornar mais inovadoras, mas não estão preparadas para tolerar experimentação e os riscos associados.

52 EXCELÊNCIA NO DESENVOLVIMENTO DE PRODUTOS

3. *Eles entendem como as pessoas agem em situações em que a criatividade é maior?* As organizações que funcionam há muito tempo de uma dada forma, com frequência, não sabem que para ser mais inovadoras precisam tratar as pessoas de modo diferente e que essas pessoas, por sua vez, reagirão de forma diferente.

4. *Eles estão tentando resolver os problemas "certos"?* As organizações muitas vezes dedicam esforços para aliviar sintomas em vez de resolver os problemas básicos, uma vez que estes envolvem mais incerteza e, talvez, mais sofrimento.

5. *Eles entendem estilos cognitivos e a necessidade não só de usá-los adequadamente, mas também de aumentar a comunicação entre disciplinas e unidades de negócio?*

6. *Eles sabem quando e como usar técnicas de geração de ideias (por exemplo, onde concentrar tempo e esforço, como usar as ideias de outras pessoas, criar experiências multiculturais, ambientes em mudança)?*

7. *Eles percebem que suas abordagens tradicionais de tomada de decisão podem ser inadequadas para avaliar os produtos resultantes da inovação?* As questões de número 5 e 7 têm a ver com o aumento da quantidade e da qualidade de conceitos, e assegurar que elas não sejam rejeitadas pelos velhos padrões. A organização talvez devesse pensar mais seriamente nos hábitos de solucionar problemas, aprender algumas técnicas de criatividade e selecionar abordagens mais ponderadas de tomada de decisão.

8. *Os recursos adequados (tempo, pessoal e dinheiro) estão disponíveis?* Esta é uma questão difícil. As organizações com frequência se tornam interessadas em aumentar a inovação quando estão em situação financeira difícil. Ninguém faz mágica.

9. *O sistema de recompensa é adequado?* As organizações tradicionais têm sistemas de recompensa com base na justiça e no tempo de casa, e não no reconhecimento de contribuições individuais.

10. *Os grupos estão sendo usados adequadamente para produzir e implementar novas ideias?* Grupos tradicionais são convergentes e seguros, mas não especialmente criativos. Os grupos criativos devem ser gerenciados colaborativamente, em vez de autoritariamente, e os gerentes devem se preocupar com o ambiente psicológico bem como progra-

Problemas para aumentar a qualidade do produto **53**

mar e relatar procedimentos. Embora a criatividade individual seja básica, os grupos podem ser mais criativos que os indivíduos em uma organização complexa – eles têm um "cérebro" maior e mais força econômica e política.

11. *A implementação é planejada rigorosamente?* É mais difícil fazer as novas ideias acontecerem do que as velhas. As organizações muitas vezes subestimam o tempo e os recursos necessários para fazer isso, resultando em uma das principais razões para o fracasso para aumentar a inovação. As organizações concebem e testam novos conceitos brilhantes, mas falham em dar uma sustentação que seja suficientemente sólida para que sejam efetivos.

12. *Eles entendem de força e política na organização e seu uso para que a mudança aconteça?* Com frequência, existe ambivalência quanto ao poder e a política nas organizações, principalmente em instituições como universidades.

13. *As mudanças na cultura organizacional são necessárias?* Com frequência, as organizações são "afinadas" para um estado (recursos abundantes, um mercado permanente) e devem se reconstituir para um novo ambiente.

A primeira vez que fiz parte do corpo docente de Stanford, os designers de produtos estavam se familiarizando com controle digital, computadores e comunicação. As engenharias mecânica e elétrica acabaram se sobrepondo em tal medida que surgiu um novo campo multidisciplinar chamado "mecatrônica". Os designers de empresas iniciantes também se familiarizaram com assuntos como capital para iniciar os negócios, financiamento de dívida, oferta pública inicial e participação acionária, para não mencionar trabalhar muitas horas sob intensa pressão. Os negócios tornaram-se claramente um fator no design. Às vezes, as empresas iniciantes só tinham um ou dois designers, às vezes nenhum, abrindo uma importante oportunidade para escritórios de consultoria em design (IDEO, Frog). Os computadores pessoais foram se tornando comuns, e os primeiros projetos de design auxiliados por computador (CAD) e de produção (CAM) tornaram-se disponíveis.

Muitos anos atrás (em meados de 1970), eu estava chefiando o departamento de Engenharia Industrial e Gerenciamento de Engenharia em Stanford, envolvido na busca de soluções para problemas de produção e para a con-

54 EXCELÊNCIA NO DESENVOLVIMENTO DE PRODUTOS

corrência que as empresas norte-americanas estavam sentindo do Japão e dos Tigres Asiáticos e de novos insights organizacionais que afetavam a qualidade do produto. Os designers agora estavam trabalhando ainda mais de perto com o pessoal da produção e também com os empresários. Tais tópicos como design para produção e qualidade de produção eram pontos chaves.

Dez anos mais tarde, eu chefiei o programa de Ciência, Tecnologia e Sociedade em Stanford, além de lecionar e escrever sobre engenharia mecânica e industrial e sobre consultoria. Os computadores agora estavam por toda parte em design e fabricação. Embora os designers ainda fizessem esboços, as pranchetas tinham desaparecido. Os computadores eram usados para produzir a maioria do trabalho gráfico e para realizar uma quantidade cada vez maior de análise. Robôs, centros de fabricação de máquinas controlados por computador e terceirização desempenharam papéis cada vez maiores na produção. Os computadores também permitiram uma quantidade cada vez maior de simulações, iterações e protótipos simplificados – sendo todos os três ferramentas de design cada vez mais usadas. As empresas tornaram-se globais, e os aparelhos de comunicação digital permitiram amplamente que pessoas em lugares tão distantes trabalhassem como grupos. Os designers aceitaram as sobreposições do design não só entre empresas e produção, mas também muitas outras atividades em que se procura ter um melhor entendimento dos clientes, da economia, de políticas econômicas e política, e da qualidade de vida. Questões sociais e ambientais impactadas pelo design também estavam recebendo cada vez mais atenção.

Uma indicação das direções futuras no design foi um programa da Faculdade de Engenharia de Stanford, o Hasso Plattner Institute of Design (chamado informalmente de *d.school*). Hasso Plattner, fundador do SAP, deu um presente a Stanford ao iniciar esse programa, que é dirigido por David Kelley, que agora é catedrático na universidade de Stanford, fundador da IDEO, uma empresa grande e bem-sucedida de consultoria em design e inovação. O programa ministra cursos de pós-graduação e tem laboratórios funcionando permanentemente, oferece programas e cursos curtos a executivos, e é supervisionado por vários professores de diferentes escolas, departamentos e disciplinas. Os cursos mudam continuamente, mas todos se baseiam em projetos, são ensinados pelo menos por duas pessoas de disciplinas acadêmicas diferentes e utilizam equipes de alunos cujos membros também representam disciplinas diferentes.

As pessoas no programa acreditam que pensar o design pode ser usado para solucionar uma ampla variedade de problemas que, em geral, não são vistos como pertinentes à alçada do design, como os sociais e de políticas. Eles definem o pensamento do design em termos amplos e estão experimentando uma definição de design que inclui não só a engenharia e os negócios, mas também uma ampla variedade de outros campos, entre eles direito, administração, educação e muitos ramos das ciências naturais, sociais e humanidades – potencialmente todas as disciplinas. O programa considera tanto aspectos técnicos quanto emocionais do design, discutidos em todo este livro, enfatizando a criatividade (gerando soluções alternativas), a identificação de necessidades e outras maneiras de entender melhor o verdadeiro problema do cliente e fazer uso generoso de protótipos feitos rapidamente durante o processo de design.

Problema proposto

Escolha um produto que você ache que poderia ter mais qualidade se não fosse pela mentalidade estreita e tradicional da empresa que o produziu. O que você poderia fazer se fosse o engenheiro-chefe ou o presidente da empresa para reverter essa mentalidade estreita ou o modo de pensar tradicional?

A partir disso, escolha mais dois produtos, um que você acredita ser extremamente bem desenhado e um que tenha um design fraco. Em que você se baseou para fazer suas escolhas? Em sua opinião, quais são as causas do bom e do mau design? Se você fosse CEO da empresa responsável pelo design ruim, por onde poderia começar a investigar a companhia, a fim de aprimorar sua competência em design?

CAPÍTULO

Desempenho, custo e preço

É um bom negócio?

Depois de tecer considerações sobre o problema da qualidade, dificuldades para resolvê-lo e o processo pelo qual a qualidade poderia ser aprimorada, vamos passar às sete áreas fundamentais para a qualidade do produto e que, em minha opinião, não recebem a devida consideração. Essas áreas têm um papel importante na maneira como as empresas definem e diferenciam seus produtos, mas raramente são alvo de reflexão e análise adequadas. Evidentemente, são interconectadas, mas talvez possamos dividir o problema da qualidade do produto em partes mais viáveis, a fim de discuti-las separadamente.

Neste capítulo, falarei sobre desempenho, custo para o produtor e preço para o consumidor – três fatores que são imediatamente lembrados quando se pensa em qualidade. Eu quero falar sobre eles porque, embora muitas vezes sejam expressados quantitativamente, não podem ser determinados logicamente como as pessoas pensam que seria possível. É simples, para os consumidores, pensar nos produtos e avaliá-los de maneira quantitativa. Mas, como os economistas comportamentalistas estão provando agora, não penso em preço de uma maneira lógica. Também não faço isso com o desempenho. Certa vez tive um carro esporte conversível e uma perua, e não me convenci de que os velocímetros marcavam a velocidade exata porque meu carro esporte parecia andar muito além dos 100 km por hora.

Desempenho, custo e preço estão intimamente ligados. É muito provável que os consumidores digam: "Por 30 dólares, esta cafeteira é muito boa", em vez de dizerem simplesmente: "Esta cafeteira é muito boa". Eles querem um alto desempenho por um custo baixo. É mais provável que o produtor queira custo baixo, preço alto e desempenho adequado para vencer a concorrência. Em termos ideais, e talvez necessariamente, tanto os produtores quanto os consumidores devem ficar satisfeitos. O produtor terá um bom lucro e o consumidor achará que foi um bom negócio adquirir o produto.

Quantificando o desempenho

Gostamos de quantificar o desempenho – quilômetros por hora, graus centígrados, período de funcionamento, pixels por centímetro quadrado, curva de amortização, gigahertz, toneladas e assim por diante. Nossa interação com produtos é extremamente complexa, e atribuir números a aspectos como desempenho parece simplificar a descrição do produto. Mas como medir a suavidade na troca de marcha de um câmbio manual de alta qualidade? Ou o som de um quarteto de cordas ao vivo? Ou, no entanto, a baixa capacidade de absorção de uma fralda descartável? Uma serra que não corta bem? Podemos realmente fazer uma comparação quantitativa entre o desempenho de um automóvel e o de uma motocicleta?

Também simplifica a vida tanto dos produtores quanto dos consumidores atentar para seu desempenho quando estes são novos, mas os produtos de alta qualidade devem ter durabilidade e seu desempenho deveria ser considerado ao longo de sua vida. A capacidade de desempenho deve incluir fatores como confiabilidade, durabilidade, facilidade de uso e manutenção, uma vez que o mau funcionamento, mesmo que por razões não diretamente associadas a falhas do fabricante, se reflete no desempenho do produto.

Como exemplo, o carro da minha esposa tem uma boa reputação de desempenho e confiabilidade, além de fazer jus a essa reputação desde que o compramos. Infelizmente, faz pouco tempo que alguns roedores roeram os cabos elétricos, que custaram cerca de 3 mil dólares para serem substituídos. Agora minha mulher não acha mais que o carro tem a alta qualidade que ela imaginava, embora o fabricante obviamente não seja responsável pelo ocorrido. Eu também acho que o carro tem menos qualidade do que antes não só porque os cabos atraem roedores, mas o feixe de cabos é uma peça única, extremamente difícil de repor ou consertar – não é fácil de manejar. Além disso, a situação fez o estacionamento onde o carro é deixado ficar infestado de roedores e cheio de ratoeiras, veneno e dispositivos sonoros que incomodam a esses animais (e a mim). Ao conversar com amigos e vizinhos, descobri que esse problema não é incomum e, em cada caso, embora os automóveis sejam de marcas diferentes, os donos achavam que o fabricante do carro deveria ter instalado um feixe de cabos mais fácil de consertar e menos saboroso aos roedores – uma perda percebida na qualidade.

A utilidade e a manutenção estão entre os aspectos que mais valorizo hoje em dia. Se um produto de alta qualidade apresentar problemas em uma peça ou subsistema, estes devem ser de fácil conserto ou troca. O feixe de cabos no carro de minha mulher deveria, pelo menos, ser modular para que não fosse necessário remover toda a montagem. Eu tive um computador iMac recentemente que parou de funcionar em razão de um problema com capacitores fabricados por uma empresa em Taiwan. Eram capacitores antigos separados, soldados em uma placa de circuito impresso com várias camadas com um soldador sem chumbo, que derrete a temperatura mais alta que o soldador de chumbo tradicional. O computador não estava mais na garantia, e o conserto em um serviço autorizado custaria quase o preço de um novo.

Procurei saber mais sobre o problema na internet e encontrei muitos comentários relatando falhas idênticas, muitos deles incluindo instruções sobre como consertar o computador, mas cada um com uma advertência de que o conserto levaria várias horas. Deixei o computador de lado para ver se eu conseguiria consertá-lo (embora houvesse advertências na literatura que deixavam implícito que eu não deveria fazer isso). Meu sócio e eu tentamos consertar o computador durante várias horas, porque eu achava que ele era bom e bonito demais para ser jogado fora. Apesar de nossos conhecimentos e experiência, não conseguimos, e minha admiração pela Apple caiu mais um ponto (por sinal, o primeiro ponto a menos foi pela dificuldade de substituir a bateria de um iPhone, algo que se deve fazer com frequência. É um desafio para o usuário fazer isso e o conserto na loja iStore custa cerca de 100 dólares). Evidentemente, quando eu troquei o computador, a Apple ganhou mais dinheiro e eu acabei com um desempenho melhor e novos aplicativos e programas, embora não precisasse deles, nem os quisesse.

Outro exemplo da dificuldade de quantificar o desempenho é que "mais desempenho" não quer dizer, necessariamente, melhor. Minha mãe ficava fascinada com as ferramentas multiuso e insistia em comprá-las para mim como presente de aniversário e de Natal. É claro que eu agradecia, mas, em geral, elas não competiam com as ferramentas mais tradicionais. Embora possam ser convenientes para pessoas que não tenham espaço, nem interesse em adquirir ferramentas tradicionais, as ferramentas combinadas não funcionam para mim, exceto, talvez, o clássico canivete do Exército Suíço.

Pense na proliferação de especificações de produtos comprados pelos consumidores – a chamada funcionalidade (adicionais aos produtos) que está sendo discutida à medida que as pessoas percebem as desvantagens de lidar com tantos recursos. Na maior parte da história, a mecanização da função do produto exigiu um investimento considerável. Funções adicionais exigiam peças adicionais, muito caras. A disponibilidade de circuitos integrados de baixo custo contendo o equivalente a milhões de componentes eletrônicos mudou esse processo. Características de produto não exigem mais submontagens mecânicas caras, fabricadas sob demanda. Circuitos integrados em automóveis podem controlar facilmente o tempo da ignição, a injeção de combustível e sistemas de controle de emissão de gases. Podem sintonizar seu rádio e lembrar suas estações preferidas. Com os sensores adequados, podem lhe indicar não só se o cinto de segurança está preso ou se a porta está aberta, mas também quantas vezes você utilizou seus freios naquele mês, ou talvez um dia, possam apontar se você está usando perfume demais, ou se o seu filho fez amor no banco de trás. Quantas dessas funções os circuitos integrados deveria desempenhar?

Ultimamente, você tem pensado se precisa de todas as opções de seu celular? Pessoalmente, eu poderia ficar sem aquela que parece tirar fotos dentro de meu bolso. Você tem dificuldade de lembrar como usar todos os recursos de seu home theater e do software de seu computador? Você quer realmente que sua secadora lhe dê a opção de regulagem para secar as roupas? Você ainda pede para ligarem e acordá-lo porque não sabe como o despertador de seu quarto de hotel funciona? (Uma colega minha alega que não é que ela não queira saber como o relógio funciona, mas ela não confia neles.)

As pessoas parecem ser pegas em um círculo infindável de atualizações de computadores, sistemas operacionais e softwares de aplicação. Os aplicativos têm uma duração tão curta que os usuários não dão conta de abrir os anexos de e-mail e fazer as atualizações. Se decidem fazê-las, podem achar que a nova versão não é compatível com o seu antigo sistema operacional. Depois de instalar o atual sistema e o novo aplicativo, o computador fica mais lento. O próximo passo é comprar um novo computador e fazer atualização de tudo, para descobrir que não sabem usar todos os recursos novos. Quando os usuários começam a se acostumar com todas essas mudanças, o ciclo se inicia outra vez. Eu, como muitos de meus amigos, adoraria evitar fazer constantes upgrades para poder me concentrar no uso de meu computador, e não em aprender a lidar com mais um software "poderoso", mas sou pego pela necessidade de interagir com o mundo (estranhamente, é bem provável que meus amigos e eu passaríamos como entendidos em computador).

Em 1996, Clifford Stoll escreveu um livro intitulado *Silicon snake oil* ["Óleo de cobra do Silício"]. Apesar do título, não era um discurso anticomputadores. Stoll usa computador há muito e é perito no assunto. De fato, sua experiência vem da montagem do kit Altair[1] no início dos anos 1970 – e se você já mexe com computador há muito tempo, descobrirá que isso lhe dá as melhores credenciais. Entretanto, em seu livro, Stoll faz uma certa críticas aos computadores, uma delas foi que ele afirmou ter gasto sempre a metade do tempo trabalhando no sistema operacional de seu computador em vez de usá-lo.[2] Essa afirmação pode ter sido um exagero, mas sem dúvida eu compreendi o que ele quis dizer. Embora o hardware tenha se tornado mais confiável e o software mais estável, a maior complexidade nos mantém tentando fazer esse malabarismo (o de se preocupar tanto com ele).

Chegamos a um nível de sofisticação tecnológica que devemos (ou deveríamos) pensar não só no que queremos dos produtos, mas também no que não queremos que eles façam. Muitos produtos modernos dão a impressão de que os projetistas tentaram freneticamente usar ao máximo a capacidade dos chips embutidos e, nesse processo, ofereceram funções desnecessárias e confusas. Os projetistas que usam ao máximo a "revolução da informação" utilizam uma maior capacidade técnica para criar aparelhos que sejam mais

62 EXCELÊNCIA NO DESENVOLVIMENTO DE PRODUTOS

fáceis de usar. Quando se trata de opções, "quanto mais, melhor", não é mais uma verdade, uma vez que a capacidade dos computadores está aumentando com mais rapidez que a capacidade do cérebro humano. Trinta anos atrás, os designers de produtos não tinham o luxo de enfrentar esse problema.

A complexidade do custo e do preço

Custo e preço também são assuntos extremamente complicados. A percepção que o cliente tem do preço depende de um grande número de fatores que incluem a sua situação financeira, o preço de produtos concorrentes e o quanto ele deseja o produto. Os fornecedores de produtos devem considerar não só o custo do tempo e materiais e as margens de lucro desejadas, mas também o valor do dinheiro ao longo do tempo envolvido e a disponibilidade de várias fontes de captação de recursos. Tempos modernos têm levado as pessoas a pensar na responsabilidade, segurança, nas taxas de câmbio e outras sutilezas. Os consumidores devem se preocupar em decidir se comprarão, alugarão ou farão *leasing*, pagarão à vista ou pedirão emprestado (e, nesse caso, de quem), pagar por contratos de manutenção ou não, e comprar direto ou pela internet, além de escolher qual modelo, que opções e se convém esperar uma promoção.

A complexidade crescente relativa ao custo pode ser percebida no debate sobre o "custo real". Tradicionalmente, o preço de um produto inclui design, materiais e produção, mais lucros e despesas associadas que são repassados ao comprador. O custo real pode refletir também custos sociais de poluição ambiental, limpeza após o uso do produto ou a exploração de recursos escassos. Por exemplo, o custo de um automóvel deveria incluir um valor para o controle da poluição bem como para a construção das estradas? O custo da madeira deveria incluir uma parcela para reflorestamento? O governo deveria compensar os contribuintes com a venda de bandas de frequência de comunicação para indústria em vez de cedê-las? O preço da passagem aérea deve ser suficiente para fornecer sistemas de controle do tráfego aéreo e aeroportos adequados? Essas questões, entre muitas outras, estão sendo consideradas atualmente.

Assim como o desempenho, o custo e o preço são fatores que deveriam ser considerados ao longo da vida (e da morte) do produto. O custo real de um produto a um cliente inclui não só o preço de compra e qualquer taxa sobre o financiamento, mas também conserto e serviços, custos operacionais, seguro e outros custos incorridos enquanto se possui o produto. Esses custos deveriam ser mais claros para os fabricantes, uma vez que estamos longe da época em que o consumidor assume o risco pela compra, e eles poderiam se beneficiar ao fazer isso. No caso de um produto de alta qualidade, o preço de compra pode parecer menos assustador, comparado ao custo real de ter e operar o produto, e os custos de conserto e serviços de um produto de qualidade superior devem ser menores que aqueles incorridos sobre um de pouca qualidade.

As empresas também fazem um esforço tremendo para tentar mudar a percepção que os consumidores têm de preço e custo. Parecemos estar cercados de "oportunidades", sobretudo nos grandes centros – vendas, promoções, cupons, clubes de desconto, milhas para clientes frequentes, e assim por diante. Se você quer exemplos, vá a um supermercado local, faça uma pesquisa para comprar um carro ou pesquise algo que deseja comprar pela internet. De algum modo, essas coisas parecem estar mais no meio do caminho do carnaval do que para a aquisição de um produto de alta qualidade. Alguns fabricantes de produtos de alta qualidade, no entanto, fazem da não concessão de descontos um aspecto da qualidade – a Apple, por exemplo, gosta de controlar a distribuição por meio de suas próprias lojas e site. O fabricante de artigos de alta qualidade deve tentar minimizar os artifícios de vendas, mesmo que os descontos rendam muito dinheiro (muitas pessoas nunca procuram por eles) e as promoções (sejam após o Natal, ou na forma de "dois por um", ou "pague um, leve outro", ou "R$ 5,29 por um, R$ 2,95 cada, se levar três ou mais") devendo funcionar, ou não seriam tão comuns. Infelizmente, se as pessoas não fossem extremamente suscetíveis a tais ofertas, provavelmente elas não precisariam existir.

O mundo está repleto de propaganda, em todas as mídias, sobre desempenho e preço. Uma quantidade extraordinária de talento é investida para influenciar o que precisamos e queremos. Eu adoro ver os vencedores do Clio Awards[3] porque esse prêmio oferece uma oportunidade para se testemunhar o verdadeiro gênio. O gênio, de fato, quer influenciar os consumidores para que eles desejem mais fortemente o produto feito pelo cliente da agência. Ninguém está imune às mensagens do profissional de propaganda, e dizer que elas não nos atingem é um eufemismo. Aceitamos ver filmes de TV intercalados por

64 EXCELÊNCIA NO DESENVOLVIMENTO DE PRODUTOS

muitos intervalos comerciais. A internet está abarrotada de propaganda. Nem mesmo questionamos a colocação de produtos nas prateleiras de nossas lojas, placas no meio de flores nos parques, ou os painéis de propaganda que cobrem as paredes internas dos campos de futebol (que levam nomes de empresas). Também somos influenciados pelo gosto das pessoas e celebridades que admiramos – não é mera caridade que faz o mundo da moda e os designers de joias vestir e adornar atores e atrizes para a cerimônia do Prêmio Oscar com suas criações. Nós nos condicionamos a uma quantidade surpreendente de sugestões quanto ao que devemos comprar e as empresas estão dispostas a gastar muito dinheiro para nos influenciar porque isto funciona.

Mas toda essa publicidade e atenção da mídia pode nos desapontar, pois a propaganda tende a exagerar as qualidades positivas do produto que poderiam não levar o consumidor ao resultado desejado. Em um mundo bem imaginário, se você acredita nos anúncios românticos de batons pode se decepcionar quando o Brad Pitt não abandonar a Angelina Jolie para ficar com você, embora você esteja usando o mesmo batom. É fácil encontrar belos anúncios de automóveis que deixam implícito que se eu comprar um determinado carro, passarei minha vida evitando que mulheres maravilhosas queiram entrar nele a todo custo e avancem em mim. Pense bem – melhore seu poder de sedução por R$ 70.000,00 (nada menos que isso e sem desconto). A maioria das propagandas de picapes mostra os veículos em tarefas de resistência heroica (corridas off-road, acomodando cargas enormes de materiais de construção, sendo mostrados como muito superiores a outros equipamentos). De alguma forma, os anúncios nunca mostram os danos que resultariam se uma picape fosse colocada nessas situações reais. Se você for atrás de passagens baratas de avião ou tarifas baixas de hotéis, pode descobrir que já estão esgotadas, por exemplo.

Para os fabricantes de produtos de alta qualidade, a honestidade deveria ser a melhor política.

O equilíbrio entre desempenho e custo

A importância relativa do desempenho e custo varia amplamente, dependendo do produto e do comprador. Uma pessoa que esteja comprando uma Ferra-

Desempenho, custo e preço **65**

ri ou a instituição militar que esteja comprando armamento de ponta pode se importar muito mais com o desempenho do que com o preço. O adolescente que deseja um automóvel ou a empresa nova que não tem recursos e precisa de espaço para o escritório pode se importar mais com o preço do que com o desempenho. No entanto, em certa medida, sempre equilibramos os dois quando estamos avaliando produtos. Quando o preço parece ser alto demais ou o desempenho inadequado, instala-se a insatisfação. Um exemplo do primeiro caso foi o famoso assento para vasos sanitários pelo qual o governo americano pagou 600 dólares. Um exemplo do segundo, foi o fracasso da usina nuclear Three Mile Island, em 1979, que desempenhou um papel importante para tirar o poder nuclear dos Estados Unidos. A explicação para o primeiro foi que o assento para vaso sanitário era um item exclusivo e o custo de seu desenvolvimento não abarcava a possibilidade de se colocar em todos os lugares necessários. Já a explicação para a fusão do núcleo na Pensilvânia teve a ver com a complexidade do sistema e o treinamento dos operadores. Mas parece que a explicação não foi satisfatória nem a muitos membros da mídia e nem ao público em geral.

Tradicionalmente, os objetivos de custo e desempenho e os preços de venda são determinados por marketing, concorrência, viabilidade técnica, capacidade organizacional e a intuição de várias pessoas experientes. Eles podem ser ambiciosos ("Resolvemos ir à Lua nesta década" – John F. Kennedy) ou modestos ("Faça um pino extrator que não precise de canal de telemetria" – Bill Schimandle, ex-chefe no JPL). Eventualmente, esses objetivos assumem forma definitiva, com frequência quantitativa. Nesse ponto, eles são vistos tipicamente como restrições (congeladores) ao design. Um computador melhor pode ser descrito em termos quantitativos como velocidade desejada, memória, aspectos do sistema operacional e custo. As metas para um carro esportivo melhor poderiam incluir dados de desempenho como aceleração, velocidade máxima, resistência a derrapagem, capacidade de esterçamento e distância de frenagem bem como custo.

Mas devemos nos lembrar da natureza do processo que produz os objetivos que restringem e orientam o designer ou fabricante do produto. Como muitos engenheiros, eu comecei na base da pirâmide e supunha que uma pessoa, como um "deus" acima de mim, estivesse estabelecendo as metas de desempenho e custo de acordo com as quais eu deveria trabalhar. Quando eu alcancei uma posição mais alta no totem, no entanto, percebi que o estabelecimento de metas de desempenho e custo era feito por meros mortais, como eu

66 EXCELÊNCIA NO DESENVOLVIMENTO DE PRODUTOS

ou você. Alguns desses mortais parecem ter qualidades de "deuses" (como Bill Hewlett ou Steve Jobs), mas, ao me envolver no estabelecimento de metas de desempenho e custo para muitos produtos, posso afirmar que a maioria *não tem*. Obviamente, convém estabelecer essas metas quantitativas e específicas para cumprir programas e integrar subsistemas. Para atingir a alta qualidade, contudo, ajuda se as pessoas de todos os níveis tiverem uma noção da quantidade de incertezas no processo que estabelece metas de produto, uma vez que a qualidade pode ser menosprezada. Intervenções relativamente pequenas no design do produto podem resultar em ganhos na qualidade relativamente altos.

Desempenho, custo e preço também parecem diferir quando examinados de pontos de vista diferentes. Como exemplo, considere os equipamentos para a lavoura. Em 1830, cerca de 300 a 350 horas de trabalho eram exigidas para produzir 100 alqueires de trigo. Por volta de 1890, em razão do aprimoramento dos equipamentos, essa quantidade de trigo poderia ser produzida com quarenta a cinquenta horas de trabalho. Por volta de 1965, a mesma quantidade de trigo podia ser produzida com cinco horas de trabalho. O total, atualmente, é de duas a três horas de trabalho em razão do uso de equipamentos modernos.[4] Este é um aumento espantoso na produtividade humana, conforme definido simplesmente pela relação da produção com a mão de obra.

Do ponto de vista técnico, o desempenho de tal equipamento é alto, uma vez que ele é necessariamente confiável e faz um trabalho excelente. E o preço? No atual ambiente de produção agrícola, a crescente automação ainda parece fazer sentido econômico, ou os produtores provavelmente não o comprariam. Os operadores de uma ceifeira-debulhadora certamente não prefeririam voltar a um assento ao ar livre à luz direta do sol, no meio de nuvens de pó e palha. Os produtores não se importam em pagar menos dólares em salários e em se preocupar com menos equipamentos. Nem se importam em ser capazes de plantar mais hectares com menos pessoas, uma vez que as grandes fazendas parecem ser as mais lucrativas hoje em dia, em parte porque o montante do subsídio é proporcional à área cultivada, em hectares. Do ponto de vista do agricultor, o desempenho é alto e o custo é suportável. Da perspectiva do produtor, as vendas e o lucro são primordiais. Uma vez que os agricultores continuam aprimorando e os John Deeres[5] do mundo estão indo bem, a combinação moderna parece correta do ponto de vista deles – desempenho e custo razoáveis. Logo, existe alguma desvantagem?

Ao mudar as perspectivas, praticamente qualquer produto pode ter alguma desvantagem como desempenho, custo e aumento de preço. Aumentar o preço significa ter aviões mais rápidos, computadores melhores e equipamentos mais potentes para diagnóstico médico. Mas, os aviões mais rápidos podem transportar menos pessoas. Os passageiros pagariam mais por uma viagem mais lenta, porém mais luxuosa? Computadores melhores e equipamentos mais potentes para diagnósticos médicos poderiam exigir operadores mais bem treinados, e também são mais caros para produzir. E mais acesso a recursos é necessário para adquirir esse equipamento mais caro – uma barreira para as empresas menores.

Pense outra vez nos equipamentos para produção agrícola. Os agricultores que eu conheço adoram máquinas grandes, potentes, sofisticadas. Embora eu não seja economista agrícola, suspeito que, do ponto de vista do desempenho, alguns deles compram equipamentos com desempenho maior do que precisam e antes de precisarem desse maquinário. Não só a aquisição e a manutenção de equipamentos novos são caras, mas eles também perdem seu valor rapidamente. Máquinas colheitadeiras novas custam mais de 500 mil dólares, muitas vezes não podem mais ser mantidas, e muito menos ser consertadas por amadores. A colheitadeira de tomates moderna, que é capaz de colher de 50 a 70 toneladas por hora (muito catchup!), seleciona eletronicamente a fruta por cor, aqueles que não estão maduros o suficiente acabam sendo jogados no chão ou em um contêiner para descarte. Ainda estou para conhecer um agricultor capaz de consertar o equipamento com sensor extremamente sofisticado usado para fazer a seleção automática e, ainda ser capaz de tomar decisões. No caso de falha, os agricultores precisam chamar especialistas muito bem pagos para substituir os módulos caros.

Equipamentos agrícolas modernos apresentam outras desvantagens mais sutis, uma delas é que eles isolam os indivíduos do processo de cultivo – esta é uma faca de dois gumes. Muito da mão de obra agrícola "odeia" o seu trabalho. Mas os agricultores gostam de fazer as coisas crescerem. Um de meus filhos tem uma fazenda no Vale do Sacramento. No ano passado, ele colheu parte de sua safra de trigo com uma colheitadeira da década de 1960 que eu recuperei. Embora ele se sentasse em meio a uma nuvem de poeira e gastasse muito mais tempo fazendo a colheita do que o faria se tivesse uma colheitadeira moderna, ele a adorava. Ele tem uma fazenda por-

68 EXCELÊNCIA NO DESENVOLVIMENTO DE PRODUTOS

que gosta do processo, e a colheitadeira mais antiga o envolvia mais do que uma máquina moderna.

Levando o assunto adiante, veja o que aconteceu com a agricultura. Ela emprega um número cada vez menor de pessoas e não permite mais que os agricultores concorram em uma escala pequena. Muitas vezes eu ouço pessoas que lamentam o desaparecimento da maioria das pequenas propriedades. Do ponto de vista da sustentabilidade, defendem ou são favoráveis à agricultura familiar, as máquinas imensas, caras, que "chupam" diesel usadas agora poderiam ser consideradas de qualidade menor que o maquinário mais antigo. Pensamentos igualmente negativos poderiam ser esperados do agricultor cuja colheitadeira complicada de tomate ou ceifeira-debulhadora quebrou na hora em que a colheita deve ser feita ou que está para chover. Logo, no caso de equipamentos agrícolas importantes, o desempenho do maquinário é alto e o benefício para os fazendeiros é positivo, mas o que dizer do benefício para a sociedade? Por estranho que seja, a mesma coisa está acontecendo em muitas situações onde o trabalho está sendo automatizado. Ferramenteiros e tingidores? Operadores de prensas impressoras? Raças em extinção. Qual é o custo dos empregos perdidos como resultado da automação?

Por que existem problemas?

Em um sistema capitalista, gostamos de supor que as forças de mercado cuidam de problemas relacionados ao desempenho, custo e preço. E deveriam. Os produtos são fabricados visando-se ao lucro, portanto, não existe muita motivação para projetá-los e fabricá-los a não ser que as pessoas fossem comprá-los. O mercado e a concorrência devem estimular o desempenho e baixar os preços. Muitos fatores tornam esse comportamento provável, inclusive o avanço da tecnologia. Muitos leitores podem ter ouvido falar da curva de Moore, cujo nome foi dado em homenagem a Gordon Moore, um dos fundadores do Grupo Intel. A curva de Moore diz que o número de componentes em um único circuito integrado parece dobrar a cada 18 meses com uma redução no custo por componente. Este avanço ocorre desde 1958 e tem sido um fator importante no incrível aprimoramento (em dólares) no desempenho de computadores nos últimos trinta anos.

A relação custo-benefício de um produto aumenta à medida que os produtores e usuários tornam-se familiarizados com ela. Pessoas, materiais e processos não são perfeitos. As versões iniciais de um produto terão pontos fracos que se tornarão evidentes só depois que ele for construído e usado. Versões subsequentes dos produtos dão aos construtores a chance de remediar esses pontos falhos usando não só sua própria experiência, mas também sugestões de usuários. Economias de escala também ocorrem quando o sucesso de um item resulta em números crescentes na produção. Inicialmente, um produto é bem caro, visto que seu custo deve incluir as despesas de desenvolvê-lo, o ferramental associado e a produção inicial. Com o passar do tempo, o design e o ferramental são amortizados e novas abordagens são desenvolvidas para fabricar o produto a um custo mais baixo. Protótipos iniciais de automóveis podem custar meio milhão de dólares, mas três anos depois você pode comprá-los no revendedor por uma pequena fração desse preço.

Passa mais um tempo e materiais e processos mais novos podem ser incorporados, o design e a produção podem ser mais refinados, e o preço continua a cair. Esses aumentos na relação custo-benefício refletem-se também nos serviços. Com o tempo, as pessoas aprendem a reduzir os erros, a desenvolver rotinas mais eficientes e a adquirir tecnologia mais eficaz. Em reais, o supermercado moderno oferece uma enorme variedade de produtos com custos operacionais impressionantemente baixos. Considere os aviões: o custo das passagens aéreas tem despencado ao longo de minha vida. O tempo exigido para um voo também vem caindo, a medida que mais linhas de destino vão surgindo. O preço de passagens e o tempo para viajar de São Paulo ao Rio de Janeiro por exemplo, oscila amplamente, mas isso se deve à estranha disputa no ramo da aviação, e não a desempenhos e custos atingíveis. Por que, então, o desempenho e o preço nem sempre são o que poderiam ser?

Uma resposta possível poderia ser a complacência mencionada no Capítulo 2. Quando a situação está boa, as pessoas infeliz ou felizmente agem como se fossem ficar daquele jeito para sempre. Veja as bolhas econômicas e subsequentes estouros da década de 1990 e na primeira parte deste século. Pense nas empresas que ficaram encrencadas porque adiaram demais para usar uma tecnologia nova ou naquelas que não percebem que os critérios de desempenho estão mudando. Outra razão para a falta de aprimoramento no preço e desempenho poderia ser o estabelecimento de metas de desempenho muito baixas. Uma terceira poderia ser os pontos fracos no design e na produção que levam a custos mais altos e/ou ao desempenho mais fraco. Ou poderia ser que o produtor está tentando ganhar um lucro irrealista. Mas a resposta provável é, simplesmente, que compramos muito mais do que chamamos "desempenho" em nossos produtos.

Considere os produtos de luxo: bolsas Louis Vuitton, carros esportivos Ferrari, sapatos Louboutin, relógios Rolex e anéis de noivado de diamantes de cinco quilates. São realmente itens finos, mas a maioria das pessoas que eu conheço não consideraria que o desempenho dessas coisas valha o alto custo. Entendido em desempenho, fico encantado com meu desconto na loja de malas, com a minha picape Toyota, com os meus tênis New Balance, meu relógio Seiko e com a falta de interesse por diamantes de minha esposa. Porém, muitas pessoas compram itens de luxo e obviamente elas pensam que valem o custo. Muito do valor desses produtos reside nas características menos tangíveis consideradas no restante deste livro. O mesmo vale para os produtos muito mais baratos que compramos. O poder de sedução de quantificação nos torna excessivamente atraídos ao desempenho e passamos a negligenciar muitos aspectos da qualidade que são menos mensuráveis, mas extremamente importantes. É a essas questões que voltaremos no próximo capítulo.

Problema proposto

Considerando o desempenho e o custo, escolha um produto fabricado em escala industrial que em sua opinião se classifique muito bem e um que tenha uma classificação baixa – em outras palavras, um que tenha um boa relação custo-benefício e um cujo preço seja considerado alto e/ou que tenha um baixo desempenho pelo preço que custa. Novamente, no caso daquele com baixa classificação, o que poderia ser feito para aprimorá-lo, e por que você acha que o aprimoramento não aconteceu?

Tabela de problemas e táticas: adequação humana

A tabela a seguir é uma lista de possíveis problemas dentro das empresas que poderiam inibir a fabricação de produtos com desempenho excelente e um lucro satisfatório, em razão da diferença entre o custo do produtor e o preço de venda. Ela também sugere táticas para superar esses problemas. Tabelas similares no final dos Capítulos 4 a 9 podem ajudá-lo a pensar no material contido naqueles capítulos.

Problemas	Táticas
Falta de competência	Treinar, contratar e aprender com os concorrentes e usar os consultores de forma inteligente.
Foco em negócios a curto prazo	Implementar planejamento e desenvolvimento avançado do produto a longo prazo.
Pensamento tradicional	Enfatizar a criatividade e a inovação.
Complacência, falta de percepção de mudanças nos desejos e metas do cliente, na concorrência e oportunidades	Aumentar a inteligência social, envolver-se mais com os clientes, acompanhar avanços na tecnologia, produtos competitivos.
Falta de visão/coragem	Recompensar a competição entre ideias visionárias.

CAPÍTULO

Adequação humana

O produto é adequado às pessoas?

Uma vez que os produtos industrializados devem ser úteis para as pessoas, a adequação entre pessoas e produtos é uma questão importante. E o desejo dessa adequação certamente não é novo. De fato, uma quantidade tremenda de tempo e esforço tem sido dedicada a essa área. O campo de engenharia dos fatores humanos complementado pela Sociedade de Ergonomia e Fatores Humanos enfoca a relação entre pessoas e máquinas. O termo "ergonomia" aplica-se a essa área, juntamente à biotecnologia, que continua a ser definida em alguns dicionários como "o estudo da compatibilidade entre máquinas e seres humanos", embora tenha sido cooptado pela engenharia genética. Mais recentemente, a expressão interface humana tem sido usada para descrever essa relação. Divisões de sociedades técnicas como o Instituto de Engenheiros Eletricistas e Eletrônicos (IEEE) enfocam essa área, enquanto periódicos como *Journal of Human Engineering, Journal of Engineering Psychology* e *International Journal of Man-Machine Studies* relatam uma nova forma de entender essa relação. Você pode achar facilmente uma grande quantidade de livros que contenham conceitos e dados importantes sobre como fazer produtos que sejam adequados às pessoas.

Mesmo assim, temos problemas com a adequação humana.

Muitas pessoas têm dificuldade em remover tampas de frascos. A maioria dos acidentes aéreos é atribuída a falha humana. Os sapatos altos femininos

74 EXCELÊNCIA NO DESENVOLVIMENTO DE PRODUTOS

deformam permanentemente os dedos das mulheres. Nós nos preocupamos com a síndrome do túnel do carpal[1]. Comediantes fazem piadas das pessoas que não conseguem programar seus DVDs. Não conseguimos ler as etiquetas nos controles de nossos equipamentos eletrônicos. O que está acontecendo?

Bons produtos *devem* ser adequados às pessoas, e existe um espaço imenso para aprimoramento. Separe alguns minutos para pensar em produtos que não lhe são adequados – que não combinam com o seu corpo, com seu modo de sentir ou sua maneira de pensar. Esta não será uma tarefa difícil, pois o mundo está cheio de produtos que são inconvenientes para nós e que apenas suportamos, por não haver alternativa. Os designers devem ter um entendimento melhor dessa área, que vá além do saber projetar um produto. Pior ainda é que com frequência eles realmente sabem mais. Eu ministrei um curso em engenharia humana para graduandos em design na Escola de Engenharia em Stanford. Era frustrante dar aula para aquela classe porque a matéria abordada parecia óbvia para os alunos. É claro que uma placa sinalizadora no auditório chamava mais atenção do operador do que os recursos visuais utilizados na aula. Obviamente, as cadeiras deviam ser desenhadas para o tipo físico dos alunos. Quem desenharia um painel de controle sem agrupar controles para funções relacionadas e teclas de controle para os displays relacionados? Para meu espanto, os alunos, depois de me criticarem pela natureza banal do curso, mais tarde se empregaram na área de design e começaram a violar os próprios princípios que eles consideravam tão óbvios.

Muitas vezes, os designers distraem-se tanto com outras considerações que a adequação humana não recebe a merecida atenção. Cronogramas ou orçamentos apertados não estimulam a montagem de protótipos e testes de uso. Pior ainda, os designers podem desenhar para si mesmos: o jovem, pequeno, de corpo atlético, destro, pode não pensar em usuários grandes, mais velhos, canhotos e com deficiências físicas. Além disso, estão habituados a tirar proveito da tremenda capacidade de adaptação e flexibilidade dos seres humanos. As pessoas são capazes de se acomodar com produtos que tenham um design ridículo, e isso acontece com uma rapidez surpreendente e o mínimo de reclamações. Mas, se os usuários precisarem se acomodar a esses produtos com muita frequência, ou por um longo tempo, rapidamente poderão ter problemas. Afinal, por que deveríamos fazer isso?

Minhas aulas costumavam ser televisionadas, e microfones eram disponibilizados na sala de aula para que os alunos à distância pudessem ouvir claramente. Na sala que eu usava com frequência, os alunos deveriam pegar um

Adequação humana **75**

microfone pequeno de uma prateleira que ficava na parte de trás do assento que estava à frente deles, e aproximá-lo da boca, pressionando um botão antes de falar. Os microfones ficavam pendurados de modo que o lado onde os alunos deviam falar estivesse de frente para eles. Essa montagem parecia estar correta até que você percebia que quando pega algo que está próximo e o leva para perto da boca, o objeto gira 180 graus. O movimento normal, portanto, fazia com que a parte de trás do microfone chegasse à boca do aluno, ademais, os suportes dos microfones também travavam. Os alunos podiam aprender a usar os microfones, mas por que eles deveriam fazer isso? É desnecessário dizer que a maioria dos estudantes achava mais fácil ignorar os microfones quando falava, ou preferia não participar da discussão.

Há ainda razões associadas à tradição e à cultura que levam as pessoas a ignorar formas de aprimorar a adequação dos produtos. Um exemplo simples é o banheiro ocidental. Muitos anos atrás, o Departamento de Arquitetura na Universidade de Cornell fez um estudo sobre esse tópico e produziu um livro maravilhoso, *The Bathroom* ["O Banheiro"], que critica praticamente todos os aspectos do banheiro. É difícil entrar e sair das banheiras, e a limpeza delas não é eficiente. Os vasos sanitários são anatomicamente incorretos. As pias não te permite que lave os cabelos, se você assim desejasse, sem lavar o restante do ambiente. Os espelhos embaçam. O estudo é apoiado por uma grande quantidade de dados, inclusive uma análise estatística dos fluxos urinários do homem, concluindo que uma quantidade apreciável deles cai fora do vaso. Há também fotos de pessoas tateando para pegar o xampu enquanto tentam controlar o chuveirinho. Somando todas as considerações, o livro é uma acusação grave contra os banheiros.[2]

As pessoas não querem pensar em banheiros. Nem querem experimentar mudanças. Nós nos apegamos ao banheiro que conhecemos desde pequenos. Uma das lembranças traumáticas que muitos ocidentais guarda é sua primeira experiência com um vaso sanitário com descarga. Um bidê é uma peça útil, mas nunca atraiu grande parte do mercado nos Estados Unidos porque não queremos pensar em sua função. Certamente, os urinóis seriam úteis em casas com um grande número de homens, mas um urinol em uma casa causaria consternação entre nossos amigos e vizinhos. Mais corrimãos também seriam úteis. Os banheiros e as peças dentro deles parecem não atender a padrões culturais, se examinarmos funções como fazer as nossas necessidades, depilar as axilas e tratar espinhas. Logo, continuamos a torturar nosso corpo. E as descargas, que desperdiçam grandes quantidades de água limpa, muitas vezes para

76 EXCELÊNCIA NO DESENVOLVIMENTO DE PRODUTOS

eliminar apenas urina, um fluido comparativamente benigno, se não for misturado aos outros componentes do esgoto.

Vamos considerar quatro categorias de adequação entre as pessoas e os produtos: a primeira é física – a interação de nossos ossos, músculos, coração e pulmões com objetos construídos; a segunda diz respeito a nossos sentidos – visão, tato, olfato, e assim por diante; a terceira é cognitiva – a interação mente-máquina; e a quarta fala sobre problemas resultantes da complexidade do sistema. Cada categoria demonstra aspectos diferentes do problema de adequação, e cada uma tem sua própria sabedoria, necessária para o designer de bons produtos. Encerraremos o capítulo com uma breve consideração sobre algumas questões de segurança e saúde.

Adequação física

Historicamente, os aspectos físicos da adequação foram os primeiros a ser confrontados. Ao projetarmos ferramentas, desenvolvemos certos formatos que eram compatíveis com o corpo humano. Provavelmente, as primeiras rochas a serem usadas como ferramentas foram selecionadas por se adaptarem bem à mão e por terem o peso adequado quando movemos o braço. Se você pretende usar uma espada em uma batalha, não quer que ela escorregue de sua mão. Se você planta feno para viver, o diâmetro do cabo da enxada é importante. Os humanos também aprendem os limites de sua capacidade física: se você retira lixo com uma pá o dia todo, aprende a limpar com rapidez.

A vida, durante grande parte da história, foi tecnicamente simples o suficiente de modo que esses conhecimentos pudessem evoluir lentamente e ficassem gravados na mente dos ferramenteiros e usuários. Contudo, essa simplicidade não duraria para sempre. À medida que grandes movimentos de industrialização dos séculos XVIII, XIX e XX se alastraram pelo mundo, todo tipo de atividade humana menos natural e nova evoluiu: trabalhar debruçado em minas escuras e empoeiradas de carvão, reagir à velocidade de máquinas e veículos de transporte movidos a vapor, lidar com a complexidade da produção de massa. No início do século XX, a industrialização ultrapassou o homem como trabalhador. Acidentes e doenças relacionadas ao trabalho foram os principais resultados disso. Produtos eram desenhados sem levar em conta a força ou a flexibilidade do operador e demandavam tolerância a temperaturas, níveis de som e fumaça extremos, além de substâncias cada vez mais tóxicas.

Na época, o operário foi alvo de atenção. Historicamente, o ser humano definia o trabalho. Agora, era necessário pensar melhor sobre a relação entre o ser humano e o trabalho. O principal interesse da administração na virada do século era a produção e o lucro – produzir mais com uma dada quantidade de trabalho. Como resultado, um campo inteiro evoluiu centrado na produtividade dos trabalhadores humanos. À medida que fábricas se tornaram mais complexas, ficou evidente que a integração entre pessoas e máquinas era importante.

Um pioneiro desse campo, no mau sentido, foi Frederick W. Taylor, que, com colegas como Luther Gulick, Lyndall Urwick, Henri Fayol e outros, desenvolveu a "administração científica". Esse conceito incluiu a administração hierárquica com unidade de comando e escopo limitado de controle. No início dos anos 1900, os modelos para organizações de sucesso eram os militares, a Igreja e grandes governos, de modo que a administração científica também supunha a autoridade de cima para baixo, a padronização do design de cargo e a uniformidade de comportamento. A administração científica via as pessoas nas fábricas como componentes de uma máquina geral, e procurava definir seus cargos de acordo com isso. Os conceitos da administração científica funcionaram muito bem para aumentar a produtividade, embora atualmente pareçam ser bastante desumanos. Para os defensores da administração científica, o design físico do cargo era fundamental e, uma vez definido, o trabalhador deveria desempenhá-lo repetida, automática e incessantemente. Seja como for, a administração científica foi popular em sua época, e muito esforço foi dedicado para se entender melhor as relações físicas entre humanos e máquinas. O ponto fraco da administração científica consiste em não considerar os problemas psicológicos associados à repetição infindável de atos triviais (considerações psicológicas viriam mais tarde, com a crescente influência de experimentos da psicologia do trabalho, iniciados nos anos 1930, que mostraram a importância de tais fatores).

Um grande estímulo para entender a adequação física veio durante a Segunda Guerra Mundial. Durante a Primeira Guerra, o número de máquinas existentes era relativamente pequeno e o desempenho delas era tal que o seu controle não apresentava grandes problemas. Os aviões eram instáveis

78 EXCELÊNCIA NO DESENVOLVIMENTO DE PRODUTOS

e muitas vezes pilotá-los exigia operações complicadas, mas as velocidades eram baixas o suficiente para as pessoas aprenderem a lidar com as idiossincrasias das máquinas. Os tanques não eram desenhados pensando-se no ser humano, mas também eram poucos, com velocidade lenta e não operavam por longas distâncias. A situação era bem diferente na Segunda Guerra Mundial. As velocidades ficaram tão altas que era necessário pensar muito para assegurar que os operadores humanos pudessem controlar adequadamente o equipamento. Máquinas como submarinos, carros de bombeiros e veículos blindados passaram a ter missões mais longas. Além disso, o número de máquinas era enorme, e foi necessário desenhá-las de modo que uma ampla variedade de pessoas pudesse operá-las. Elas tiveram de se tornar mais fáceis de operar. Um P-51, caça americano de longo alcance, exigia mais força física para ser controlado do que um avião de caça de hoje. Entretanto, o avião estava longe de ser um avião de caça da Primeira Guerra Mundial, em relação a estabilidade, confiabilidade e conforto. A partir do final da Segunda Guerra Mundial, a padronização, o controle lógico e o formato do painel também passaram a receber muito mais atenção.

Muito esforço do setor militar, da NASA e da indústria (talvez mais do que do setor privado) continua a ser dedicado para se entender os atributos, o desempenho e as capacidades dos seres humanos. Quando eu lecionava, simplesmente pegava da biblioteca de engenharia uma quantidade grande de livros e revistas que ainda conseguisse carregar sobre o assunto, e os levava para a classe. Os alunos ficavam surpresos com as informações disponíveis sobre os seres humanos. Você quer saber o tamanho médio do pé das mulheres com altura na faixa de 1,60 m? Sem problema. A curva de início de movimento de uma doença *versus* sua frequência de oscilação? É fácil. O interessante para mim, que sabia da existência dessa montanha de informações, era que os alunos, que tinham ido tantas vezes à biblioteca e nem sabiam da existência delas, soubessem.

Existem dados praticamente sobre todos os aspectos do ser humano. Além disso, maquetes de um produto podem, e devem, ser feitas durante o processo de design, a fim de assegurar uma adequação ainda melhor ao usuário. De fato, não há desculpa para produtos que não sejam adequados fisicamente aos homens que entrarão em contato com eles. No entanto, isso acontece com grande parte dos produtos. Basta lembrar do tamanho e dos rótulos colocados nos controles de sistemas de áudio e nos eletrônicos miniaturizados, nas banheiras quando usadas pelos idosos e nas gravatas.

O processo de desenhar produtos para melhor adequação física é simples. O primeiro passo é um aumento da consciência e do desejo para se ter uma melhor harmonização entre usuário e produto. Essa etapa exige vigilância constante nas organizações. As empresas mais bem-sucedidas nesse aspecto, com frequência, têm como característica um líder que lute para que os produtos atendam às pessoas, e não dificultem suas vidas. A segunda etapa é ter conhecimento das informações e dados disponíveis, e ter como produzir mais, se necessário. A terceira é fazer um teste com os usuários antes de produzir o produto. Todas as três etapas muitas vezes são negligenciadas.

Embora a criação de protótipos seja valiosa durante o processo de desenhar um produto, com frequência ela é desconsiderada porque os designers acreditam que são capazes de resolver todos os problemas potenciais, enquanto as organizações tentam reduzir os custos. O tempo de teste também pode ser um problema. Eu sempre fico assustado ao ver pessoas deitando-se sobre colchões para testá-los e então se levantam imediatamente, pensando ter avaliado adequadamente o produto. Obviamente, seria necessário dormir neles pelo menos por uma noite, mas se um colchão parece ser bom ao contato inicial, o cliente está satisfeito. Os designers muitas vezes agem da mesma forma. Se a ferramenta parece ser boa de segurar, eles supõem que provavelmente ela continuará a parecer boa depois de um dia ou uma semana de uso. Não necessariamente! Não se detecta a síndrome do túnel do carpo depois dos primeiros vinte minutos em que se usa um teclado. O problema é que não só as técnicas teóricas não resolvem todos os problemas, mas alguns deles só serão reconhecidos depois de feito um teste. É ingênuo acreditar que somos suficientemente inteligentes para prever tudo o que pode acontecer de errado por meio de raciocínio, análise, teste de componentes e subsistemas, e da simulação por computador.

Também existem novas razões para tratar da adequação física: dados demográficos mostram uma população envelhecendo. Não importa quais os programas de exercício, medicação e dietas seguidos, as capacidades físicas e as características das pessoas mudam. Só porque eu consigo entrar no meu carro esportivo 1970 isso não significa que eu ainda seja flexível o suficiente para entrar e sair dele com facilidade. Nossas expectativas também mudam quando envelhecemos. Esperamos mais de nossos produtos. Meu pé não encaixa bem no acelerador do dito carro esportivo se eu não tirar o sapato direito. É um Jaguar XKE, e eu o comprei há muitos anos por paixão, e não pela adequação física. Na época, eu achava razoável ter de tirar o sapato, mas não quero mais fazer isso hoje.

Outra razão para tratar da adequação física no design tem a ver com mudanças no estilo de vida. Por exemplo, os padrões de emprego estão tirando um número maior de pessoas do trabalho ativo e as prendendo atrás de computadores, monitores e botões. Ao mesmo tempo, sabemos que precisamos nos exercitar mais. O processo de desenhar locais de trabalho, equipamentos e elaborar métodos para se fazer exercícios que sejam compatíveis com as restrições da vida urbana e com o animal humano é desafiador.

E o que dizer de pessoas com deficiências? Muitas pessoas com necessidades especiais que antes eram esquecidas no design de produtos agora devem ser consideradas. Haverá uma ênfase crescente nesse grupo à medida que a população envelhece. Por exemplo, problemas de visão e audição deixarão de ser considerados anomalias. Métodos melhores de contorná-los serão divulgados. Já existem lugares, como shoppings centers em áreas de moradias de aposentados, onde as pessoas que chegam de automóvel ou a pé podem dispor de carrinhos de golfe e lambretas adaptadas de três rodas.

A boa notícia é que, em geral, as pessoas, idosas ou não, parecem menos dispostas do que antes a perdoar produtos que não atendam aos seus requisitos físicos e os produtos estão se adequando melhor a elas. Reclamações sobre poltronas apertadas de avião estão fazendo as companhias de aviação ampliá-las. Os modelos SUV ficaram populares em parte porque os automóveis tornaram-se menos compatíveis com as coisas que as pessoas carregam consigo. Eu me delicio com a disponibilidade de tamanhos adequados a pessoas da minha altura (tenho 1,88 m e peso 150 quilos, mas já tive 1,93 m — você sabia que vai encolher?). Antes eu tinha mais dificuldade para comprar camisas, casacos e sapatos largos, mas agora todos eles caem bem em mim...

Adequação sensorial

O modelo da realidade construído em nosso cérebro baseia-se em informações de nossos sentidos. Eles, em geral, estão agrupados nas seguintes categorias:

Sentido da visão – olhar.

Sentido da audição – som.

Sentido do movimento – vestibular (orientação), sinestésico (configuração do corpo).

Sentido da pele – pressão, calor e frio, dor.

Sentido químico – paladar, cheiro.

Sentidos orgânicos – estado do corpo (fome, saciação sexual, e assim por diante).

Sentido do tempo – passagem do tempo.

As cinco primeiras categorias têm sensores específicos para detectar informações pertinentes. As sensações são percebidas pelos sensores, o sistema nervoso e o cérebro agindo como unidade. O processo envolve memória e é afetado por fatores emocionais e culturais. Se não ouvimos o telefone tocar em uma festa, é difícil dizer se o ouvido não detectou ou se o cérebro meramente não atendeu ao toque. Nossos sentidos não nos dão o estado verdadeiro ou completo do mundo. Eles evoluíram ao longo de vários milhões de anos para substituir determinadas informações de modo a favorecer a nossa sobrevivência, e que por muito tempo garantiram a vida ao ar livre dos caçadores-coletores. Nossos sentidos, no entanto, não são excelentes para nossas vidas atuais. Uma vez que agora ficamos mais acordados à noite, seria melhor se nossa visão se estendesse, mais fortemente, na região infravermelha. Seria bom se nosso sentido de tempo fosse um pouco mais exato para ser consistente com a cultura orientada pelo relógio que concebemos. Talvez precisássemos de um sentido até para nos dizer se estamos sendo apressados.

Um dos erros mais comuns das pessoas é supor que seus modelos do mundo são reais, quando, na verdade, correspondem apenas à realidade delas mesmas. Esses modelos não correspondem necessariamente à natureza; são meramente formados a partir das informações processadas pelo cérebro para o qual os sensores são sensíveis. Obviamente, no caso de produtos nos quais os sentidos são fundamentais (como comida, bebida, perfume e papel de parede), os designers devem ser extremamente exigentes quanto ao seu papel. Contudo, os sentidos são um pouco mais sutis do que o esqueleto e os músculos, e talvez seja menos provável que recebam a devida atenção de muitos designers de produtos. Por exemplo, provavelmente você tenha uma ideia muito boa do que acontece quando dobra o cotovelo: um sinal de seu cérebro faz os múscu-

82 EXCELÊNCIA NO DESENVOLVIMENTO DE PRODUTOS

los apropriados se contraírem, puxando os tendões presos aos ossos. Mas o que acontece quando você cheira uma rosa? As partículas entram realmente no seu nariz? Provavelmente não. Se o perfume é transmitido por produtos químicos, a quais substâncias correspondem ao "gerar" o cheiro? Quais são os sensores em seu nariz que as identificam, e como? Então vem: "Como os sinais dos sensores criam a sensação que você interpreta como o cheiro de uma rosa?"

Mesmo aqueles sentidos cujo mecanismo pensamos entender permanecem um mistério quando o cérebro está envolvido. Sabemos que o olho, por exemplo, contém uma lente e um arranjo de sensores chamados "retina". Esses sensores são especializados em reconhecer comprimentos de ondas e intensidades diferentes na imagem. Então eles enviam o sinal adequado por meio do nervo ótico. Até aqui tudo bem. Mas, então, o que acontece? Os sinais vão diretamente para um pedaço de carne, do qual vem sua realidade visual. Como ele faz isso? Eu sempre fico surpreso com a teoria jocosa de que existe um homúnculo (homem de estatura muito pequena) dentro de nossa cabeça vendo uma TV que está ligada ao nervo ótico.

Os primeiros cinco sentidos indicados na lista colocada nesta seção têm características comuns. Primeiro, eles atendem a parâmetros sensíveis que os fazem detectar certos tipos de intensidades e frequências de informação e não outras. Um termo que, quase sempre, é encontrado quando se estudam os sentidos é "limiar", referindo-se ao nível de sinal necessário para que o sensor e o cérebro reconheçam que algo está acontecendo. Os limiares são baixos para os sinais tradicionais (toque – você é capaz de sentir a asa de um inseto a um centímetro de distância de sua face; o cheiro – você pode detectar uma gota de perfume espargido em um apartamento de seis cômodos) e altos para os sinais não tradicionais (som de alta frequência – você não consegue ouvi-lo a uma frequência acima de 20.000 hertz). Segundo, os sentidos tendem a ser mais sensíveis a uma quantidade variável de informações do que a receber um fluxo constante delas. De fato, eles costumam se tornar insensíveis a sinais constantes, ao longo do tempo. Uma mudança na intensidade do som de 1/133 do nível original pode ser detectada, mas a salinidade da água deve aumentar em 1/5 para uma diferença de paladar ser notada. Em geral, existe uma correlação entre sensibilidade e valor de sobrevivência. A salinidade é a medida geral de interesse ambiental, e é de grande relevância para detectarmos mudanças importantes. A visão e a audição detectam eventos instantâneos que poderiam indicar perigo imediatamente.

Produtos de sucesso levam em conta todas essas características. Advertências efetivas a operadores de equipamentos dão indicações ao olho, ao ouvido e talvez até ao toque (aviso de pane na aeronave, por exemplo). Alarmes de fogo são ligados por mecanismos inteligentes a frequências às quais não somos sensíveis. Os designers de displays de radares estão cientes dos efeitos negativos de longos períodos de escaneamento de uma imagem que não muda. Os seres humanos, com frequência, recorrem a aparelhos eletromecânicos (medidores de luz, alarmes de monóxido de carbono) para detectar intensidades e alterações nos estímulos que os sentidos não conseguem discriminar. No entanto, muitos produtos não levam em consideração essas características dos sentidos. Os sinais emitidos por aparelhos eletrônicos, como celulares, podem ser inaudíveis a muitos idosos que perderam sua sensibilidade a certas frequências. Muitos sinais de advertência não levam em conta a grande porcentagem de homens que não distinguem cores. Existem oportunidades para a criação de produtos que compensem essas características.

Vamos considerar mais detalhadamente a audição, a fim de ter ideia das limitações de nossos sentidos, as distorções que eles colocam sobre nossa percepção da realidade e os desafios enfrentados pelo designer de bons produtos. A audição é realizada por meio de um transdutor (o ouvido) que converte o movimento mecânico em sinais elétricos. Estimou-se que, para a detecção de frequências de som próximas de três mil ciclos por segundo, as vibrações do tímpano podem ser muito pequenas, de um bilionésimo de centímetro. O ouvido humano é capaz de lidar com variações tremendas na potência sonora. O som mais alto que podemos suportar é cerca de cem trilhões de vezes mais forte que o mais fraco que conseguimos detectar. Contudo, o ouvido é bem limitado. Em geral, os seres humanos podem detectar sinais entre 20 e 20 mil ciclos por segundo. Entretanto, na maioria, não somos tão bons assim. Ao envelhecermos, perdemos nossa capacidade de detectar as frequências mais altas.

Assim como o olho, o ouvido evoluiu para lidar com os sinais que ocorriam na natureza em uma época menos tecnológica. É um aparelho maravilhoso, mas faz muita interpretação, principalmente quando ligado ao cérebro. Da próxima vez que você mal conseguir entender uma conversa em uma festa ou durante uma conexão ruim ao telefone, fique atento. Se essas expectativas não estiverem gravadas no seu cérebro, você não será capaz de entender nada.

84 EXCELÊNCIA NO DESENVOLVIMENTO DE PRODUTOS

Também convém notar o quanto seu ouvido é sensível à frequência do choro de um bebê.

O ouvido interno é essencial para nossa capacidade de detectar a orientação e o movimento. O sistema vestibular usa detectores no ouvido interno chamados "canais semicirculares" no utrículo, que é, basicamente, uma cavidade com sensores nas paredes, que medem os movimentos dos ossículos presentes, em razão da aceleração da gravidade e outras acelerações. Juntos, esses sensores nos dão uma combinação de orientação e aceleração. Entretanto, eles não podem medir velocidade e deslocamento diretamente. A única forma de o cérebro ter uma noção de velocidade e deslocamento é integrar os resultados desses sensores, e eles não são os sensores mais exatos que se pode imaginar. Eles podem ainda não enviar os dados exatos em ambientes não padronizados, como o espaço, onde a gravidade não dá seu sinal costumeiro.

Os resultados dos sensores relacionados à audição com frequência são aumentados por informações dos outros sentidos, como visão, toque e sentidos sinestésicos que nos dizem sobre a configuração de nossos corpos. Nossos sentidos são integrados. Nossa apreciação de alimentos depende da visão, olfato, paladar e talvez toque e som. A posição da cabeça é fundamental para localizarmos de onde vem um som, e inúmeros sentidos podem ser necessários para averiguar se é nosso trem que está se movendo ou aquele nos trilhos ao lado. A visão ajuda o ouvido interno a determinar nossa orientação enquanto estamos voando de avião, e se o mundo não estiver visível em razão do clima, acrescentamos um instrumento para enxergá-lo.

É má compreensão dos sentidos associada ao ouvido, que causa problemas com o uso de produtos como o celular, que os mais idosos não conseguem ouvir; ou o dano potencial a longo prazo causado pelos amplificadores de áudio. São as expectativas que chegam à mente, baseadas no contato anterior com os seres humanos, que tornam as vozes geradas por computador muito mais incômodas do que os programadores poderiam esperar. Também seria bom saber o quanto os designers de sistemas de suspensão automotiva e assentos entendem sobre o sistema vestibular. Certos "carros" de luxo são extremamente eficientes para induzir doenças do movimento, bem como os assentos de trás de muitos ônibus.

Como no caso da adequação física, a sensibilidade aos problemas tem a ver com os sentidos, saber necessário a fim de produzir produtos de alta qualidade. Como exemplo, o olfato é um dos sentidos mais evocativos e é particularmente interessante por causa de sua capacidade para resultar em fortes sentimentos e evocar lembranças marcantes. Por exemplo, a massinha (argila de plastinicida), muito usada na pré-escola, evoca com frequência nos mais velhos, lembranças de biscoitos tipo maizena e leite que lhes eram servidos na escola. No entanto, o cheiro de animais em decomposição com frequência agride a todos nós.

Não é incomum para os corretores de imóveis assar biscoitos em uma casa antes de ir mostrá-la a um cliente. Arquitetos precisam se preocupar com a combinação de materiais usados em uma casa para que não produzam cheiros duradouros e desagradáveis. Carros usados, com frequência, recebem uma dose de cheiro de "carro novo". Provavelmente você tenha seus pontos fracos. Uma razão para eu ainda ter o Jaguar no qual não consigo mais entrar é que eu sou vidrado no cheiro do óleo usado para proteger couro dos carros ingleses *vintage*. Como um exemplo extremo, certa vez tive um estudante que admitiu adorar o cheiro de calculadoras de bolso. Ele disse que tinha de conter a respiração ao passar pelo balcão da calculadora na livraria da universidade senão provavelmente compraria mais uma. Os fabricantes de perfumes e produtos alimentícios certamente consideram cheiros atraentes e repelentes, e usam seu conhecimento e habilidades para tentar fazer com que os consumidores usem seus produtos. Muitos outros fabricantes, no entanto, não são tão sensíveis, embora o cheiro possa ser um importante atrativo ou repelente ao consumidor. Eu comprei um tapete pequeno, muito bonito, alguns anos atrás mas achava que tinha um odor um pouco desagradável quando fiz a compra, que eu tinha certeza de que desapareceria com o tempo. O cheiro não só se manteve, mas se tornou ainda mais desagradável, e acabei jogando o tapete fora.

Adequação cognitiva

Embora estejamos ganhando rapidamente conhecimento sobre o cérebro por meio de experiências com abordagens de pesquisa como ressonância magnética funcional, é surpreendente o quanto ignoramos como ele funciona. Vinte ou trinta anos atrás, as pessoas gostavam de se referir à "revolução cognitiva". Falavam sobre nosso entendimento crescente do cérebro e sua função. Mas as pessoas, ao mesmo tempo, comentavam sobre a revolução da informação – nossa capacidade crescente de processar e transferir informações em razão

86 EXCELÊNCIA NO DESENVOLVIMENTO DE PRODUTOS

dos desenvolvimentos em tecnologia. A revolução da informação tem feito muito mais que a revolução cognitiva. Avanços tecnológicos como o microprocessador e o satélite nos têm capacitado a desenhar produtos que permitem o acesso a enormes quantidades de informação. Um estudo na Universidade Berkeley, da Califórnia, por Peter Lyman e Hal Varian, concluiu que cerca de 5,4 bilhões de gigabytes de informações novas foram armazenados em papel, filme, discos magnéticos ou discos óticos em 2002.[3] Se essa informação fosse convertida em livros impressos, preencheria a metade de meio milhão de bibliotecas enormes. 40% das informações foram produzidas nos Estados Unidos, as quais, se convertidas em material impresso, encheriam oito compartimentos de carga de uma picape, de livros para cada cidadão. E, evidentemente, com o crescimento da internet, as informações armazenadas on-line continuarão a explodir.

Infelizmente, não há indicação que mostre que nosso cérebro está se tornando mais potente a um ritmo condizente com nossa capacidade de fabricar e armazenar informações. Os seres humanos, portanto, enfrentam um problema. Estamos em risco de nos tornarmos sobrecarregados de informações. Eu poderia me prender ao ponto que a maioria dessas informações é de baixa qualidade, sendo que essa maioria de dados não foram nem selecionados nem organizados de uma forma útil, mas a quantidade em si significa que estamos nos tornando cognitivamente mais sobrecarregados.

Não é surpreendente que nosso cérebro, embora inconcebivelmente maravilhoso e capaz de funcionar de modo incrivelmente rico, seja limitado, uma vez que ele é feito de um número grande, embora finito, de células simples. Levando-se em conta a lentidão do movimento de sinais (a velocidade do sinal no axônio neuronal – o "condutor de informação" do cérebro – varia entre 1 e 250 km/h, muito lento comparado à velocidade da condução de eletricidade por um fio – 186.000 km/s). Além disso, considerando-se a alocação de neurônios a circuitos fixos, percebemos que o cérebro, de fato, tem fortes limitações na velocidade, na capacidade e no número de coisas que ele é capaz de fazer ao mesmo tempo, além de restrições de muitas outras formas funcionais.

A mente consciente não gosta de fazer duas coisas ao mesmo tempo. A única forma de poder fazer isso é alternar tarefas ou integrar funções separadas em um ato. As pesquisas feitas enquanto este livro estava sendo escrito indicam que a multitarefa é algo amplamente valorizado. A mente consciente também não gosta de se prender às suas próprias limitações. Não pensamos no que os nossos produtos exigem da mente limitada, nem sobre as reações da mente aos produtos. De fato, estamos tão acostumados a considerar a mente onisciente que achamos incômodo pensar em hipóteses e nossa reação à nossa dificuldade com eles é surpreendente (por exemplo, o mais rápido possível, pense em quantas letras maiúsculas do alfabeto têm linhas curvas – não é nada rápido, certo?). Exercícios como esse são frustrantes, e a frustração é uma emoção que nos impede de avaliar nossas limitações. Esse sentimento afeta os designers, assim como a todos nós, e pode levá-los a uma situação problemática, quando estiverem criando nossos *displays*, por exemplo.

Quando a mente está envolvida, as pessoas devem considerar também não só os produtos, mas também a quantidade de trabalho que eles exigem de nosso cérebro. Eu não acredito que qualquer aparelho eletrônico seja difícil demais para a mente humana compreender. Entretanto, algumas pessoas parecem ficar desconcertadas com eles. É provável que a soma rapidamente crescente de conhecimento necessário para operar todos os aparelhos eletrônicos esteja encontrando resistência da mente, em razão de seus limites de sensibilidade. Considere os sistemas organizacionais atuais, complementados com correio de voz (caixa postal), correio eletrônico, vários tipos de correio tradicional, telefones, smartphones, Facebook e Twitter, intranets, fax, pagers, celulares, links por satélites e uma miríade de redes de computador e televisão. Você se preocupa com as demandas crescentes à atenção dos motoristas enquanto os automóveis se tornam aparelhados com telefones, mapas e computadores completos que permitem ao motorista acessar e-mail, escrever memorandos, criar planilhas ou conversar com amigos? Você deveria se preocupar.

Felizmente, as empresas têm descoberto que podem ganhar dinheiro usando tecnologia para nos ajudar a gerenciar nossa própria tecnologia. Quando eu reformei a sala de estar da minha casa, que montei juntando vários aparelhos com o passar do tempo, conseguimos nos livrar de cinco controles remoto (áudio, TV, caixa de cabo, DVD e VCR). A fim de evitar a divisão cognitiva, gastei dinheiro que eu não queria gastar em um controle remoto universal Logitech.

A mente também não é tão "lógica" quanto imaginamos. O cérebro humano muitas vezes é comparado anatomicamente com o cérebro de animais inferiores. Muitos modelos usam essa semelhança anatômica para explicar comportamentos similares entre os dois grupos. Em 1960, um psicólogo chamado Paul MacLean propôs a teoria Triune Brain, que tem sido muita influência como modelo.[4] Essa teoria divide o cérebro em três mecanismos – o complexo R (de "réptil"), o sistema límbico e o neocórtex, mecanismos para reagir, sentir e pensar. Em geral, os animais irracionais envolvem-se em cerimônias e hierarquias, como nós. Por exemplo, o réptil vai para o local onde nasceu pôr seus ovos, enquanto nós humanos visitamos nossa cidade natal, embora essa atração pelo local de nascimento possa não ter lógica. Esse comportamento às vezes é atribuído à parte posterior do cérebro, comum tanto aos répteis quanto aos seres humanos e funciona de acordo com programas herdados – nada lógicos.

O lobo parietal primitivo processa e transmite sinais dos sentidos e está ligado à motivação do animal. O mesmo ocorre com o nosso lobo parietal, que contém o tálamo, que é o centro de transmissão de informações sensoriais, e o hipotálamo, que está envolvido no comportamento e tem a ver com necessidades biológicas básicas (comer, beber, fazer sexo). Muitas de nossas emoções básicas emanam do lobo parietal, e nem sempre respondem de forma "lógica": nós nos apaixonamos pela pessoa errada ou temos um preconceito injustificado por certas pessoas, embora não devêssemos. Desconfiamos de estranhos, ainda que nossa tendência seja gostar das pessoas depois que as conhecemos – uma resposta emocional, e não lógica. É o córtex humano altamente desenvolvido, ou o lobo frontal, que nos dá nossa capacidade lógica, da qual nos orgulhamos. Mas devemos nos lembrar que temos também os lobos parietais e os lobos occipitais.

Muitos são os modelos aos quais recorremos para descrever as funções cerebrais. Muitas pesquisas são feitas sobre o assunto. Muitos modelos embora mais antigos, continuam sendo interessantes, e são retratados de uma maneira fascinante em um livro intitulado *Maps of the mind* ["mapas da mente"], de Charles Hampden-Turner.[5] A maioria desses modelos fala sobre uma grande quantidade de funções inconscientes acopladas à consciência. Essa dualidade entre consciência e inconsciência costuma causar problemas a empresas quando os produtos são projetados – eles os desenham conscientemente. Entretanto, quando usam esses produtos, tanto os designers quanto os consumidores empregam uma mente que depende altamente de experiências passadas e que se baseia em ações habituais. Os designers, portanto, excluem necessariamente grandes quantidades de dados e opções quando chegam a conclusões, simplificando a vida a fim de lidar com a complexidade. Eles não estão, entretanto, necessariamente conscientes de fazer isso enquanto no processo e, com frequência, não produzem produtos que são tão compatíveis quanto deveriam ser com as pessoas. Os designers estão presos a seus modos habituais de resolver problemas, o que provavelmente não corresponde àqueles empregados pelo usuário potencial do produto.

Como exemplo, vamos pensar em produtos de computador. Os computadores fazem muitas ações lógicas extremamente simples com alta velocidade. Portanto, eles são adequados a cálculos matemáticos e a desempenhar outras funções onde existe uma correlação, um a um, entre insumo e produto. Com o aumento de sua capacidade, entretanto, os computadores têm se voltado para a solução de problemas cada vez mais complexos. Durante algum tempo, tem havido um debate contínuo sobre como os computadores poderão se tornar mais capazes. Um polo do argumento (o *hardcore*, núcleo da comunidade de inteligência artificial) defende que os computadores serão capazes de fazer muito, se não a maioria, do tipo de solução de problemas que a mente humana faz agora. De fato, os extremistas mais visionários sentem que uma "mente de silicone" seria superior a uma mente de carne e osso, no sentido de que não se sujeitaria a morte biológica e, portanto, poderia continuar a aprender e a se desenvolver para sempre.

O outro lado do argumento é que exceto em avanços imprevisíveis que têm a ver com redes neurais, programação paralela e elementos biológicos, os computadores nunca vão lidar com a complexidade e incertezas que a mente humana lida. Por exemplo, se minha esposa me pede algo simples, como "Você pode pegar frutas no caminho de casa?" Eu introduzo uma tremenda quantidade de informações a partir de minha experiência. Eu sei que a forma apropriada de responder é ir comprar as frutas, em vez de responder meramente "sim". Eu também sei que o "pegar", na sentença, é diferente do "pegar" de "pegar um resfriado" ou do "pegar" de "a moda pegou". Sei que tenho de ir a uma mercearia e a infinidade de detalhes relacionados a dirigir até lá, encontrar as frutas, decidir o que é melhor comprar, levá-las até o caixa, e assim por diante. Eu também posso lidar com muitas situações inesperadas que acontecerão enquanto eu dirijo até a loja e volto para a casa, e ao manobrar meu carrinho de compras entre pessoas de todas idades, sexos e humores. Vai demorar bastante até um computador fazer tudo isso.

É enorme a quantidade de trabalhos que são feitos nessa área de solução de problemas por computador, e nossa sociedade certamente está dando ao

90 EXCELÊNCIA NO DESENVOLVIMENTO DE PRODUTOS

equipamento o benefício da dúvida. Estamos adotando e aprendendo a usá-lo, e até mesmo aprendendo a agir de forma mais parecida aos computadores, a fim de lidar com eles – mas aqui reside o problema. Os manuais e a internet contêm vastas quantidades de informação apresentadas com frequência no jargão e estrutura dos designers de computador. Existem algumas pessoas que adoram decifrar essas informações. Entretanto, isso não é verdade para muitas outras, e os insumos e resultados de computador devem se tornar mais sensíveis à maneira como os seres humanos pensam.

O velho programa de protetor de tela After Dark[6] foi um bom exemplo de um programa compatível com a mente humana. Cada rotina tinha controles similares, e cada um podia ser visto e ajustado rapidamente antes de ser ativado. A internet e a World Wide Web associada, na data em que este livro estava sendo escrito, não são compatíveis com a maioria das mentes humanas. Contêm redundância demais, informação demais, de pouco valor e seleção inadequada. Como a maioria de meus amigos, eu as acho úteis como entretenimento intelectual e para encontrar coisas, mas não obstante, excessivas. Como exemplo, digitei simplesmente "qualidade de produto" no Google e recebi 147 milhões de itens – demais para consultar. Um dos problemas pode ser que o browser só levou 0,15 segundos para encontrar todos eles. Talvez mesmo os computadores não consigam ficar atentos à qualidade nessa quantidade de tempo.

Complexidade

Os seres humanos chegaram a um estágio em nossa história em que aprenderam a montar sistemas tecnológicos extremamente complexos. Evidentemente, há muito tempo criamos sistemas complexos, como os mostrados pelos aquedutos romanos, os canais ingleses e as vias férreas americanas. Esses primeiros sistemas, no entanto, consistiam de componentes independentes, razoavelmente simples. Era possível, por exemplo, para um operador humano, entender uma locomotiva o suficiente não só para controlar, mas também para reagir a situações anormais. Agora, considere os sistemas atuais como o ônibus espacial, a moderna aeronave de passageiros e os reatores nucleares: trata-se de sistemas de grande complexidade. O que dizer dos sistemas de armas nucleares e reengenharia de ecossistemas? Talvez estejam além de nossa capacidade. Em um excelente, mas controverso livro, chamado *Normal accidents* ["acidentes normais"], de Charles Perrow, o autor sugere que enquanto os seres humanos estiverem envolvidos, haverá acidentes em sistemas que estejam acima de certo nível de complexidade. Ele afirma que se o resultado de um acidente pode ser inaceitável para a sociedade como um todo, como no caso de um sistema estratégico de mísseis nucleares, talvez tenhamos uma situação melhor. Mas em um sistema de grande complexidade, onde os custos de um acidente parecem ser toleráveis para a sociedade, ele diz: vá em frente[7].

A complexidade relaciona-se diretamente aos tópicos discutidos anteriormente neste capítulo. Obviamente, é mais fácil para os seres humanos interagir com um sistema complicado que seja consistente com suas capacidades físicas, sensoriais e cognitivas. Entretanto, em algum momento, a própria complexidade torna-se uma questão. Como exemplo do tipo de problemas que enfrentamos, vamos considerar brevemente o acidente mencionado anteriormente na usina nuclear Three Mile Island, em 1979. Esse acidente recebeu muita atenção e foi seriamente investigado. De fato, o relatório do grupo de inquérito especial independente da Comissão Reguladora Nuclear dos Estados Unidos, dirigido por Mitchell Rogovin, sobre o acidente de Three Mile Island é uma leitura fascinante (embora longa)[8]. É um retrato magnífico do tipo de dificuldades que podem recair sobre um sistema homem-máquina extremamente complexo.

No caso do acidente de Three Miles Island, não houve fatalidade nem foram detectadas doenças induzidas pela radiação. Mas o incidente abalou tanto a nação que causou mudanças permanentes na forma como os reatores nucleares são projetados e operados, e na atitude do público em relação à energia nuclear. Na visão de alguns, esse incidente destruiu o negócio de energia nuclear nos Estados Unidos, embora esteja mostrando sinais de ressurgimento na época em que este livro estava sendo escrito. O acidente deveu-se, em parte, a falhas nos equipamentos e, em parte, a erros do operador. Por exemplo, quando uma válvula de escape não desempenhou efetivamente sua função (diminuindo a pressão na parte nuclear do sistema), os operadores não sabiam o que fazer – eles nunca estiveram em tal situação. Em um sistema complicado como uma usina elétrica, é quase impossível treinar operadores simulando todas as falhas de funcionamento – as combinações de possíveis falhas de componentes são enormes. As informações fornecidas aos operadores eram incompletas e confusas.

92 EXCELÊNCIA NO DESENVOLVIMENTO DE PRODUTOS

Como resultado desse acidente, muitas mudanças foram feitas não só no hardware das usinas de energia nuclear, mas também no treinamento de operadores. Esse problema em um sistema complexo deveu-se não só à instrumentação inadequada, mas também a decisões incorretas tomadas pelos operadores que não foram adequadamente treinados para operar o reator em situação anormal, que não conseguiram lidar com informações equivocadas e não receberam as instruções de que precisavam. O desafio aos designers de sistemas complexos é prever acidentes para tentar evitá-los.

Os operadores de Three Mile Island simplesmente não entendiam bem o sistema para tomar as medidas adequadas quando seu funcionamento apresentou anormalidade. Essa situação não é difícil de entender. Todos nós aprendemos, por exemplo, a dirigir automóveis em um estado operacional normal. A maioria dos cursos para obtenção da Carteira Nacional de Habilitação não inclui pistas escorregadias, explosões e carros desviando para a nossa pista, mas poderíamos aprender a contornar isso nesses cursos. Um de meus amigos que era da patrulha rodoviária notou que em acidentes em vias expressas, poucos motoristas saíam da pista. Como resultado, é isso que costuma acontecer em condições de tráfego intenso e mau tempo, ocorrendo o engavetamento de vários carros. Meu amigo disse que as pessoas simplesmente mantinham a direção reta e afundavam o pé no freio, ignorando oportunidades de manobrar para o acostamento ou para pistas mais vazias. Ele alegava, convincentemente, que os motoristas deveriam ser treinados para situações incomuns. O mesmo argumento é válido para aulas particulares de piloto de avião. É possível adquirir licença de piloto particular de aviões sem ter feito uma manobra de giro, ainda que seja menos provável que os aviões particulares modernos tenham de fazer manobras de giro, nem todos os aviões particulares são modernos, e os giros continuam a ser um fator causador de acidentes; por isso, parece fazer sentido que todos os pilotos licenciados estejam preparados para reagir a eles.

A complexidade deve ser considerada ao preparar operadores humanos para emergências. Os designers de sistemas como da usina de reator nuclear, sistema de controle do tráfego aéreo ou de uma refinaria muitas vezes entendem dos sistemas de forma suficiente para serem capazes de reagir a situações anormais ou de emergência, mas os operadores dos sistemas podem não ser. Simuladores altamente sofisticados devem ser usados para treinar operadores, pessoas com conhecimento mais profundo devem ser contatadas o tempo todo

Adequação humana 93

ou os sistemas devem ser desenhados para ser compatíveis com os limites dos operadores humanos. Os controles, instrumentos, manuais e alarmes devem ser desenhados mais cuidadosamente à medida que a complexidade aumenta. A redundância deve ser incluída, e as interações entre computador-controle humano devem ser consideradas. Pode ser aceitável para o seu computador simplesmente lhe mostrar um aviso na tela se algo estiver errado, mas sem dúvida este não é o feedback adequado para o operador de um reator nuclear.

Os consumidores individuais não compram reatores nucleares nem refinarias, mas às vezes nos esquecemos de que somos componentes de um sistema extraordinariamente complexo, que é composto por nós, pela infraestrutura que construímos em nosso planeta e por nosso próprio planeta, e que precisamos operar os componentes desse sistema que afeta nossa vida. Não que tenhamos dificuldade de lidar com alguns componentes desse sistema; é a totalidade que está se tornando uma carga significativa, e uma importante contribuição é o número que está se expandindo rapidamente e o caráter cada vez mais complexo dos produtos.

Produtores e consumidores deveriam se preocupar com essa situação. Os clientes parecem estar ávidos por produtos inovadores com características novas e diferentes, além de mais capacidade. Isso é progresso, certo? Acho que não, se o progresso chegar a ponto de os indivíduos e grupos de humanos dispenderem demasiado tempo e esforço tentando se lembrar como devem operar e manter esses produtos e gastarem dinheiro demais para contratar especialistas que os auxiliem. A tecnologia deve nos ajudar a levar uma vida confortável, e não consumir nosso tempo e energia para dominar o seu funcionamento e fazer a sua manutenção. Sou a favor da diversificação de produtos, mas também da padronização dos controles e displays que nos permitem operá-los. É estranho que os militares pareçam lidar com seu trabalho melhor do que os fabricantes de produtos para os civis, talvez porque em guerra você não queira gastar seu tempo imaginando como deve ligar um veículo ou carregar um rifle.

Certa vez, quando os produtos eram mais simples e nós apreciávamos mais a fabricação e menos a inovação e a alta tecnologia, havia mais padronização entre eles. Como um exemplo óbvio, os sistemas de entretenimento de casa consistiam de rádios e toca-discos, os primeiros equipados com um botão para o volume (à esquerda) e um botão para sintonia (à direita), sendo o botão para ligar e desligar às vezes integrado ao botão de volume (tudo no sentido anti-horário). Os toca-discos sofisticados tinham originalmente seu botão para ligar e desligar integrado ao braço e mais tarde a um seletor de velocidade e de troca automática, mas a mudança foi lenta e novos recursos tenderam a ser os mesmos, para todas as marcas. A televisão era um aparelho separado. Esses primeiros sistemas não continham nada parecido ao número e à variação de controles e displays dos sistemas contemporâneos. O mesmo pode ser dito para os eletrodomésticos para a cozinha, o quintal e a lavanderia, bem como para ratoeiras, remédios para dor de cabeça, carrinhos de bebês e uma miríade de outros produtos industrializados. Um exemplo do que tem ocorrido pode ser visto com carros. Houve um tempo em que você podia entrar em qualquer carro, abaixar o vidro da janela e sair dirigindo. Isso não acontece mais.

Eu alugava carros frequentemente e me cansei de acionar o limpador de para-brisa em vez de dar a seta; tentar saber como ligar os faróis; agachar para encontrar a alavanca que abre o capô e aquela que abre o porta-malas, o freio de mão e depois tentar ver se acertei (em geral, não); e imaginar os sistemas de temperatura e de navegação enquanto entro em um tráfego pesado ao ir do aeroporto para uma cidade que não conhecia. Isso não só é frustrante, como não é seguro!

Ser contrário à complexidade de nossas vidas e dar mais atenção à padronização bem como à facilidade de operação e manutenção de produtos industrializados talvez vá na contracorrente de nossa ética da criatividade, inovação e progresso por meio de avanços na tecnologia. Mas, a dificuldade para interagir com os produtos está aumentando, principalmente para os usuários que não lidam com manuais e brochuras com a habilidade de um bibliotecário, e não querem, por exemplo, colocar seus laptops na calçada para procurar informação com as mãos sujas de graxa, enquanto estão tentando consertar o carro. Deve haver uma oportunidade de mercado em algum lugar. Todos nós acreditamos em produtos que sejam fáceis de usar, mas enquanto alguns produtos individuais tornam-se fáceis, uma série maior deles parece exigir números crescentes de neurônios para aprender a lidar.

Segurança e saúde

Vários países desenvolvidos tornaram-se, com o tempo, cada vez mais obcecados com a segurança. Essa obsessão tem sido explicada por inúmeros argumentos, que vão da falta de sensibilidade no passado e perpassam pelo "desejo de imortalidade" de muitas pessoas. Nossa história é um tanto desoladora, considerando tópicos como a doença do pulmão negro, envenenamento por radiação e acidentes de trabalho. Agora estamos fazendo muito mais esforço para nos proteger.

Recentemente, saí para comprar equipamentos para derrubar uma grande árvore morta em minha propriedade. Tive de fazer o pedido pela internet, porque não consegui encontrar lojas perto de onde morava. A explicação que me deram na maioria das vezes era que não queriam se responsabilizar por pessoas como eu que fariam algo que estava além de nossas habilidades ou capacidade física, a uma altura de 27 metros do chão. A postura conservadora seria que a vida é minha, e eu deveria poder assumir o risco, se quisesse. A liberal seria que a sociedade deveria me proteger contra minha falta de consciência das minhas próprias limitações. A postura intermediária é que eu não deveria ter permissão para agir de forma que incorreria na enorme despesa para a sociedade caso após a queda eu não viesse a falecer, mas passasse a ter vida vegetativa (o mesmo argumento é usado para o uso obrigatório de capacete para quem dirige motocicleta).

A segurança no setor industrial tem sido uma questão abordada há anos, nos Estados Unidos quando o rápido crescimento no setor têxtil (em razão do embargo da Guerra de 1812) resultou no estabelecimento de seguradoras que inspecionavam as propriedades industriais e sugeriam métodos para diminuir o risco, de forma que os responsáveis pelas políticas e procedimentos da empresa pudessem se qualificar pelos baixos índices de acidentes. Em 1970, foi assinada a Lei de Saúde e Segurança no Trabalho, estabelecendo a Osha (Agência para Segurança e Saúde no Trabalho) e o Niosh (Instituto Nacional de Segurança e Saúde no Trabalho), que fixaram e fizeram vigorar normas estritas de funcionamento da indústria.

A segurança do consumidor tem uma história longa e parecida. A normatização de produtos alimentícios e drogas é um bom exemplo. Em 1820, 11 médicos reuniram-se em Washington, D.C., para estabelecer a Farmacopeia dos EUA: a primeira lista de drogas padrão para o País. Em 1848, a Lei de Importação de Drogas foi aprovada pelo Congresso em uma tentativa de controlar a importação de drogas adulteradas e inseguras. Em 1906, a Lei de Alimentos e Drogas foi assinada. A ênfase na segurança do consumidor tem aumentado acentuadamente nos últimos 25 anos, por meio de esforços de ativistas como Ralph Nader[9] e Bess Myerson[10], instituições como a Secretaria de Segurança do Consumidor e publicações como *Consumer Report*[11]. Inúmeros

96 EXCELÊNCIA NO DESENVOLVIMENTO DE PRODUTOS

produtos têm sido retirados do mercado, indo de brinquedos com peças que podem asfixiar as crianças, a automóveis que incendeiam em caso de acidente.

Desenhar produtos com segurança é um extremo desafio, uma vez que as pessoas parecem ser brilhantes nas maneiras de se machucar. Um de meus primeiros empregos em engenharia foi projetar um recurso de segurança para uma máquina envolvida na produção de uma peça de alumínio. A dificuldade estava relacionada com a velocidade da máquina de corte, que a tornava quase invisível a olho humano. O nível de ruído na fábrica e a operação repetitiva e rápida também faziam o operador se distrair ao longo do dia. O ciclo da máquina exigia que o operador carregasse a peça e depois pressionasse o botão, o que fazia tal peça ser inserida no equipamento.

Minha primeira medida, evidentemente, foi colocar um guarda perto da máquina de corte. Mas os operadores removeram o guarda, alegando que ele inibia o trabalho. Então eu desenhei a máquina de novo, de modo que a lâmina de corte ficasse no fundo dela. Entretanto, outro acidente ocorreu quando um operador estava tentando remover um monte de rebarbas e apertou o botão sem querer. A terceira tentativa foi ter dois botões, em que ambos tinham de ser pressionados para acionar a máquina, garantindo que as duas mãos do operador estivessem nos botões e não próximas ao cortador. Os operadores contornaram essa solução colocando seu almoço, ou outros objetos, em um dos botões, para mantê-lo pressionado. Inverti o botão para evitar que isso resultasse em empurrar um botão com o joelho, e assim por diante. Finalmente, fiz algo que ajudou bastante, simplesmente exigi que a máquina de corte tivesse furos, de modo que ela fizesse mais barulho. Mas isso foi antes dos limites definidos para regular o som, pela Osha.

Essa capacidade de enfrentar o perigo pode ser vista claramente entre as crianças. Meus filhos ficavam fascinados fazendo armas com materiais inofensivos, destruindo materiais duráveis e comendo coisas inimagináveis. Mas nós, adultos, certamente não estamos sujeitos a reprovação. Pense em sua vida. Quantas coisas você faz que produtos, em geral, não deveriam lhe deixar fazer? Veja algumas coisas que eu faço:

- Sempre removo todas as proteções das ferramentas elétricas. Eu cresci com lâminas à mostra em serras circulares e cintos sem proteção, e achava que as proteções incomodavam. Elas deveriam melhorar para não inibir o uso das máquinas e também deveriam se tornar parte integral delas.

- Tenho atração por solventes fortes, como acetona. Derrubo-os na pele e inalo vapores. Vejo com bons olhos o desenvolvimento de produtos químicos potentes, porém menos perigosos, como o aprimoramento contínuo de tintas à base de água, mas gostaria que eles fossem aperfeiçoados ainda mais rapidamente.
- Ando de bicicleta rápido demais para sua capacidade de frear. As *mountain bikes* têm freios bons – por que não colocar freios decentes nas bicicletas usadas nas ruas?

Os exemplos vão longe, mas eu incluí apenas esses para estimulá-lo a pensar um pouco. Enfatizo-os sem constrangimento, porque acho que sou tão cuidadoso quanto a maioria das pessoas. E, como a maioria, não sou tão cuidadoso quanto penso ser. A chave para criar produtos seguros é lembrar-se de que é uma tarefa difícil. Eu me vejo insultado por muitos dos recursos existentes em produtos para que eu não me machuque. Mas, no entanto, existe uma grande diversidade na população. Provavelmente, tais recursos impeçam algumas pessoas de se machucar. Como no caso de desenhar produtos que são consistentes com limitações físicas, sensoriais e cognitivas, a chave é fazer um esforço consciente para ser sensível ao animal humano. Uma tremenda criatividade e o teste feito pelo usuário são necessários para prever os possíveis maus usos e os efeitos negativos sutis dos produtos do setor.

Problema proposto

Lá vamos nós de novo. Mas, para variar um pouco, desta vez você pode escolher seis produtos – um que se encaixa extraordinariamente bem e um que se encaixa mal primeiro da perspectiva física, depois, da sensorial e, finalmente, da perspectiva cognitiva. Por que você os considera bons ou ruins? Se você os adquire e eles não lhe servem, por que precisa suportá-los? Como esses produtos poderiam ser aprimorados para terem mais serventia, e por que você acha que esses aprimoramentos não foram feitos até agora?

Tabela de problemas e táticas: adequação humana

Problemas	Táticas
Adaptabilidade humana – capacidade de compensar em curto prazo os produtos que não servem bem às pessoas	Aumento dos testes dos protótipos do produto com usuários humanos.
Falta de conhecimento de fatores humanos no design	Familiarizar-se com conhecimentos existentes e experimentá-los com pessoas.
Suposição que os usuários são tão entendidos quanto o designer	Certificar-se de que os designers entendem o que os usuários sabem sobre o comportamento normal e anormal dos produtos.
Suposição que a adequação humana é menos importante que outros critérios de design e restrições (beleza, cronograma)	Trabalhar em sistema de valor corporativo – se os produtos não servem bem às pessoas, de que vale a engenharia (ou os produtos).

CAPÍTULO

Trabalho artesanal

Alegria para o produtor, alegria para o usuário

O trabalho artesanal é aquele que faz as coisas extraordinariamente bem. Envolve adequações e acabamentos, a obsessão por detalhes, cuidado e orgulho. Era mais fácil falar sobre o tópico quando os objetos eram feitos por indivíduos e à mão, embora ainda seja possível olhar uma escultura, ou uma joia feita à mão, uma peça de madeira esculpida, obras requintadas, e tecer comentários sobre o trabalho artesanal. Os comentários podem não ser apropriados. Nós, amadores, podemos ficar muito impressionados com um revestimento de poliuretano, mas um profissional que trabalhe com madeira perceberia que a mistura de verniz e óleo, ou simplesmente a madeira nua acrescida de pátina – que dura muitos anos –, teria sido mais adequada. Ainda, a maioria das pessoas acha que sabe o que quer dizer "artesanal", no caso do trabalho manual feito por um indivíduo. Mas o que dizer no caso de aviões ou motocicletas, colheres de plástico, caixas de unhas, cabides de plástico ou qualquer um dos outros itens "vomitados" da indústria? O trabalho artesanal ainda é um problema? É importante? E em caso afirmativo, por quê?

Por que damos importância ao trabalho artesanal?

Ignorar o trabalho artesanal na confecção de produtos industrializados é tolice – talvez a longo prazo seja suicida. O trabalho artesanal é um estado mental que permeia o design e a manufatura, e é altamente apreciado pelos consumidores. Sua importância foi óbvia nos anos 1980 na ascendência da indústria automobilística japonesa. Imediatamente depois da Segunda Guerra Mundial, países como os Estados Unidos estavam convencidos de que os produtos japoneses eram cópias, de baixa qualidade, dos "brilhantes originais" ocidentais. Fazendo uma retrospectiva, esse pensamento era um tanto míope. De fato, os japoneses têm uma longa tradição de trabalho artesanal excelente e na época estavam sofrendo com a Guerra que deixou sua economia e sua indústria em situação miserável.

Nos anos 1980, os fabricantes japoneses de automóveis destacavam-se por seus "encaixes e acabamentos". A maior parte da produção apresentava extraordinária uniformidade dos espaços entre porta, capô e painel, porta-malas e carrocerias dos veículos, enquanto os automóveis norte-americanos eram criticados por sua pintura inferior. Era evidente que a atenção e o cuidado com o processo de fabricação na qualidade da parte externa do automóvel se refletia em todo o veículo, o que gerava maior confiabilidade, eventualmente aumentava o preço de mercado e gerava mais vendas. A indústria automobilística dos Estados Unidos foi pega por sua complacência e ainda está lutando para resgatar sua reputação, graças à excelente qualidade não só em comparação ao Japão, mas também à Alemanha, e em breve, à Coreia.

Depois da Segunda Guerra Mundial o mercado para automóveis nos EUA aumentou porque a produção tinha sido suspensa durante a guerra e um grande número de motoristas estava voltando do serviço militar. As fabricantes de automóveis norte-americanos estavam no paraíso porque muitas concorrentes no exterior sofreram importantes prejuízos econômicos e físicos. Elas conseguiram executar um trabalho artesanal de mesmo nível (ou um pouco inferior) até que a recuperação em outros países permitiu que tradições antigas de trabalho artesanal se tornassem evidentes, destacadas, com as novas abordagens à produção, como o sistema de produção Toyota.

Não se ouvem mais os comentários de que os produtos japoneses são "cópias baratas".

O bom produto artesanal resulta em prazer estético e orgulho tanto do fabricante quanto do usuário. Os museus exibem os instrumentos e artefatos de nossos ancestrais, e mesmo aqueles da Idade da Pedra têm certa beleza funcional. Nós, humanos, temos feito e usado objetos durante toda a nossa História. Portanto, não é surpresa que ficamos satisfeitos com produtos bem-feitos.

Um dos professores de antropologia da Stanford, John Rick, às vezes diverte as pessoas fazendo ferramentas de pedras no pátio ou durante suas apresentações e palestras. O processo consiste em escavar ou descamar a rocha até que ela adquira o formato desejado – e os resultados são bem bonitos. A escavação, se feita adequadamente, é bem regular, mas sempre há uma ligeira variação em cada um, o que torna o objeto acabado mais interessante. Esse fenômeno é conhecido por qualquer um que seja artista e interessado por objetos feitos à mão. A forma dessas ferramentas é funcional de uma maneira simples e satisfatória. A borda lascada de obsidiana (tipo de pedra que ele geralmente usa) é mais afiada que uma lâmina de aço e capaz de manter o fio de corte por mais tempo.

Sem dúvida, os usuários de ferramentas fabricadas em pedra faziam e utilizavam utensílios, objetos para armazenamento, decoração e totens e outros itens que desapareceram ao longo dos anos. Aqueles que foram conservados e que mais nos chamam a atenção são considerados "arte primitiva" e colocados em museus para serem admirados. O público que vai a feiras de artesanato mostra que ainda valorizamos objetos feitos à mão, que muitas vezes possuem aspecto irregular e grosseiro. A ferraria tornou-se um hobby para muitos, e os programas de educação noturnos estão repletos de cursos de cerâmica, tecelagem e outras atividades antigas. Muitos de nós construímos coisas como hobby e temos um interesse crescente à medida que nossas habilidades tornam-se mais refinadas. O trabalho artesanal abrange uma ampla gama de atividades humanas, e o prazer que sentimos com ele certamente não diminuiu, mesmo ao longo de centenas de anos. Ao encontrarmos produtos benfeitos mais recentes – ânforas gregas, armaduras do século XVII, móveis Hepplewhite[1], automóveis antigos restaurados, cadeiras Barcelona – reagimos com grande satisfação.

O prazer e o orgulho do artesanal

Muitas são as razões para o prazer estético que sentimos ao ver produtos artesanais benfeitos. Em primeiro lugar, ficamos impressionados com a beleza aparente. A prata é atraente porque, ao envelhecer, a superfície adquire um acabamento (pátina) que reflete luz, mas não como um espelho. Podemos ver a natureza do material e não apenas o reflexo de nossa imagem. Ao envelhecer, os padrões da superfície são acentuados com a oxidação que desaparece com o polimento e o objeto readquire um brilho suave. Por essas razões, peças antigas de prata muitas vezes são mais atraentes do que aquelas fabricadas recentemente. A madeira nos atrai por causa da variação na cor e padrão, e devido ao brilho que resulta de um acabamento benfeito. Talvez, como eu, você não entenda a razão de um acabamento altamente polido, provavelmente à base de uretano, aplicado à madeira, usado no interior de automóveis. A madeira é um material difícil de se utilizar em um produto fabricado industrialmente e, sem dúvida, é usada em veículos por sua bela aparência. Mas, por que cobri-la com um verniz que a faz parecer um plástico?

O prazer também vem da justaposição de vários materiais, formas, cores e acabamentos, uma das atrações de mecanismos e instrumentos antigos e muitas esculturas. Essa atração pode fazê-lo pensar na atual tendência de cobrir as coisas. Por exemplo, muitos carros modernos de luxo recobrem o motor, para que seja impossível ver os seus detalhes. Suponho que os fabricantes desejam agradar os clientes que tenham "alergia" a coisas técnicas, com isso não tem muita graça erguer o capô de um carro como esse. Com frequência, o motor é esteticamente muito mais interessante que a carcaça. Para mim, um motor, principalmente limpo ou, melhor ainda, um mais promenorizado para uma feira de conversíveis ou um concurso, é uma coisa linda. A Ferrari tirou vantagem dessa estética deixando o motor exposto. Da mesma forma, o lado interno de um aparelho eletrônico é mais interessante e mostra mais trabalho artesanal que a face externa. Durante pouco tempo, a Apple fabricou um pequeno computador de mesa que era disponível com caixa transparente. Lembra-se? Eu ainda tenho um, embora não o use mais, porque gosto de olhar para seu funcionamento interno. Se os consumidores sentem prazer com objetos feitos à mão, por que os produtores os cobrem?

As pessoas também ficam impressionadas com coisas que reconhecem que não poderiam fazer, ou não fariam. Tenho passado grande parte da minha vida trabalhando com madeira, metal e outros materiais em projetos por hobby que vão de casas a tratores a vapor, a modelagem de navios. Em minha carreira profissional, adquiri habilidade para fazer muitas coisas e talvez, como resultado, sinta um prazer imenso (e talvez um pouco de inveja) ao me deparar com coisas que não tenho habilidade ou paciência para fazer. Um cordão de solda sem falhas, uma junta de madeira perfeita, uma pintura impecável ou a construção de uma máquina que parece impossível não só me dão prazer, mas me fazem querer conhecer a pessoa que fez o milagre.

O bom trabalho artesanal nos traz mais do que o simples prazer estético, ele também implica orgulho da parte daqueles que fizeram o produto, o que, em geral, é uma indicação de que o objeto não só possui uma beleza intrínseca, mas também funciona bem. Se uma Lexus, uma BMW, uma Mercedes ou um Porsche tivessem a pintura malfeita e as bordas de metal visivelmente mal acabadas, você poderia suspeitar da confiabilidade mecânica do carro ou do seu alto desempenho – e provavelmente teria razão. O bom trabalho artesanal implica bom desempenho e vice-versa. E, aos olhos do comprador, o trabalho artesanal mostra que uma empresa cuida de detalhes e, portanto, fabrica bons produtos. Esse trabalho artesanal é altamente motivador para as pessoas que o estão realizando, e é razão de orgulho e satisfação para todos os envolvidos. A empresa perde muito do potencial se não tiver isso em mente. O trabalho artesanal é um fator de orgulho, e o orgulho é um fator importante na fabricação de produtos de alta qualidade. Olhe atentamente uma motocicleta Honda ou converse com pessoas que as fabricam. O trabalho artesanal, o orgulho e a qualidade são óbvios. E reforçam-se mutuamente.

Atuei muito com trabalho artesanal em uma empresa maravilhosa na Índia, chamada Forbes Marshall. É uma empresa de família, agora dirigida por Naushad Forbes, que foi meu orientando de doutorado, e seu irmão Fahrad, que estudou engenharia elétrica, administração e fez mestrado em administração com apoio da Fundação Alfred P. Sloan, em Stanford. Naushad tem um extremo interesse pelo trabalho artesanal, e a empresa caminhou muito nesse sentido. A primeira vez que visitei a empresa, cerca de vinte anos atrás,

104 EXCELÊNCIA NO DESENVOLVIMENTO DE PRODUTOS

ela, como muitas empresas indianas, estava criando produtos sob licença para uma empresa europeia. A razão de minha visita foi que Naushad estava muito interessado em aumentar as exportações e o número de produtos artesanais que a empresa produzia, e pensou que eu poderia ajudar.

A primeira coisa que notei ao pisar no saguão de entrada foi um dos produtos impressionantes que a empresa fabricou (uma válvula controlada eletronicamente) em exposição, mas mais tarde descobri que era uma unidade que tinha sido feita na fábrica europeia e não por eles. Quando perguntei a razão, me contaram que as válvulas fabricadas pelos europeus eram "melhores" que as feitas por eles – uma atitude claramente inaceitável. Embora as unidades fabricadas pela Forbes Marshall fossem construídas com as mesmas especificações que aquelas feitas na Europa, as soldas eram mais grosseiras do lado de fora, a pintura era aplicada à mão com um pincel de cerdas grossas e sem o uso de fita adesiva, e, depois de concluídas, as unidades eram embaladas em palha e colocadas em um saco áspero feito de juta, mas muito resistente. O endereço para o destinatário era aplicado na caixa com um pincel pior ainda. O resultado não deixaria um cliente alemão entusiasmado.

Devido ao compromisso de Naushad com a qualidade superior e sua posição na empresa, e talvez um pouco por causa das minhas ideias delirantes, as coisas começaram a mudar rapidamente. Na minha visita seguinte, fita para vedar, tinta spray, papelão, proteção de espuma e as etiquetas apareceram. Em visita posterior, descobri que a empresa examinou de perto o trabalho das fundições que prestavam serviços a ela e a parte externa das peças soldadas tinha melhorado muito. Agora os produtos expostos no saguão são feitos em sua própria fábrica.

À medida que a empresa continua a melhorar o trabalho artesanal de seus produtos, a confiabilidade e o desempenho também aumentam, bem como sua reputação internacional. E o orgulho e a confiança dos funcionários cresceram tanto que eles passaram a desenhar e fabricar internamente um grande número de seus produtos. Em visita recente, encontrei um instrumento de alta precisão que mede o fluxo de fluido por meio de vórtices, o que funcionava muito bem mas, sem dúvida, tinha bordas grosseiras. O instrumento agora é muito benfeito, e o desempenho e as vendas melhoraram com o trabalho artesanal – uma história comum.

Existe uma tendência para associar o bom trabalho artesanal apenas com o acabamento da superfície, e é por isso que enfatizo o fato de o trabalho artesanal afeta qualquer atividade envolvida no processo. Mas mesmo o acabamento da superfície pode ter profundos efeitos funcionais. Os fracassos muitas vezes são associados com as chamadas concentrações de estresse nas estruturas, o que pode ser em razão de danos realizados durante a fabricação ou montagem, ou a uso associado com o tratamento de calor ou acabamento de peças que se movem umas contra as outras. A eficiência termodinâmica muitas vezes depende de coisas como passagens fluidas suaves e geometria exata do queimador. A resistência à corrosão exige o forte controle de revestimentos de superfície. A lista vai longe. A qualidade definitivamente depende dos detalhes, e estes dependem do trabalho artesanal.

O bom trabalho artesanal também implica que o produto foi desenhado para ser fabricado com facilidade, o que, por sua vez, significa que foi bem desenhado. Bons designers de produto consideram a produção como o ponto alto do trabalho. Um exemplo dessa mentalidade é encontrada no caso de brinquedos de plástico, em que novamente os japoneses roubaram a bola das empresas norte-americanas porque a atenção do Japão voltou-se para o processo de moldagem por injeção e os detalhes dos componentes. Empresas como a Tamiya são capazes de vender seus produtos a um preço diferenciado, porque as peças se encaixam perfeitamente e os resultados são insuperáveis.

De fato, em empresas inteligentes, os engenheiros de design e fabricação trabalham como parte da mesma equipe. Se você está sonhando adquirir um produto montado pelo fabricante e ele mostra sintomas de ter sido difícil de montar, deveria ficar preocupado. Só empresas estúpidas fazem produtos que não foram desenhados tendo a montagem em mente. Os consumidores não esperam produtos de alta qualidade de empresas tolas, e existe pouco orgulho em trabalhar para uma organização que seja considerada inferior.

A indústria e o problema da cultura

Apesar de sua importância, o trabalho artesanal com frequência é enfatizado indevidamente na indústria, em parte por ser difícil avaliar e descrever em palavras e números (as linguagens usuais do setor). Engenheiros e gerentes ficam

106 EXCELÊNCIA NO DESENVOLVIMENTO DE PRODUTOS

muito mais à vontade em medir o acabamento externo em micropolegadas de desvio da média do que em beleza. Existem poucos cursos, fora das escolas de arte, que lidam com trabalho artesanal e não há muitos fóruns e livros sobre o assunto. Muitos aspectos do trabalho artesanal lidam com os sentidos e têm uma natureza associada ao lado direito do cérebro. Provavelmente você tenha algo que foi feito lindamente e que valorize muito. No entanto, você pode explicar, eloquentemente, o porquê? Pode explicar por que acabamentos de móveis lixados à mão são mais atraentes do que aqueles com verniz de uretano? Por que potes feitos à mão são mais atraentes que potes feitos em moldes? Por que o couro agrada mais que o vinil? Qual é a medida que você aplicaria para avaliar o trabalho de pintura interna da sua casa?

A dificuldade em tratar de problemas do trabalho artesanal na indústria moderna não se deve apenas ao problema de comunicação, mas também ao "progresso". Houve um tempo, digamos 150 anos atrás, em que uma porcentagem muito maior da população trabalhava com as mãos. Afinal, a palavra "manufatura" originalmente significava "feito à mão". Criar algo com as mãos é uma boa maneira de adquirir gosto pelo trabalho artesanal – provavelmente funcione muito mais do que ler livros ou andar por museus. Mesmo estar perto de pessoas que fazem trabalhos manuais já ajuda, sendo uma oportunidade que eu tive quando era pequeno, enquanto crescia em uma plantação de laranjas na Califórnia do Sul com meu irmão, meu tio, meus pais e avós. Meu avô não tinha experiência anterior com plantação antes de comprar aquelas terras, mas adquiriu as habilidades e o conhecimento rapidamente, por necessidade. Ele fez a maior parte das construções no rancho, bem como muitas das ferramentas, máquinas e móveis. Minha avó e minha mãe costuravam suas próprias roupas, além de camisas e jaquetas para nós, os homens. Essas pessoas foram os meus mentores.

Quando eu me formei engenheiro nos anos 1950, a cultura americana tinha mudado muito. O rápido desenvolvimento industrial nos Estados Unidos, depois da Depressão dos anos 1930 e principalmente durante a Segunda Guerra Mundial, resultou em uma enorme oferta de produtos acessíveis. As pessoas começaram a comprar o que antes faziam e a repor as coisas que antes consertavam. O trabalho envolvido na confecção de um produto e, portanto, muito da apreciação pelo modo como ele era feito e também o entendimento de sua função eram separados do usuário. Entretanto, na época, o trabalho era bem entendido pelos engenheiros e gerentes, uma vez que muitos deles "começaram nos postos mais rasos na empresa" e tinham uma boa noção do trabalho manual.

Quando eu estava na faculdade, a Warner and Swasey Company em Cleveland, Ohio, fabricava maquinário de altíssima qualidade, e eu tive uma longa conversa com representantes da empresa sobre a possibilidade de emprego. Eles tinham um certo interesse em mim, em razão da minha experiência em design de máquinas e da minha motivação para fazer um bom design nos equipamentos. No entanto, deixaram claro que se eu viesse a trabalhar com eles passaria os dois primeiros anos como maquinista, pois minhas habilidades na fábrica não eram suficientes para um designer. Na época, o presidente da empresa e todos os gerentes de linha tinham trabalhado na produção. Eles reconheciam o bom trabalho quando o viam e insistiam nele. Eu não aceitei o cargo que me ofereceram, mas às vezes penso que talvez tenha perdido uma oportunidade única para aprender realmente o que era "fazer máquinas".

Uma razão para eu não ter aceitado o emprego foi que mesmo naquela época o trabalho manual ocupava um status relativamente baixo em nossa sociedade que ama a abstração. Valorizamos pessoas que falam bem, usam cálculos matemáticos, conhecem teorias científicas e estudam história e clássicos. Muitas pessoas enaltecem os outros que fazem "trabalho mental" mais do que aqueles que podem fazer coisas bonitas. Pense na diferença entre o pagamento dos operários seniores da fábrica e os gerentes seniores, ou em carpinteiros iniciantes e advogados iniciantes. Tenho a impressão de que ainda estamos suportando as prioridades sociais ultrapassadas dos gregos antigos, em que as classes altas não lidavam com comércio ou tecnologia. Em uma escola de engenharia conceituada onde eu trabalho, a maioria dos professores conhece matemática avançada e as teorias científicas. No entanto, apenas alguns deles têm uma noção mais profunda de trabalho manual. Interagir com o mundo físico não é a especialidade deles. Tais acadêmicos se saem melhor na vida gastando seu tempo convertendo seus pensamentos em publicações, e não em algo tridimensional.

Ainda é possível encontrar empresas (em geral pequenas) que trabalhem com madeira e metal em que os próprios chefes são artesãos extraordinários, ou pelo menos trabalharam o suficiente no ofício para identificar um bom

108 EXCELÊNCIA NO DESENVOLVIMENTO DE PRODUTOS

trabalho manual. Essas empresas são altamente valorizadas por seus clientes, pela qualidade de seu trabalho. Mas a maioria dos clientes, grande parte dos gerentes e mesmo muitos engenheiros são distantes do trabalho real que envolve a construção de coisas. O ensino de engenharia tornou-se muito mais teórico, e o resultado é que muitos formandos têm pouca habilidade em fazer coisas e pouco interesse ou sensibilidade pelo trabalho manual. Um número cada vez maior de gerentes passou por escolas de administração e não só obteve diploma de MBA, mas também acredita que o gerenciamento é uma habilidade que pode ser aplicada a várias ocupações. Costuma-se pensar, atualmente, que se pode administrar uma empresa que fabrique máquinas embora não se tenha dedicado tempo algum ao design, manutenção ou mesmo operando máquinas. Afinal, a administração é considerada uma área relacionada a gestão financeira, marketing, comportamento organizacional e cadeias de suprimento.

A automação também tem diminuído as responsabilidades de trabalhadores altamente qualificados, a ponto de um número cada vez maior de pessoas que trabalham em fábricas ser técnicos de manutenção ou monitores de máquinas apenas para assegurar que essas máquinas façam o seu trabalho. Outros são responsáveis por levar matéria-prima para as máquinas e os produtos prontos para o local de expedição. Os computadores são extremamente úteis na produção de objetos benfeitos. Mas infelizmente eles obedecem a comandos e não sabem muita coisa sobre trabalho artesanal.

Vários anos atrás, por exemplo, eu estava visitando uma grande fábrica de automóveis em Detroit que tinha um problema interessante relacionado com a linha de pintura. Os automóveis são pintados principalmente por robôs industriais programados pelos homens. O homem encarregado pelo controle de qualidade da pintura naquela fábrica tinha tido sua própria oficina de pintura automotiva e anos de experiência nesse ramo. Mas agora ele queria se aposentar e a empresa estava com dificuldade para achar alguém para substituí-lo. Se você procurar alguém para pintar o seu carro ultimamente (pintura completa), pode descobrir que existem poucas oficinas que fazem isso e aquelas que fazem cobram preços altíssimos. Essa situação tem ocorrido, em parte, porque os Estados Unidos estão sem pessoas com formação para fazer isso e também faltam profissionais capazes de supervisionar robôs envolvidos nesse trabalho. Os robôs também não têm uma noção do trabalho manual nem geram filhotes que adquirem essa noção.

Ao longo de minha vida, os valores sociais têm mudado, por isso, trabalhar com as mãos é considerado cada vez mais um objetivo menor. Somos "forçados" a acreditar, sobretudo, na maior parte dos últimos cinquenta anos, de que estamos em uma "nova economia" que subsiste dos trabalhadores "do conhecimento". Muitas pessoas têm apontado que talvez o trabalhador "de colarinho branco" esteja se tornando supercarregado e que o mundo esteja com falta de bons mecânicos de automóvel, carpinteiros de acabamento, pessoas que façam consertos, e outros altamente qualificados dos quais nossa sociedade depende. As tradicionais escolas vocacionais continuam a ser convertidas em cursos preparatórios para o vestibular, onde o cálculo, a literatura, a ciência aplicada avançada e outros tópicos "de luxo" são ensinados. Os cursos que envolvem trabalho manual perderam recursos e os de informática assumiram o seu lugar. A maioria dos pais quer que seus filhos vá para a faculdade e tire diploma em administração, direito ou medicina, mesmo que esses estudantes pudessem encontrar maior realização em outros ofícios.

Se você tiver interesse em saber mais sobre o papel de tal treinamento, leia um artigo maravilhoso intitulado "Shop Class as Soulcraft" ["curso na oficina como um ofício essencial"], escrito por Matthew Crawford e originalmente incluído na edição de verão de 2006 da revista *New Atlantis*[2] Crawford também escreveu um livro com o mesmo título. Por sinal, como destaquei no livro *The millionaire next door* ["nosso vizinho milionário"], de Thomas Stanley e William Danko, muitos milionários nos Estados Unidos hoje em dia são negociantes e trabalham como autônomos[3].

A indústria moderna não tem, principalmente em nível gerencial, pessoas que apreciam e têm uma noção do trabalho artesanal. Você não pode priorizar algo que não valoriza, com o que não se sente bem, ou talvez nem saiba que existe. Mencionei anteriormente que os Estados Unidos perderam a liderança, ou se perderam completamente, em muitos setores industriais em que costumavam ter o comando mundial. As desculpas variam de "mão de obra mais barata", "conluio do governo", "políticas antitruste dos Estados Unidos" a "força de trabalho preguiçosa". Mas, em alguns desses casos, o trabalho artesanal não seria talvez um fator? A comparação de carros ou máquinas-ferramentas japoneses e norte-americanos nos anos 1980 poderia ter dado uma primeira indicação de que as empresas norte-americanas de automóveis e de ferramentas enfrentariam problemas. Um exame do rápido aprimoramento

EXCELÊNCIA NO DESENVOLVIMENTO DE PRODUTOS

no trabalho artesanal em produtos chineses nos últimos dez anos e o atual aprimoramento rápido em produtos da Índia deveria sinalizar uma preocupação de outros países, inclusive os EUA, com o futuro.

A natureza do artesanato

Se você não conhece um trabalho ou uma arte manual desde criança, talvez o artesanato seja um assunto complexo. Exige a utilização dos lados esquerdo e direito do cérebro, e envolve conhecimento, sofisticação e emoção. Uma das discussões mais provocativas sobre o assunto é incluída no livro *The Nature and art of Workmanship* ["a natureza e a arte da mão de obra"] de David Pye[4]. Quando Pye escreveu o livro, ele lecionava design de móveis no Royal College of Art, em Londres. Na obra, o autor ressalta que existem vários tipos de trabalho manual (ou "acabamento", como prefere dizer – para ele, o trabalho artesanal é simplesmente um bom acabamento).

Pye refere-se ao acabamento grosseiro, à mão livre e controlado. O acabamento grosseiro é orientado para fazer algo usando-se o mínimo de esforço, por exemplo uma cerca de madeira. Tais produtos costumam ter uma beleza pura e, como ele ressalta, com frequência são encontrados em ambientes rurais, mas são raros nas cidades, apesar dos esforços de alguns arquitetos e designers de interiores. O acabamento grosseiro raramente é adornado com decoração e, em geral, está mais voltado para a forma do que para a beleza. O acabamento à mão livre é mais refinado, mas ainda depende diretamente dos indivíduos que fazem o trabalho. O entalhe feito por especialistas enquadra-se nessa categoria. A força e a mensagem da peça são mais importantes que a perfeição geométrica. No acabamento controlado, no entanto, espera-se que os produtos aproximem-se das dimensões e superfícies definidas e, portanto, são altamente controlados e intercambiáveis – a grade de um automóvel ou a fuselagem de um avião seriam exemplos.

Pye também discute o risco em oposição à certeza no acabamento. O risco no acabamento refere-se aos processos em que a qualidade do resultado está continuamente em risco. Aquele que faz móveis sob encomenda, por exemplo, tem oportunidades contínuas para alterar o produto final. A certeza de um acabamento esperado vem quando o produto final é encomendado antes de a produção ser iniciada: ele é totalmente desenhado, o ferramental de produção é fabricado e a fábrica é montada; só depois é feito o produto. O acabamento à mão livre pode estar envolvido na elaboração de protótipos e do ferramental necessário. Uma vez que o botão é pressionado, no entanto, o efeito humano no produto é minimizado. Esse tipo de acabamento é encontrado na indústria.

Pye não afirma que um tipo de acabamento é melhor do que os outros. De fato, ele acha que produtos feitos industrialmente podem ter o mesmo acabamento benfeito de um produto feito à mão. Entretanto, ele defende que o acabamento grosseiro e à mão livre são importantes para os artesanatos e improvável nos produtos industrializados. Ele também escreve que existem problemas importantes quando se conta exclusivamente com a certeza no acabamento.

Por que o acabamento grosseiro e o à mão livre é importante para nós? Pye baseia seu argumento, em parte, na História, em que o acabamento foi grosseiro enquanto a raça humana fazia ferramentas, implementos e abrigos por meio do trabalho individual, tendo quase uma única finalidade em mente. Dois machados de pedra, dois carros de boi ou mesmo duas catedrais não tinham a semelhança de dois Chevrolet Malibu 2011. É provável que a atenção com a "perfeição" de objetos feitos pelo homem só tenha começado quando a riqueza começou a ser acumulada. Certamente, na época das pirâmides, havia uma ênfase no enorme controle de materiais e forma. De fato, durante os últimos cinco mil anos, essa atenção com o controle continuou a aumentar. As armaduras gravadas do período medieval, as joias e os cristais da Renascença, os móveis da Era Vitoriana, os arranha-céus de meados do século passado e os automóveis e aviões de hoje mostram claramente a tendência – "tudo exatamente em seu lugar e menos materiais sobrando de maneira grosseira". Pye afirma que originalmente essa perfeição e a regularidade geométrica devem ter parecido quase milagrosas. Elas podem ter simbolizado riqueza e poder, porque somente aquelas pessoas que tinham ambos podiam adquirir e manter tais objetos nos ambientes menos expostos ao tempo.

A regularidade e o controle em processos industriais, com a padronização e as economias de escala, são básicos para nossa vida material extraordinária. Como destaca Pye, para nossos antepassados, a natureza não era maravilhosa. O frio e o calor chegavam a níveis desconfortáveis, faltava comida e água, e ha-

112 EXCELÊNCIA NO DESENVOLVIMENTO DE PRODUTOS

via criaturas hostis de todos os tamanhos. O controle deve ter sido inicialmente uma maneira extremamente satisfatória de vencer o inimigo. Outras pessoas parecem ter defendido visões semelhantes. Em uma palestra que dei em Stanford, David Billington, professor na Universidade de Princeton que estudou aprofundadamente os aspectos estéticos da tecnologia, acreditava que uma razão para o alto grau de controle nos Países Baixos seria a hostilidade da natureza. Explico melhor, enquanto havia tempestades no Mar do Norte, os holandeses, por trás de seus diques, produziam artistas como Mondrian[5], usinas que eram montadas como as pinturas dele, casas famosas pela boa estrutura e campos extraordinariamente geométricos e organizados. Todos nós temos necessidade de previsibilidade e ordem, embora a maioria não esteja abaixo do nível do mar e o papel de criaturas hostis significativas tem sido reduzido a vírus e a nossos próprios semelhantes. Os produtos da indústria moderna satisfazem a essa necessidade.

Entretanto, de acordo com Pye, esses produtos devem ser desenhados com cuidado. O designer deve refletir sobre a escolha dos materiais, formas, texturas, cores e outras características que funcionem juntas consistentemente, quando o produto for construído. A longo prazo, a vinila de grãos de madeira nas paredes dos vagões de trens antigos estava fadada a desaparecer. Interagimos com produtos de todas as distâncias e com todos os nossos sentidos. Uma construção desenhada por um arquiteto pode parecer boa de longe, por ser projetada na prancheta. No entanto, o que podemos dizer quando estamos mais perto dela? A estrutura é desinteressante ou os aspectos que agradam ao espectador são interessantes independentemente da distância da qual a vemos? A hipótese de Pye afirma que o designer que trabalha no papel não é capaz de pensar nos detalhes de design de uma forma suficientemente completa para fornecer essa diversidade. O artesão, no entanto, é sensível às pequenas texturas, ao cheiro, ao som, a sentimentos e impressões psicológicas. O designer que está distante da fabricação do produto enfrenta limites. Essa limitação reflete-se em muitos produtos industrializados que são benfeitos e, à primeira vista, atraentes, mas a longo prazo revelam-se desinteressantes ou sem graça. Os produtos controlados também devem ser benfeitos. Superfícies brilhantes, por exemplo, não deveriam ter bordas ásperas. Quanto mais refinado for o design, melhor deve ser o acabamento.

O acabamento grosseiro, aliás, provavelmente esteja desaparecendo à medida que a capacidade industrial aumenta e o número de pessoas que vivem da terra está diminuindo. Cercas de telas metálicas, arame farpado em postes de aço pré-fabricado e cercas elétricas estão substituindo a cerca de madeira. Recentemente, terrenos não distantes de onde eu moro foram preparados para a criação de cavalos, e fiquei surpreso, ao passar por ali de carro, quando vi uma cerca branca nova, daquele tipo visto para cercar pastos de cavalos puro-sangue. Parecia ser um pedaço de Kentucky no meio do Vale do Sacramento, na Califórnia, só que grandioso demais para uma área de plantações de frutas. Mas ao passar mais perto, percebi que a cerca era de plástico e à prova d'água, não precisando ser pintada.

O acabamento à mão livre também está se tornando raro na medida em que o custo de mão de obra sobe e o valor de produtos fabricados em massa diminui. O acabamento artesanal ainda é abundante em países menos industrializados como a Índia, a China e o México, praticado por produtores de artigos de luxo são vendidos a preços altos e por fabricantes de protótipos industriais em países desenvolvidos. Algumas práticas como odontologia ainda empregam o acabamento livre em razão de várias restrições. Entretanto, em muitos casos, o acabamento à mão não pode mais competir economicamente. Mesmo quando os produtos são criados manualmente, eles costumam ser copiados e produzidos em grande número por meio de um processo predeterminado.

Essa tendência na diminuição do acabamento à mão livre nos custa não só em qualidade, mas também na diversidade. Pye contrasta uma rua de carros estacionados com um ancoradouro de barcos de pesca. De alguma forma, o primeiro é feio (construímos estacionamentos para escondê-los) e o segundo é maravilhoso (construímos restaurantes caros com vista para eles). Depois de passar quase dois milhões de anos com uma grande diversidade, agora nos amontoamos freneticamente em condomínios, o que deve nos causar um pequeno trauma interno. Queremos coisas que estejam de acordo com nossos valores e personalidade e que sejam divertidas. A atual paixão por *funk*, *kitsch*, antiguidades e produtos que já saíram de linha (como carros feitos na década de 1960, em Detroit) é uma indicação de que precisamos de mais do que itens produzidos em massa, e simplesmente "bem fabricados".

Todos os países deveriam reconhecer e recompensar mais os excelentes praticantes do acabamento à mão livre. Muita atenção tem sido dada ao programa Tesouro Nacional, do Japão. As pessoas recebem esse reconhecimento por sua excelência na produção de artefatos consistentes com valores culturais japoneses, mas a ênfase está nas áreas de artesanato tradicional como cerâmica, têxteis, peças laqueadas, trabalhos em metal, madeira, bambu e bonecas. Programas semelhantes são realizados atualmente em países como Coreia, Filipinas, Tailândia, Romênia, Austrália e França, mas todos orientados para trabalhos artesanais, nenhum deles se sobrepõe à indústria. Eu não conheço casos em que os funcionários dentro da indústria sejam admirados por seu trabalho manual. Isso é ignorado por parte das companhias.

Talvez, os países industrializados redescubram o acabamento artesanal, reconheçam os excelentes artesãos como tesouros nacionais vivos e voltem a ensinar esses ofícios nas escolas. Pode ser que os engenheiros e gerentes passem a ser treinados para aprender a apreciar o artesanato e a simplicidade. Talvez, também, a maior flexibilidade na indústria, que está se tornando possível com o controle mais rigoroso feito por computador e formas mais flexíveis de fabricação, permitirá produtos mais diversificados. Como mencionado anteriormente, o trabalho manual não é um assunto fácil de debater e tratar em nas escolas e empresas, dada a sua natureza visceral e a falta de textos sobre técnicas e recursos expressivos. Entretanto, o artesanato é extremamente importante para as pessoas, e, provavelmente, não desapareça. A indústria é lembrada periodicamente que produtos benfeitos simplesmente se saem melhor no mercado, e geralmente geram margens de lucro mais altas.

Algumas sugestões

Algumas excelentes motivações para o trabalho manual acontecem com regularidade em países desenvolvidos industrialmente. Os Estados Unidos, por exemplo, se saem bem no espaço aéreo, onde o custo de peças acabadas é pequeno, comparado ao custo geral de um projeto, e o trabalho manual está diretamente ligado à essa função. A montagem requer muito cuidado em razão do alto custo de uma falha, enquanto a aerodinâmica promove um acabamento e detalhes externos benfeitos. As áreas para executivos são cuidadosamente detalhadas porque as linhas aéreas competem por passageiros de primeira classe.

Um grande aprimoramento tem ocorrido em áreas com intensa concorrência, como a indústria automobilística. Mas existe muito espaço para o aprimoramento contínuo em todas as áreas. Vários são os procedimentos que podem ser seguidos para melhorar o trabalho artesanal do produto, mas eles exigem investimento de tempo e dinheiro. Alguns deles podem ser adotados no nível individual, muitos no nível corporativo e alguns exigem atenção nacional ou mesmo internacional. Outras medidas podem ser tomadas por meio do ensino tradicional ou exigem a prática durante toda uma vida. Alguns procedimentos resultam em custo mais baixo do produto, outros aumentam o custo. Todos eles ameaçam o incentivo de margens de lucro mais altas. Vamos examinar sete dessas medidas para aprimorar o trabalho artesanal, que considero valiosas para explorar o futuro da indústria:

1. *Aumentar nas empresas a consciência da natureza e importância do bom trabalho manual em geral e do produto em particular.* Isso deve não só ser observado por indivíduos responsáveis por definir e fabricar o produto, mas amplamente difundido em toda a empresa. Existe um ditado que se tornou endêmico em empresas que aprimoraram radicalmente a qualidade de seus produtos: "A qualidade começa em cima". Quando a HP e a Ford decidiram aprimorar radicalmente a qualidade da fabricação de seus produtos nos anos 1980, John Young e Donald Petersen, que eram os respectivos CEOs na época, fizeram disso sua prioridade pessoal. Quando os CEOs na época, tomam tal decisão, as pessoas notam. A qualidade da fabricação era tão preocupante nos anos 1980 que as empresas fizeram um fetiche dela, com slogans, camisetas, gráficos na parede e jantares de reconhecimento – o mesmo é necessário com o trabalho manual. É possível aumentar a sensibilidade das pessoas ao trabalho manual por meio de cursos tradicionais, engenharia reversa e revisões de produto. A maioria das pessoas pode aprender a reconhecê-lo melhor. No entanto, ao produzir algo benfeito, deve haver um compromisso da empresa em desenvolver uma linguagem aceitável para discuti-lo, um sistema para avaliá-lo e a capacidade para pensar sobre os diversos componentes de operações que o fazem existir.

2. *Assegurar a aceitação de ampla responsabilidade por aumentar o nível de trabalho manual.* Em uma fábrica, muitas pessoas podem ter influência no trabalho manual, desde os profissionais de marketing aos designers, passando por aqueles que fabricam, embalam e enviam o produto. Todos devem se orgulhar do trabalho artesanal envolvido no produto, e sentir a necessidade de desempenhar sua função de modo a aprimorá-lo. Em muitos casos, o trabalho

116 EXCELÊNCIA NO DESENVOLVIMENTO DE PRODUTOS

manual pode ser aprimorado sem despesa. A sensibilidade a bons encaixes e acabamentos pode resultar em abordagens alternativas e às vezes menos caras à produção. Com frequência, no entanto, tempo e esforço devem ser gastos para aprimorar o trabalho manual. Processos mais caros devem ser empregados, e deve-se ter mais cuidado com a fabricação e a montagem. Evidentemente, as empresas não querem gastar dinheiro em coisas assim, a não ser que possam aumentar o preço, pelo menos, em um valor correspondente.

Por exemplo, *Made in USA* já significou extrema força, confiança e bom trabalho manual. Porém, como discutido, a complacência fez a indústria buscar lucro produzindo grandes números de itens em vez de produtos refinados. Só recentemente os Estados Unidos estão competindo diretamente com asiáticos e europeus, que fazem muito bem certos produtos. Essa concorrência tem sido boa para o País. Cadillac e Lincoln costumavam ser aceitos como carros de luxo nos Estados Unidos, mas eles melhoraram rapidamente ao confrontarem empresas como Mercedes, Lexus e BMW (embora ainda não tenham reivindicado seu título no cenário internacional, ou até mesmo no americano). As empresas norte-americanas fizeram um trabalho excelente para acabar com a ineficiência do processo de produção, e em alguns casos aprimoraram o design de produtos marcantemente. Entretanto, você diria que os produtos norte-americanos, de modo geral, são muito benfeitos? Essa pergunta não teria sido feita cinquenta anos atrás, quando os clientes talvez não fossem tão exigentes, e os produtos europeus e japoneses eram relativamente raros.

3. *Utilizar uma abordagem simultânea à engenharia e uma abordagem multifuncional ao design de produto.* O trabalho manual pode ser prejudicado pela fraca integração do produto, que deve ser desenhado desde o início para maximizar o potencial de um trabalho artesanal excelente. Por exemplo, é difícil realizar um bom serviço de pintura se algumas peças são feitas de materiais que rejeitam tinta, ou se a submontagem de alguém resulta em uma geometria que torna impossível revestir a superfície. Quem já pintou um carro velho sabe que é impossível evitar pingos, tinta escorrida e manchas nele, enquanto os carros mais atuais podem ter um acabamento melhor simplesmente porque não têm cantos estranhos e protuberâncias que causam tais falhas.

4. *Aumentar o grau de exposição e talvez a experiência direta, que dá pelo menos a algumas pessoas nas empresas o nível de sofisticação adquirido pelos artesãos tradicionais.* A capacidade de fazer coisas lindamente e apreciar o tra-

balho refinado se adquire fazendo. As pessoas podem ser sensibilizadas à natureza e à importância do trabalho manual por meio de livros e palestras, mas a capacidade para executar um trabalho excelente deve ser adquirida com a experiência, isto é, por meio do real trabalho com as mãos e não vendo slides ou fazendo um curso por computador. Como qualquer artista, o artesão ou a artesã leva a vida toda praticando para atingir o nível de sofisticação necessário para produzir e reconhecer o melhor. Mas a indústria, como as escolas, parece estar sempre querendo diminuir esse treinamento.

Quando comecei a trabalhar em oficinas mecânicas para os estágios obrigatórios de quatro anos, esses estágios eram sérios, foi pedido para que o estagiário despendesse muito esforço para garantir o aprendizado das habilidades necessárias, pediram-me para fazer coisas muito mais simples porque, no julgamento dos operadores de máquina, eu não poderia fazer o mesmo trabalho que eles. Esse tipo de treinamento, obviamente, não estava trazendo nenhum dinheiro para a empresa, mas eles estavam investindo em mim. Quando me formei na Caltech, entrei para a Shell como engenheiro de produção. Eles me colocaram direto em um campo de petróleo, primeiro em uma plataforma *workover* e, em seguida, em uma sonda de perfuração, como o início de meu programa de treinamento "mão na massa". Eu aprendi muito, e rápido, sobre o ofício de perfurar um buraco profundo, o que não estava nos manuais de campo. É, infelizmente, raro nos dias de hoje as empresas investirem em seus funcionários para incutir neles um senso de profissionalismo e compreensão da produção global dentro de uma organização.

5. *Aumentar o reconhecimento do trabalho excelente. O trabalho manual deve ganhar mais importância.* Uma forma de encorajar a consciência e motivar o aprimoramento é por meio do reconhecimento. As empresas recompensam regularmente vendedores excelentes, designers, pesquisadores e outros funcionários. Seria interessante testemunhar os efeitos de selecionar pessoas ocasionalmente que deram contribuições excelentes para o trabalho artesanal e aumentar seus salários.

6. *Aumentar a pesquisa e o desenvolvimento destinado a aprimorar o trabalho artesanal.* Toda vez que eu olho para algo como uma faca de cozinha barata, percebo que sua fabricação poderia ser melhor, provavelmente com um pequeno aumento no custo. Entretanto, a fabricante de facas provavelmente gaste pouco esforço pensando em como fazer isso. Um pouco de investimento

118 EXCELÊNCIA NO DESENVOLVIMENTO DE PRODUTOS

e a dispensa formal do tempo de algumas pessoas poderia fazer uma enorme diferença. Muitas empresas simplesmente criam produtos da forma que sempre fizeram e ainda não foram pressionadas a pensar como fabricar produtos melhores. A julgar por minha experiência dos últimos vinte anos em muitas áreas de produto, é melhor aprimorar o trabalho manual antes, e não depois, de ser pressionado para isso. Um exercício que costumava propor aos alunos de design de engenharia em Stanford era fazê-los comprar um produto barato (um dólar ou dois) e imaginar como aprimorar o trabalho manual. Eles não tinham dificuldade nisso, muitas vezes fazendo algo tão simples quanto remover uma pintura feia.

7. *Aumentar a demanda do consumidor por um trabalho artesanal melhor e atender a ele.* Os consumidores, o mundo e a raça humana precisam de mais trabalho manual. Os produtores deveriam promover maior valorização de tal atividade entre seus clientes e então fabricar os produtos para satisfazer à nova demanda criada por eles.

Por ora, isso basta sobre o trabalho artesanal. O último capítulo foi sobre adequação humana. O próximo será sobre a interação entre produtos e emoções humanas. O trabalho manual tem a ver com ambas, por isso voltarei ao assunto.

Problema proposto

Este problema é um tanto complexo porque estamos muito acostumados a associar trabalho artesanal ao trabalho manual ou artesanal, que viemos falando. Procure usar o termo no contexto da produção industrial.

Escolha um produto industrializado que seja lindamente executado e um que não seja. Você pode ser tentado a escolher um exemplo feito à mão, mas fique com itens que são produzidos em quantidade, e que tenham a maior parte feita por máquinas. Mais uma vez, como você responderia pela diferença entre produtos benfeitos e malfeitos? Em que medida o dinheiro é um fator? A sensibilidade? A tradição?

Tabela de problemas e táticas: o trabalho artesanal

Problemas	Táticas
Falta de linguagem adequada para discutir e comunicar o trabalho artesanal	Mais interação sobre o tópico entre designers, pessoal da fabricação, profissionais de marketing, gerentes e clientes; promover a mistura de pessoas com altos padrões de trabalho manual em outros campos.
Os designers não entendem de trabalho artesanal	Designers deveriam seguir o trabalho pela manufatura e estudar produtos concorrentes e muito benfeitos.
Maior apreciação e orgulho pelo trabalho artesanal na empresa	Reconhecer e recompensar o excelente trabalho artesanal na empresa.
Tempo e recursos insuficientes para realizar um trabalho artesanal de alto nível	Sensibilizar o profissional de marketing e a alta gerência sobre os benefícios do trabalho artesanal.

CAPÍTULO

Produtos, emoções e necessidades

Amor, ódio ou balela?

Apesar de nós humanos nos orgulharmos de nossas capacidades cognitivas, sofremos uma influência forte, ou inevitável, da emoção, quando avaliamos a qualidade de um produto. Embora por conveniência costumemos separar a cognição da emoção ao discuti-las, elas não são separadas uma da outra. Houve um tempo em que as pessoas tendiam a tratar a cognição e a emoção como motivações humanas separadas, e talvez conflitantes. Em 1956, Benjamin Bloom chefiou um grupo de educadores que identificou três domínios distintos de aprendizagem: o cognitivo (capacidades mentais – avaliação, análise, compreensão, memória, síntese); o afetivo (crescimento nas áreas dos sentimentos ou emocionais – valores, motivação, atitudes, estereótipos, sentimentos); e o psicomotor (habilidades manuais ou físicas)[1]. Porém, as pesquisas atuais mostram o contrário, e isso não é surpreendente, uma vez que temos um único cérebro envolvido em todas essas funções.

Nossas ações e respostas são moldadas por uma combinação de pensamento e emoção. Somos fruto da natureza e da educação. Em alguns casos, o raciocínio domina, e em outros domina a emoção. Às vezes, nossas respostas são lógicas, e às vezes refletem nosso passado e ligações. Sem o fator emocional, o *Homo sapiens* não teria chegado tão longe, porque o raciocínio humano

122 EXCELÊNCIA NO DESENVOLVIMENTO DE PRODUTOS

é lento demais para lidar com muitas das dificuldades e não é muito eficaz diante da incerteza e da alta complexidade.

Mesmo no caso de ações e respostas supostamente lógicas, as emoções estão envolvidas. As emoções podem e de fato resumem rapidamente situações e fornecem planos de ação. Estudos clínicos têm mostrado que as pessoas, que por alguma razão sentem dificuldades para reagir emocionalmente, têm dificuldade para tomar decisões[2]. As emoções, afinal, são responsáveis pelo "sentimento" que orienta qualquer pessoa, o cientista pesquisador, o diretor presidente de uma empresa ou o presidente dos Estados Unidos. A intuição comunica-se conosco por meio das emoções. Os psicólogos às vezes usam o termo "corte fino" para designar a capacidade de encontrar padrões e chegar a decisões rápidas baseadas em janelas de experiências extremamente específicas – específicas demais para efetuar o tipo de raciocínio que considerarímos necessário para completar a tarefa. Por exemplo, a rápida avaliação que fazemos de pessoas assim que as conhecemos é resultante da emoção (como não gostar da pessoa se não a a conhecemos?) como acontece com muitos, senão a maioria, dos aspectos da qualidade de um produto.

O papel desempenhado pelas emoções

Tome algo óbvio como a aparência de produtos. Parte do sucesso da Apple é que as pessoas simplesmente "gostam" (uma resposta emocional) da aparência e da sensação dos produtos da empresa, independentemente da função. A lógica muitas vezes vem depois da emoção. Falando em termos puramente funcionais, o argumento poderia ser feito de que sapatos de salto feitos por Jimmy Choo e Manolo Blahnik não valem o preço cobrado. Mas o sucesso das marcas mostra que nem todas as pessoas concordam com isso. A função é superada pelo apelo emocional.

Se um usuário adora um produto, todos os envolvidos beneficiam-se com isso. Se um usuário odeia um produto, todos perdem. Muitos dos esforços são canalizados para se tentar avaliar e predizer a resposta emocional das pessoas envolvidas em marketing, design, psicologia e outros campos. Essas pesquisas vão desde conversas com pessoas, a observá-las em ação, a sujeitá-las a realizarem testes controlados cuidadosamente. Infeliz, ou talvez felizmente, não existem fórmulas que nos permitam otimizar respostas emocionais, nem formas de medi-las com exatidão. Nem os mecanismos são suficientemente entendidos para construirmos simulações. Com frequência, palavras, cálculos e simulações em computador nos levam ao fracasso quando lidamos com emoções. Por essa razão, a resposta emocional é algo que gera desconforto para muitos profissionais de engenharia e administração, em comparação a aspectos geralmente quantificados, como desempenho e custo (embora, como discutimos no Capítulo 3, nesse caso, a quantificação também seja insuficiente).

A sociedade exige que todos nós, em certa extensão, controlemos nossas emoções. Eu ficava fascinado com meus netos, quando tinham dois anos. Eles expressavam muito bem suas emoções. Alternavam entre a raiva descontrolada, o amor infinito, a risada desmedida, a aversão intensa e o desejo apaixonado. Mas, por razões óbvias, a sociedade (ou os pais?) já estava tentando convencê-los a abrandar essas manifestações. Evidentemente, não poderíamos ter sete bilhões de pessoas no mundo tão francas com suas emoções quanto crianças de dois anos, mas, de certa forma, todos nós fomos treinados a esconder nossas emoções, ou a mentir sobre elas. Isso fica óbvio no caso de emoções vitais e primitivas como aquelas que já vêm em nossa carga genética. Se demonstrássemos e agíssemos de acordo com todas as nossas emoções verdadeiras, provavelmente não seríamos nem aceitos, e não nos daríamos bem na vida. Todos nós aprendemos a ser simpáticos com pessoas de quem não gostamos, a conter nossos sentimentos mais primitivos em relação a estranhos que nos atraem e a demonstrar interesse por coisas que interessam a nossos amigos e não a gente.

As pessoas não só aprendem a esconder seus sentimentos, e não sabem expressá-los com linguagem adequada, como também nem sempre sabem identificar realmente como se sentem. Sem dúvida, essa situação causa aos designers e fabricantes de maquinaria a dificuldade de atender às necessidades e desejos dos usuários. Livros, revistas, jornais, filmes e CDs de música são produtos de indústrias em que se despende grande esforço para evocar respostas emocionais no usuário. Mas, embora as indústrias que estão fabricando produtos como roupas, automóveis, cosméticos e gêneros alimentícios considerem seriamente a emoção, muitas vezes isso não basta. E o que dizer dos fabricantes de alavancas, retroescavadeiras e guindastes? Talvez eles nem considerem tanto as emoções, mas deveriam, porque as emoções afetam tanto o design do produto quanto a satisfação do usuário com ele.

As empresas que procuram fabricar produtos de alta qualidade podem se beneficiar imensamente se forem mais sensíveis às emoções humanas – às

124 EXCELÊNCIA NO DESENVOLVIMENTO DE PRODUTOS

suas próprias emoções, aquelas das pessoas envolvidas em vendas, fabricação, uso e atendimento, e às emoções de seus colegas de trabalho ou funcionários. E uma boa maneira de estimular essa sensibilidade é simplesmente se tornar mais interessado pelas emoções, por serem uma característica fundamental dos seres humanos. As emoções nos guiam, mas não sabemos muito sobre elas. Elas envolvem nossos sentidos, nossa mente e corpo e, no entanto, nos enviam mensagens simples. Frequentamos escolas durante boa parte de nossa vida, e pouco é abordado sobre emoções na maioria das aulas.

Os Capítulos 3 e 4 trazem material analítico que inclui informações específicas, parâmetros que podem ser quantificados e avaliados e testes que podem ser conduzidos, mas, mesmo assim, as emoções estão envolvidas. Certamente, uma cadeira confortável contribui mais para a satisfação de um usuário do que uma desconfortável. Muitos dos problemas de adequação humana não resultam da falta de informação e ferramentas, mas da falta de reflexão sobre a adequação como aspecto prioritário no processo de produção-consumo. Por quê? Talvez as emoções das pessoas que criam os produtos estejam desempenhando um papel maior do que as emoções dos usuários finais. Talvez seja mais divertido para os designers miniaturizar aparelhos do que se preocupar em determinar se eles são compatíveis com as mãos humanas. É possível que os designers estejam mais interessados em incluir novas especificações em um produto do que em se preocupar se o usuário entenderá como usá-las (convenientemente, em muitos casos, as pessoas parecem preferir aparelhos miniaturizados com muitas especificações, aos aparelhos mais bem adequados). O termo *tecnicamente acessível* implica emoção por parte do fabricante. No que diz respeito ao trabalho artesanal (Capítulo 5), podem ser criados padrões para se fazer um produto benfeito e as respostas dos usuários podem ser testadas. Mas é mais difícil lidar analiticamente com o aspecto estético do trabalho artesanal. A localização da direção de um veículo tem a ver com sua função, e as empresas automobilísticas estabelecem regras para essas coisas (embora, se a direção for colocada inadequadamente, nossas emoções entrarão em jogo). Mas, um bom polimento na pintura nos agradará emocionalmente, mesmo que esse acabamento não tenha função.

A complexidade das emoções humanas

Até psicólogos acadêmicos têm tido problemas para lidar com a emoção como objeto de estudo. Eles tendem a pesquisar fenômenos que possam ser replicados e quantificados, e tradicionalmente reúnem as emoções no "domínio afetivo", enquanto buscam por seu suporte de pesquisa em outra parte. A maioria dos terapeutas tenta abordar seu trabalho racionalmente e gostaria que seus pacientes fossem mais sensatos. As emoções, no entanto, muitas vezes, desafiam a "sensatez".

Não existe nem mesmo uma lista simples e aceita de emoções. Anos atrás, Daniel Goleman, que foi editor da revista *Psychology Today* ["psicologia de hoje"] e mais tarde editor de ciência do conhecimento para *The New York Times,* escreveu um best-seller intitulado *Emotional Inteligence* ["inteligência emocional"]. No apêndice, ele enumera os seguintes rótulos para as emoções:

- *Raiva:* fúria, indignação, ressentimento, ira, exasperação, indignação, vexação, aspereza, animosidade, incômodo, irritabilidade, hostilidade, ódio patológico, violência.
- *Tristeza:* dor, sofrimento, falta de entusiasmo, pessimismo, melancolia, autocomiseração, solidão, desalento, desespero, depressão severa.
- *Medo:* ansiedade, apreensão, nervosismo, preocupação, consternação, receio, cautela, escrúpulo, medo, susto, terror, fobia, pânico.
- *Prazer:* alegria, gozo, alívio, contentamento, felicidade, regozijo, diversão, orgulho, prazer sensual, emoção, êxtase, gratificação, satisfação, euforia, excentricidade, mania.
- *Amor:* aceitação, amizade, confiança, generosidade, afinidade, devoção, adoração, fascínio.
- *Surpresa:* choque, espanto, assombro, admiração.
- *Desgosto:* desprezo, desdém, menosprezo, nojo, repulsa, aversão.
- *Vergonha:* culpa, constrangimento, decepção, remorso, humilhação, arrependimento, mortificação, contrição[3].

Outra classificação influente foi feita por Robert Plutchik, em 1980, na qual ele identificou oito emoções primárias: raiva, medo, tristeza, alegria, angústia, confiança, surpresa e antecipação[4]. Ele considerou essas emoções essenciais para a sobrevivência e acreditava que elas se combinavam de várias

126 EXCELÊNCIA NO DESENVOLVIMENTO DE PRODUTOS

maneiras e intensidades para expressar emoções secundárias. Por exemplo, o amor seria uma combinação de alegria e confiança. Fúria, ira, hostilidade e incômodo seriam diferentes graus de raiva.

Existem muitas classificações como essa, mas embora elas sejam úteis para se tentar alcançar um vocabulário padronizado, e talvez um modelo, não nos ajudam em nossa busca pela qualidade do produto. Também se pode equivocar com essas classificações. Em minha opinião, nas categorias de Goleman e Plutchik faltam emoções que causam sentimentos de desejo (querer, cobiçar, desejar) e de frustração (impedir). Essas listas demonstram que as pessoas precisam de muitas palavras para descrever um tipo de emoção, e mesmo assim, elas não conseguem transmitir os sentimentos.

Quando se trata de produtos, essas listas podem gerar equívocos em razão da tentativa de simplificação. Como exemplo, pode-se supor que o prazer, o amor e talvez a surpresa sejam emoções "positivas" que aumentam a qualidade de vida, enquanto o medo e a raiva são negativas. Sou forte defensor de fazer projetos que estimulem emoções "boas", mas é mesmo muito mal irritar-se com produtos que não nos ajudam? Se eu não tivesse um pouco de receio quando trabalho no topo de escadas bem altas, pararia de subir nelas. Assim, existem muitas situações em que as pessoas parecem buscar essas emoções "negativas" e os produtos que as estimulam. Muita gente adora montanhas russas, motocicletas, esquis, filmes de terror e outros produtos que de alguma forma têm sucesso porque induzem o medo. Precisamos de descargas periódicas de adrenalina? Quando o medo desaparece, o alívio que sentimos nos traz alegria? Será que nossos mecanismos para evitar o mal precisam ser exercitados de vez em quando?

Os alunos universitários durante a semana de exames finais costumam acreditar que a ansiedade sentida lhes permite ter um desempenho melhor nas provas. E existe um mercado estável para a "diversão" que desencadeia sentimentos "negativos". Fico fascinado com a diferença entre mim e minha esposa neste sentido. Ela adora as peças de Edward Albee – aquelas que têm um primeiro ato leve e bem-humorado, um segundo ato que guarda certo "pressentimento" e um terceiro que te deixa arrasado. Ela sai do teatro delirante, achando a representação e a peça maravilhosas. Eu saio do teatro querendo entender "por que faço isso comigo"? O mesmo acontece com filmes – minha esposa é grande fã e importante apoiadora da Netflix. Na noite em que eu ouço trilhas sonoras com violino e vozes exaltadas da sala de TV,

Produtos, emoções e necessidades **127**

tenho certeza de que ela está lá com uma caixa de lenços de papel, adorando o programa.

Sigmund Freud tem sido muito desacreditado pelos psicólogos acadêmicos, mas ele ainda vive em grande parte da chamada terapia da palavra e em nossa cultura. Freud, inicialmente, acreditava que estamos motivados a maximizar nosso próprio prazer (o princípio do prazer) e escreveu sobre os instintos para o ego (autopreservação) e a libido (sexo). Ele logo percebeu, no entanto, que nem sempre agimos dessa forma. Em particular, não conseguiu explicar a guerra, em que as pessoas, às vezes, se oferecem voluntariamente e com entusiasmo para uma atividade que à primeira vista não é nem prazerosa nem consistente com a autopreservação. Ele, portanto, acrescentou o que chamou de "pulsão de morte" que se opõe à "pulsão de vida". A pulsão de vida de Freud nos move para a preservação e a alegria, enquanto a pulsão de morte nos move em uma direção contrária a essa.

Uma das constantes na história dos *Homo sapiens* é a guerra: quantidades imensas de dinheiro e esforço são gastas para projetar, desenvolver e produzir artefatos bélicos. Apesar de muitos milhões de mortes, grande destruição de propriedade e riqueza e dos perigos inerentes à guerra, durante toda a História as pessoas continuam a seguir seus líderes para o combate. As melhores mentes do mundo e muito de seu capital são empregados para projetar armas e outros equipamentos relacionados à guerra. É muito fácil entender a pulsão de morte do Dr. Freud para explicar a psique humana.

Conheço poucas pessoas que desejam realmente a morte, mas muitas são claramente atraídas pelo perigo, violência e mal, e obtêm benefícios emocionais a partir do risco. Durante uma viagem à Nova Zelândia, alguns anos atrás, minha esposa e eu paramos para ver umas pessoas saltando de paraquedas. Fiquei espantado quando minha esposa disse que gostaria de tentar. Claramente, nesse caso, não havia violência nem mal algum, e o risco e o perigo reais eram pequenos, não só porque o esporte em si é bastante seguro, mas também porque as primeiras vezes que se salta, o novato fica preso a um instrutor experiente. Porém, quando você está dando um salto, sem dúvida tem a impressão de que está realmente encrencado.

Quando minha esposa se vestiu e estava pronta para saltar, ela ficou reticente, mas havia muitas garotas bem mais novas, muito excitadas, aguardando a vez, então ela decidiu que se elas conseguiam, ela também seria capaz. Lá foi ela, e segurando firme na instrutora, chegou a salvo no solo.

128 EXCELÊNCIA NO DESENVOLVIMENTO DE PRODUTOS

Quando eu saí para buscá-la, a aparência dela era incrível. Os olhos arregalados, a boca aberta e sorridente. Aquela noite ela declarou que nunca sentiu tanto medo como quando saiu do avião, mas que achou o máximo, e que todo mundo devia fazer pelo menos uma coisa por ano que causasse terror, principalmente as avós (ela mesma inclusive).

O que dizer disso? Você tem fascinação por suspense, por colocar a si e aos outros em risco físico? Você participa de alguma atividade que talvez envolva certo perigo e seja meio tola? Você gostaria de fazer paraquedismo? Gostaria de participar de uma corrida de carro em Indianápolis? Que tal escalar o Monte Everest? Mais de 200 pessoas morreram tentando subir a montanha e a maioria dos corpos permanece lá[5]. No entanto, parece haver muitas pessoas que ainda desejam tentar. O risco faria parte da atração? Equipamentos usados nos chamados esportes radicais também tiram vantagem dessas emoções. Esquis, pranchas de surfe, catamarãs de corrida, carros de neve, acessórios para escaladas livres, e mesmo patins e skates entram nessa categoria. As cores e os desenhos, em geral, reforçam o sentimento de perigo e a euforia que se segue. Em geral, o público aceita essa situação.

As sociedades modernas são ambivalentes sobre produtos que têm a ver com emoções e com um risco crescente de dano físico, se o perigo for concreto. Considere o automóvel: a associação de automóveis com o perigo existe desde que ele foi inventado. Todos os motoristas sabem da emoção de dirigir em alta velocidade ou de fazer manobras radicais. A corrida de carros é um esporte extremamente popular, e quando vão assistir, os fãs guardam para si a excitação causada pelo perigo que os pilotos enfrentam – tal sentimento não é revelado, pois não se pressupõe que eles admitam que o perigo faz parte da atração.

Os fabricantes de automóveis tiram vantagem desses sentimentos, desde o design do carro à propaganda. Carros e caminhões com desempenho médio são retratados em anúncios com frequência como resistentes ao passarem por um terreno irregular, por uma vala, mantendo-se suspensos no ar, ou sobre duas rodas, ao fazerem uma curva. Os fabricantes de automóveis associam-se a corridas fornecendo motores e patrocinando *stock cars* e *dragsters* com carrocerias que simulam o estilo de carros de produção. Muitos automóveis de família, inócuos, também levam o nome de animais ferozes e pistas de corrida, e são equipados com designações numéricas que sugerem aviões de combate experimentais. Um grande número de mortes por acidente de carro ocorre todo ano, o que resulta em uma campanha paralela pela segurança e pelo meio ambiente, complementada com *air bags*, a maior resistência ao choque e regulamentação do governo. Em geral, o resultado é pura esquizofrenia, em que os designers e fabricantes de automóveis tentam garantir aos clientes que o produto é seguro e, ao mesmo tempo, se parece com um carro de corrida Fórmula 1, nas emoções que desperta e no desempenho.

Brinquedos e jogos muitas vezes também tiram vantagem desse fascínio pela morte e a destruição: os jogos populares de computador colocam os participantes em papéis de guerreiros ou outros aventureiros; as lojas de brinquedos contêm uma grande variedade de armas, que vão de antigas a futuristas. Tentativas de acabar com esses brinquedos e jogos "violentos" são inúmeras, mas só parcialmente bem-sucedidas. Lembro-me da frustração em uma de nossas creches locais quando os supervisores descobriram que seus meninos estavam levando pistolas de brinquedo para a escola. Os brinquedos foram sumariamente proibidos e, como resultado, as crianças inventaram réplicas de armas com varetas, fita e lápis. Os professores avisaram que isso também era ilegal. Elas então passaram a usar os dedos – à maneira que as crianças usam para atirar umas nas outras e que é aceita (felizmente, a escola não tentou proibir os dedos.)

A competição de esportes também é um sucesso por causa desses aspectos de nossas emoções. Certamente, o futebol americano e o hóquei no gelo são jogos cuja atração baseia-se no combate (ofensa, defesa, linha). O equipamento usado enfatiza essa ideia (por exemplo, máscaras de hóquei decoradas). Não há nada que gere mais orgulho, nem que seja mais incongruente, do que um garoto usando equipamentos de proteção enormes para ir a um jogo de futebol americano. O equipamento usado pelos jogadores lembra os legionários romanos e a Darth Vader. Os jogadores profissionais de futebol americano são razoavelmente normais, embora sejam pessoas grandes. Mas os acessórios que os fazem parecer refugiados de um Coliseu Romano contemporâneo são fabricados pela indústria.

A maioria dos produtos não expõe o usuário a ponto de este sentir o medo, a ansiedade, a euforia e a excitação que realmente acompanham o perigo e a bravura. Mas, muitos deles tentam extravasar seus sentimentos, às vezes com sucesso. Suspeito que a prevalência do preto em equipamentos eletrônicos tenha algo a ver com os instrumentos das aeronaves da Segunda Guerra Mundial. Os lucros da Harley-Davidson vêm de sua imagem ligeiramente fora

130 EXCELÊNCIA NO DESENVOLVIMENTO DE PRODUTOS

da lei, embora os foras da lei, em geral, não tenham dinheiro para comprar seus produtos. Periodicamente, o ramo de roupas surge com padronagem verde oliva, dragonas, tecidos do tipo camuflagem, muitos bolsos e outros motivos militares, não é a toa que existem cerca de 200 milhões de armas em posse de cidadãos norte-americanos, das quais um terço são armas portáteis. Isso representa um número muito grande de produtos.

Diversidade em reações emocionais

Uma grande parte da complexidade ao lidar com emoções vem da imensa diversidade em reações emocionais entre os humanos. Moro no campus de uma universidade que tem uma das mais altas classificações, em uma região atraente e economicamente rica. A 160 km daqui fica o Vale Central da Califórnia, um centro agrícola. Por várias razões vou e volto da universidade para uma fazenda de um grande amigo, e sempre fico surpreso com as diferentes reações emocionais a assuntos como Barack Obama, o ambiente, o emprego de água ou a *Ilíada*. Entretanto, eu não preciso viajar para encontrar essa variação de sentimentos. Em alguns quarteirões, posso encontrar a gama das emoções apresentadas por Plutchik ou por Goleman em todos os graus de intensidade, referentes a uma miríade de questões e objetos. Tenho uma picape em um mar de Volvos, BMWs e Prius. Minha roupa informal às vezes é descrita por minha esposa como as "de um sem-teto". Encho meu quintal com máquinas de fazenda restauradas ou parcialmente restauradas, além de outros equipamentos. Embora minhas credenciais profissionais sejam impecáveis e, pelo o que sei, eu seja querido, acho que amigos e vizinhos têm reações emocionais diversas ao meu estilo de vida.

Os seres humanos carregam emoções conflitantes dentro de si. Por exemplo, a relação de amor e ódio é confrontada com frequência. No modelo de Plutchik, a aceitação relaciona-se com a confiança e o incômodo com a raiva. Mas, com frequência, aceitamos incômodos porque o custo de fazer alguma coisa para evitá-los é maior do que o que ganhamos com isso. Não muito tempo atrás, eu estava me recuperando de uma cirurgia bilateral no joelho. Quando meu fisioterapeuta distendia os músculos de meus novos joelhos, procurando aumentar seu movimento, eu não dava conta de minhas emoções conflitantes. Estava extremamente feliz por ter feito a cirurgia, mas me sentia bem menos feliz com os exercícios de distensão. Também estou feliz por ter me aposentado, mas às vezes sinto falta da angústia autoinfligida da universidade. Adoro meu programa de processamento de textos quando ele aponta erros de ortografia constrangedores, mas o odeio quando ele quer me ajudar a organizar o *meu* texto.

A diversidade de reações emocionais entre as pessoas e em cada uma delas, sejam indivíduos, grupos ou nações e religiões, dificulta generalizar sobre a reação emocional – é uma coisa pessoal, muitas pessoas compartilham meu amor por máquinas antigas. Muitas outras nos acham malucos. Algumas pessoas passam longos períodos de tempo jogando golfe e *eu* as considero malucas. Essa é a glória da condição humana – cada um tem suas emoções. Mas é justamente essa diversidade, que dificulta a construção de um produto que satisfaça a todos, e provavelmente seja por isso que as empresas que tentam fazer isso acabam enfrentando problemas, e também por essa razão insisto em uma maior diversificação de produto.

Os mecanismos da emoção

A emoção também é extremamente complexa, considerando o que se sabe sobre os mecanismos envolvidos. Na escola, ensinaram-nos que o córtex analisa os sinais dos sentidos e dispara respostas adequadas. Por exemplo, você acorda à noite ao ouvir um ruído estranho em casa e seu equipamento cognitivo analisa o que poderia ser. Se você conclui que é um ladrão, fica apavorado. Esse modo foi conveniente e centrado na cognição. Com o passar dos anos, entretanto, foram desenvolvidas técnicas poderosas de escaneamento para identificar a atividade em várias partes do cérebro. Atualmente, ensina-se que os sinais dos sentidos vão para o córtex (pensamento) e para a amídala e o hipocampo. Os dois últimos subsistemas contêm certa memória básica de sinais sensoriais que conotam perigo, e se o novo sinal corresponder a uma dessas memórias, ficamos assustados *antes* de o córtex analisar os dados.

O hipotálamo inicia a reação de luta ou fuga, com o aumento do batimento cardíaco, da pressão sanguínea, e da circulação nos grandes músculos, e diminuição no intestino e da respiração. O córtex cingulado dá o tom aos grandes músculos, congela movimentos não relacionados e faz nossa face assumir uma expressão de medo. O *locus coeruleus* (cerúleo) libera norepi-

132 EXCELÊNCIA NO DESENVOLVIMENTO DE PRODUTOS

nefrina, focando nossa atenção e priorizando nosso conhecimento e memórias. Esse processo é automático. Mais tarde, quando o córtex chega a uma conclusão, pode desativar todas essas funções, se o ruído for simplesmente de um gato. No entanto, a conclusão do córtex pode reforçar a resposta. O importante é que as emoções vêm primeiro, e não depois. Essa sequência ajuda a explicar, por exemplo, por que formamos uma impressão tão forte de uma pessoa, embora a experiência subsequente possa nos ensinar, aos poucos, que estávamos errados. Essas mesmas emoções desempenham um forte papel ao lidar com produtos.

As emoções também variam muito quanto à rapidez da resposta. As pessoas podem se apaixonar quase à primeira vista ou depois de um longo relacionamento – o mesmo acontece com os produtos. Podemos nos apaixonar pelos produtos imediata (o iPhone, por exemplo) ou lentamente (o carro híbrido). É claro que as pessoas podem se "desapaixonar" com o passar do tempo. Assim, podemos não gostar de uma pessoa ou produto no primeiro encontro, e mais tarde passamos a gostar muito daquela pessoa ou produto (por exemplo, um novo programa de software mais complicado). Podemos ficar assustados porque um ruído alto nos acorda à noite, mas também podemos ficar sobressaltados ou ansiosos durante o sono porque a mídia aponta problemas em nossa economia uma semana após a outra. Em alguns casos, nossas emoções são desencadeadas lentamente por sinais recebidos por nossos sentidos e processadas por nosso cérebro ao longo do tempo. Algumas pessoas que estudam emoções as veem como um sistema de alarme – mecanismos automáticos e rápidos que iniciam ações apropriadas com base em necessidades de sobrevivência aprendidas ou inatas. Quando uma onça aparece no seu acampamento, por exemplo, suas emoções se fecham para o devaneio e o ativam para as ações adequadas. Alguns têm uma tendência maior para a cognição e sentem que as emoções respondem mais a experiências passadas, desencadeadas pelas informações reunidas ao longo do tempo.

Muitas teorias da emoção classificam algumas emoções como básicas, significando que elas são necessárias para a sobrevivência e, em certa medida, compartilhadas entre outros animais (supondo que você deseje acreditar que outros animais que não os humanos têm emoções). As emoções básicas de Plutchik, mencionadas anteriormente (alegria, confiança, medo, surpresa, tristeza, repulsa, raiva e antecipação), são típicas. Os sinais sensoriais que anunciam perigo, fome, sede ou condições corporais preocupantes causam

Produtos, emoções e necessidades **133**

emoções que direcionam o indivíduo para a solução do problema. Outras emoções básicas seriam aquelas úteis na preparação para o futuro e a vida com membros de nossa espécie em bandos, tribos e culturas estáveis. As emoções que apoiam o aumento do fundo genético obviamente são essenciais para a sobrevivência de uma espécie.

Mas nem todos os sentimentos têm a ver com a sobrevivência e o aumento do fundo genético. Em um livro interessante intitulado *How pleasure works: The new science of why we like what we like* ["Como funciona o prazer: a nova ciência de por que gostamos do que gostamos"], de Paul Bloom, filho de Benjamin Bloom, mencionado anteriormente, o autor analisa o prazer de um ponto de vista *essencialista*[6]. O essencialismo é uma escola de pensamento em psicologia cognitiva que diz que as pessoas supõem naturalmente que as coisas inanimadas, os seres humanos e os seres vivos, em geral, têm essências invisíveis, mas profundas, que os definem. No caso de produtos, isso poderia incluir coisas como a associação com pessoas admiradas ou odiadas, a história, a conexão a diferentes culturas e crenças muito arraigadas sobre qualidade. A indústria da publicidade faz bom uso de coisas para influenciar as atitudes de clientes potenciais sobre produtos. Testes discutidos no livro de Bloom têm mostrado que depois que você escolhe um produto, gosta mais dele e menos dos produzidos pelos concorrentes e quanto mais tempo você o possui, mais se apega a ele.

Em seu livro, o autor menciona muitas coisas de pouca utilidade que aparentemente têm grande valor, inclusive uma fita métrica da residência de John F. Kennedy vendida em leilão por 48.875 mil dólares, e a meia que escapou do pé de um fotógrafo e foi parar no capô do carro de Britney Spears, que foi vendida com sucesso na e-Bay. Ele também discute a importância das pessoas ou empresas que fabricam o produto e o papel da imaginação, que nos permite construir cenários antes de adquirirmos os produtos (e que mais tarde podem se revelar falsos) e acreditar que algo que possuímos seja superior a produtos idênticos que não possuímos.

Não vou tentar aqui escrever sobre os sentimentos associados a várias emoções. Os maiores artistas na história têm tentado provocar esses sentimentos nos outros, mas provavelmente sentir as emoções por si mesmo (apaixonar-se, por exemplo) seja mais vívido para a maioria das pessoas do que os sentimentos evocados pela poesia, prosa, uma pintura ou uma sonata. Uma vez que não sou um dos grandes escritores da história, devo me dar

134 EXCELÊNCIA NO DESENVOLVIMENTO DE PRODUTOS

por satisfeito se estimular os produtores a tornarem-se mais interessados e sensíveis a suas próprias emoções e sentimentos, e às emoções e sentimentos dos consumidores e, nesse sentido, de todas as pessoas. Essa é uma área fascinante para reflexão e observação. Para este capítulo, vou supor que existe um senso comum entre as pessoas, no que se refere aos sentimentos que resultam de emoções, embora, novamente, não exista um consenso ao que desencadearia essas emoções ou a suas respectivas intensidades.

Necessidades humanas

Um número crescente de designers de produtos e outros associados à produção industrial está mais atento às necessidades das pessoas. Em certo sentido, o marketing baseia-se na experiência que as pessoas tiveram com os produtos e com a busca do aprimoramento dos já existentes. Estudar as necessidades das pessoas oferece o potencial de um olhar mais claro para o futuro, uma vez que os produtos talvez sejam mais fugazes do que as necessidades humanas. Também, é provável que se os produtos ajudarem a satisfazer essas necessidades, as pessoas ficarão satisfeitas e as vendas serão boas. Os itens que dificultam essa satisfação tendem a ser considerados ruins e não vendem bem.

Existem muitas maneiras de classificar as necessidades para se pensar mais claramente sobre elas. Uma das classificações mais conhecidas é a venerável proposta de Abraham Maslow em um trabalho intitulado "Teoria da motivação humana", de 1943. Nessa teoria, ele define uma hierarquia do que considera necessidades básicas humanas, pois todos nós as compartilham[7]. A teoria continua sendo aceita, há tantos anos, por ser relativamente simples e altamente aplicável, identificando um conjunto de necessidades humanas e inferindo que se essas necessidades não são satisfeitas, os humanos serão motivados a satisfazê-las. O princípio é hierárquico por natureza e com frequência é retratado como uma pirâmide com nossas necessidades físicas (respiração, água, alimento, abrigo, sexo, homeostase, sono) na base. Se essas necessidades físicas não forem satisfeitas, primeiro focamos nelas.

Uma vez que nossas necessidades físicas são um pouco (não absolutamente) "satisfeitas", consideramos nossas necessidades de segurança (segurança de saúde, emprego, recursos, família, propriedade), o próximo nível na hierarquia. Tendo essas sido satisfeitas em certa medida, trabalhamos em nossas necessidades de pertencimento (amizade, intimidade, família). A seguir, vêm as necessidades de estima (realização, respeito dos outros, pelos outros e autoestima). Finalmente, atingimos as necessidades de autorrealização (criatividade, moralidade, aquisição de conhecimento, espontaneidade, solução de problemas, falta de preconceito e aceitação dos fatos).

Mas, como é o caso com muitas (a maioria?) das teorias de motivação e comportamento, existe um desacordo com Maslow na literatura por parte de outros que, embora não discordem das necessidades apontadas por ele, não descobriram evidência de que elas são hierárquicas – em outras palavras, se nossas necessidades fisiológicas, de segurança, amor/pertencimento e estima são satisfeitas, mas nossas necessidades de autoatualização não são, ainda não seremos felizes. Precisamos satisfazer todas elas.

Além disso, os tempos mudaram desde 1943. A lista das necessidades de Maslow agora parece ser um tanto ingênua. Desde 1943, a população do mundo cresceu de 2,3 bilhões para 7 bilhões, a brasileira de 41 milhões para 200 milhões, e a de São Paulo de pouco mais de 1 milhão para quase 12 milhões. As pessoas em países mais desenvolvidos, geralmente, estão muito mais cientes do resto do mundo por causa da comunicação moderna e tornaram-se muito mais descrentes (e mais maduras?) sobre a direção que nossa sociedade está tomando. Lembro-me claramente de 1943, quando Maslow escreveu seu trabalho, porque eu tinha nove anos e a Segunda Guerra Mundial continuava, algo do maior interesse de um garoto dessa idade. Eu ouvia as notícias do rádio, assistia aos noticiários nas salas de cinema e lia o jornal. Mas não sabia, como a maioria das pessoas, que as notícias estavam sendo cuidadosamente manipuladas com a colaboração da mídia. Não existia TV, as armas nucleares não tinham aparecido e, até onde sei, todos estavam cooperando com uma grande causa para salvar o mundo. Em razão de coisas como a Guerra Fria, a Guerra da Coreia, a Guerra do Vietnã, o vasto aprimoramento da comunicação, o crescimento da população e a maior consciência de questões como genocídio e destruição da ecosfera, a vida agora parece mais complicada. Compare as campanhas presidenciais ao longo dos anos, as primeiras mais pareciam carnaval do que campanhas.

Um olhar um pouco mais contemporâneo sobre as necessidades é aquele de Len Doyal e Ian Gough, publicado pela primeira vez em 1991, em um livro intitulado *A Theory of Human Need* ["teoria das necessidades humanas"][8]. A abordagem deles é citada com frequência em um trabalho que tem a ver com

136 EXCELÊNCIA NO DESENVOLVIMENTO DE PRODUTOS

a solução de conflito e é um tanto mais ampla do que aquela de Maslow. Eles acham que as necessidades mais básicas são a saúde física, a autonomia individual e a capacidade de criticar e tentar mudar a cultura em que se vive. Eles discutem várias das chamadas *necessidades intermediárias* ou *agentes de satisfação* (*satisfiers*). Essas necessidades são as mais básicas e podem ser satisfeitas de várias maneiras. Incluem as seguintes:

- alimento nutricional e água limpa;
- moradia protetora;
- um ambiente de trabalho não prejudicial;
- controle de gravidez e de natalidade seguros;
- cuidados apropriados com a saúde;
- relações primárias significativas;
- segurança física;
- segurança econômica;
- educação adequada.

As seis primeiras dessas necessidades contribuem para a saúde física, e as cinco últimas para a autonomia. Os autores destacam que essa lista e os métodos de realização das necessidades mudam continuamente ao longo do tempo. Eles sustentam, ainda, que devem existir certos pré-requisitos em uma sociedade antes de as pessoas poderem atender às suas necessidades, incluindo produção, reprodução, conhecimento cultural, direitos políticos/civis, capacidade de acesso a necessidades intermediárias e agentes de satisfação e participação política.

A abordagem de Doyal/Gough dá mais atenção a sociedades e culturas do que a de Maslow e lista especificamente itens como controle de natalidade, ambiente de trabalho e assistência à saúde. Ambas as listas são bem elaboradas, considerando a maneira como a raça humana se comporta. Nenhuma delas cita a justiça (ser tratado adequadamente) ou o poder. Maslow lista o sexo (amplia o fundo genético), mas Doyal e Gough não, justificando que há pessoas que vivem felizes e com sucesso sem isso. O entretenimento pode cair sob a mesma rubrica, embora pareça ser uma necessidade bastante significativa para muitas pessoas que conheço. Essas teorias e muitas outras tentam definir as necessidades humanas básicas, aquelas que não só são universais, mas também causa danos graves se não atendidas.

Necessidades e emoções

Agora quero falar sobre a resposta emocional aos produtos e às três classes de necessidades. Eu as chamarei de necessidades de sobrevivência, necessidades sociais e necessidades intelectuais. Embora essa divisão simples não seja consistente com a complexidade do cérebro ou com os estudos neurológicos, antropológicos e biológicos, eu a usarei porque parece ter um forte apelo intuitivo. No Capítulo 4, mencionei Benjamin Bloom e seu comitê dividindo a aprendizagem em psicomotora, afetiva e cognitiva. Também mencionei a divisão do cérebro por Paul MacLean no complexo R, o sistema límbico e o neocórtex.

Um tratamento interessante de emoções, no que elas afetam o design de produtos, pode ser visto no livro *Emotional design* ["design emocional"], de Donald Norman[9]. Ele propõe considerar o design em três níveis, com base em como os seres humanos processam informações. O primeiro, o "nível visceral", tem a ver com a função do cérebro que é automática, programada e inconsciente. O segundo, o "nível comportamental", diz respeito a atividades no cérebro que controlam nossas atividades do dia a dia. O terceiro é por ele chamado de "nível reflexivo", o qual inclui as atividades contemplativas do cérebro.

Necessidades de sobrevivência

Como humanos, temos fortes necessidades. Somos animais e estamos por aqui há muito tempo, e como todas as formas de vida na Terra, estamos ligados à sobrevivência. Se algo ameaça essa sobrevivência – por exemplo, se estamos extremamente famintos, sedentos ou precisamos desesperadamente de oxigênio –, agimos de formas extremas para remediar a situação. Em algumas funções, como nossa necessidade de sono, nosso corpo remediará a situação mesmo que cognitivamente não queiramos fazer isso. Algumas de nossas respostas corporais são automáticas e envolvem decisões tomadas localmente que resultam em ações para minimizar o perigo antes de nos darmos conta da emoção (por exemplo, largamos automaticamente uma panela quente ou lutamos para manter nossa cabeça fora da água). Outras situações que ameaçam

138 EXCELÊNCIA NO DESENVOLVIMENTO DE PRODUTOS

nosso bem-estar físico resultam em sentimentos negativos e mais duradouros como aqueles de quando ficamos gripados, sem dormir ou nos perdemos.

Nós nos sentimos mal quando nossos sinais sensoriais são bloqueados. Fui confinado em câmeras de privação sensorial, não demorou muito para eu cansar de ouvir meu coração e meu sangue fluir, e querer sair. Se você já tentou vedar os olhos de um cachorro ou gato, percebeu que nós mamíferos temos uma necessidade básica e compreensível de informação de nossos sentidos. Uma vez que também nos sentimos mal com uma sobrecarga sensorial, os designers de produtos deveriam pensar mais seriamente sobre a quantidade adequada e o tipo de informação disponível aos sentidos dos usuários. Essa considerações parecem óbvias, mas nem sempre são levadas em conta. Pense nos capacetes para motocicleta, que ajudam a minimizar lesões cerebrais no caso de queda, mas com frequência não são usados porque impedem a visão, a audição e as sensações.

Do ponto de vista da qualidade do produto e das necessidades de sobrevivência, existem algumas regras simples. Os produtos bons nunca devem desencadear aquelas emoções associadas a ameaças à sobrevivência, a não ser que haja uma boa razão para isso. No caso do entretenimento, por exemplo, o medo, o horror e a repugnância às vezes são desencadeados deliberadamente (pense nos romances de Steven King, nos jogos de computador e nos filmes de terror). No caso de sistemas de alarme, respostas primitivas costumam ser desencadeadas (como sons altos e perturbadores dos alarmes de incêndio, produtos químicos com cheiros horríveis como o mercaptano adicionado ao gás de cozinha, que naturalmente é inodoro). Mas normalmente não reagimos bem quando temos a sensação de desastre iminente. Estar dentro de um carro fechado e abafado (sentindo a falta de oxigênio), sofrer queimaduras ao tocar na superfície de aparelhos elétricos e usar máscaras de mergulho que deixam entrar água são experiências que não fazem bem nenhum aos usuários e, portanto, não trazem nenhum benefício aos fabricantes.

No entanto, nós nos sentimos bem com os produtos que nos fazem perceber que nossas necessidades de sobrevivência estão sendo atendidas. Comidas que desencadeiam memórias da infância e trazem a sensação de bem-estar, de ser cuidado (*comfort food*), nos deixam felizes por causa do sal, açúcar, gordura e carboidratos que contêm (que não só eram essenciais aos humanos, mas também eram difíceis de encontrar). Os fabricantes de produtos alimentícios entendem bem disso, mas atualmente estão enfrentando uma reviravolta

Produtos, emoções e necessidades **139**

porque foram tão longe para agradar o cliente que estão fabricando produtos alimentícios prejudiciais à saúde dos consumidores (com gordura hidrogenada, adoçantes com frutose, compostos químicos com nomes assustadores e overdoses maciças de calorias), e que causam a obesidade. Evidentemente, existe uma grande demanda por alimentos e bebidas que presumivelmente são mais saudáveis, mas satisfaçam a essas necessidades antigas, "enganando" os sentidos.

As pessoas que residem na área da Baía de San Francisco parecem adorar seu aquecedor e ar-condicionado doméstico, embora o clima seja extremamente moderado. Mas nossos antepassados morriam com o calor e o frio (e isso ainda acontece, sobretudo com os mais necessitados), e a energia é exigida para a homeostase. No período em que este livro foi escrito, as pessoas que frequentam academia, andam de bicicleta ou praticam exercícios leves (o que já fez parte da nossa vida diária sem grandes esforços) costumam beber mais água (que já foi mais difícil de encontrar para nossos antepassados) do que precisam. Meus alunos na faculdade costumavam levar garrafas de água mesmo não estando fazendo nada mais extenuante do que ficar sentados em uma sala de aula, até por que a água potável é importante para a sobrevivência. Assim pode-se dizer, que parece haver um forte desejo por itens que sejam antídotos às nossas necessidades primitivas – pense nos produtos diet e nos estimulantes para manter uma pessoa acordada.

Nossas necessidades de sobrevivência nos acompanham há muito tempo. Com a evolução da espécie, os sensores e sistemas de processamento de informações foram mudando, mas conservamos traços de equipamentos sensoriais que nos servem da mesma forma que serviram aos nossos antepassados. Nosso paladar costuma detestar algo muito salgado. Nossos antepassados que desbravavam o oceano precisavam da salinidade adequada para sua saúde, como nós. As toxinas muitas vezes são amargas. Coisas doces e azedas muitas vezes são nutritivas. As coisas que cheiram mal (excremento, carne podre, alimento estragado) não são saudáveis e não devemos ingeri-las. Coisas que cheiram bem (abacaxi, peru defumado) são boas, claro. Produtos bem aceitos levam esses fatores em conta.

Uma vez que temos mente e memória, também nos preocupamos com o futuro; como resultado, temos o que Maslow chamou de necessidades de segurança. É fácil ver isso no sucesso de produtos que alegam nos dar segurança. Sistemas de segurança para residências e softwares de segurança para

140 EXCELÊNCIA NO DESENVOLVIMENTO DE PRODUTOS

computadores são populares. Aproximadamente a metade de todos os norte-americanos nos EUA tem uma arma de fogo, embora estatisticamente seja mais provável que os habitantes sejam atingidos por ela do que atirem em invasores perigosos[10]. É comum seguro dos carros, de casas e de vida para nos precaver de incertezas no futuro. Mas essa área é muito mais delicada do que aquela referente às nossas necessidades físicas a curto prazo, porque se, por um lado, nossos sentidos nos indicam claramente quando estamos com fome, não podemos confiar não tanto neles para nos dizer se estamos ou não em segurança. Nossos sentidos sabem nos dizer se nossa casa está pegando fogo, mas não são tão bons para avisar que estamos em risco de ter um ataque cardíaco, se estamos sendo roubados, ou criando nossos netos para viver em um ambiente altamente degradado. Nesses casos, nossa mente está envolvida e talvez não saiba predizer bem o futuro.

Essas necessidades de segurança também podem ser usadas para influenciar as pessoas, como pode ser visto em muitas campanhas publicitárias farmacêuticas e na experiência que os políticos tiveram com a tragédia do 11 de setembro. Produtos que podem nos ajudar honestamente a ter segurança no futuro ou a afastar medos de perder coisas que são essenciais para a nossa felicidade têm boa aceitação. Mas quase todos nós conhecemos pessoas que são, em nossa opinião, ávidas demais por produtos que prometem lhes dar a saúde eterna e escapar do envelhecimento e da morte. Produtos que se apegam a coisas como o medo da morte em seus clientes potenciais (principalmente se anunciados de um modo que aumente esse medo) podem render muito dinheiro para os fabricantes, mas eles não podem ser considerados "bons" por essa razão. Não precisamos de ajuda para sentir medo. Não precisamos de anúncios de televisão mostrando as doenças horríveis que podemos adquirir se não comprarmos o produto preventivo que está sendo anunciado.

Bom seria se nossa necessidade de sobrevivência, a longo prazo, resultasse em sinais e respostas mais eficazes em certas situações. Por exemplo, enfrentaremos importantes problemas a longo prazo (que incluem a escassez de recursos, a destruição da ecosfera, o crescimento da população, conflitos religiosos, disparidades econômicas e armas nucleares), que poderá causar danos à nossa vida ou à vida de nossos filhos. Se não mudarmos a trajetória atual, são altas as chances de nós, humanos, sermos fortemente atingidos por esses problemas de forma mais grave no futuro. Mas reagimos lentamente, se é que reagimos, porque não "percebemos" o perigo que sentimos, como quando ficamos sem comida. Estamos ligados aos problemas a curto prazo (que afetam dias, semanas ou alguns anos) e não aos que ocorrerão a longo prazo (que afetam dezenas de centenas de anos).

Necessidades sociais

As necessidades sociais (amizade, intimidade, família, autoestima, confiança, realização, respeito dos outros e pelos outros) também são básicas para os humanos. Com frequência, não são consideradas tão básicas quanto as necessidades de sobrevivência porque se acredita que elas se baseiem mais na aprendizagem e na autoconsciência e, portanto, sejam menos comuns no reino animal. Mas os humanos são animais gregários cujos grupos ao longo do tempo aumentaram em tamanho, indo de famílias a tribos, a clubes Rotary, a organizações religiosas, cidades, estados e comunidades internacionais. Precisamos desses grupos sociais. Basta lembrar que uma das punições mais brutais concebidas pelos humanos é o confinamento na solitária.

Se temos uma família estável, afetuosa e pertencemos a grupos de pessoas que gostamos e respeitamos, somos felizes. Se não mantemos essa estabilidade, nos sentimos sós, deprimidos e frustrados. Essas emoções podem não ocorrer com tanta rapidez ou força quanto aquelas que acompanham necessidades de sobrevivência não atendidas, mas, em um período mais longo, sem dúvida elas reduzem nossa qualidade de vida. Os produtos que nos ajudam no sentimento de pertencimento são bons, mas existe uma preocupação crescente com aqueles que parecem estar nos puxando para outras direções. Por exemplo, a TV e os jogos de computador competem com atividades que antes envolviam a família toda. *Fast-food* e pratos congelados estão mudando o caráter da cozinha, um lugar da casa por onde todos passam. Os computadores e sistemas de comunicação digital, na sua sofisticação técnica, parecem enfatizar diferenças entre épocas. Acredita-se que a mídia, com sua base na comunicação moderna, deva contribuir para a polarização das sociedades, mas os profissionais que realizam um trabalho intelectual, fechados em seu cubículo, são uma imagem muito distante dos operários de construção que trabalham em grupos, e o mesmo acontece com a família do moderno produtor agrícola cuja produção é mecanizada (muitas vezes a mãe trabalha, toda a família possui computadores sofisticados, é sócia de academias de ginástica e pratica uma

142 EXCELÊNCIA NO DESENVOLVIMENTO DE PRODUTOS

gama completa de esportes, faz aulas de música, ou outras atividades), bem diferente da tradicional família do trabalhador rural. A internet está cheia de sites de redes sociais, e temos celulares e mandamos mensagens instantâneas (ambos provavelmente usados para fins mais sociais do que profissionais). Entretanto, nossa atual situação significa que há espaço para novos produtos que incentivem as pessoas a construir amizades por meio do engajamento pessoal em buscas mais ativas.

As chamadas "necessidades de estima" têm uma importância semelhante à das necessidades sociais. Percebemos muito bem que fazemos parte dos sete bilhões de mortais. Precisamos pensar que somos seres únicos e valiosos nesse imenso rebanho. Buscamos status e precisamos de orgulho. Os bons produtos certamente devem honrar essas necessidades. Mas, ao irmos além das necessidades puramente físicas, a tarefa de atender às outras torna-se mais complexa. Como exemplo, o ar é necessário para respirar, mas a nossa realização e o respeito pelos outros dependem das opiniões que levamos em consideração e das atividades que valorizamos. O acadêmico, o operário de construção, o empresário e o criminoso profissional provavelmente sejam muito diferentes nesse sentido. A professora universitária muito possivelmente não se definirá pelo valor líquido e o criminoso profissional pode não ser tão motivado a escrever artigos acadêmicos. O operário de construção pode dar pouco valor ao que o professor pensa dele e vice-versa, mas ele pode atribuir grande importância à opinião de seus colegas de trabalho.

Certos produtos estão associados ao sucesso econômico. Nessa categoria, encontramos o produto de "luxo" – embora o que se considere "de luxo", evidentemente, dependa da quantidade de dinheiro que se tem. Para os ricos, os produtos de luxo podem incluir o último modelo de uma BMW, uma Mercedes, ou mesmo um jato particular ou um iate. Para os que estão economicamente bem, pode ser uma TV de alta definição de tela grande ou um rifle sofisticado para caça. Para aqueles que moram em uma favela em Mumbai, qualquer TV pode ser luxo. O status dentro de um grupo de pares pode ainda vir de um produto que tenha inúmeras funções. Em geral, eu me vejo com câmeras e computadores com uma capacidade bem maior do que uso. Está claro que eu não preciso de tantas funções, mas sou técnico e adoro produtos altamente sofisticados. Meu status entre meus colegas faz parte disso? Claro que não vou admitir isso, mas estou certo de que minha esposa pode achar que eu

Produtos, emoções e necessidades **143**

tenha essa motivação. Muitas pessoas orgulham-se de produtos de tecnologia que consideram os melhores que podem comprar.

Mas os produtos de luxo são uma armadilha. O desejo de "ter o que os amigos têm" pode representar um crescimento econômico para os produtores a curto prazo, mas pode ser prejudicial para os compradores. Atender às necessidades de autoestima por nos considerarmos melhores que os outros é algo fadado ao fracasso a longo prazo. Lembre-se da Revolução Francesa: é seguro dizer que os aristocratas reinantes comportaram-se achando que eram superiores à burguesia. O resultado foi a guilhotina.

Até mesmo nos Estados Unidos (de onde veio originalmente a "cultura do consumo"), há ondas de reação contra o consumo excessivamente conspícuo e o materialismo desenfreado. Tal onda certamente ocorreu no final dos anos 1960 e início dos anos 1970, e emergiu novamente depois do desastre de Wall Street em 2008. Considere a indústria e o comércio contemporâneo de eletrônicos ou de computadores, em que seu status é mais alto se você for bem-sucedido e mantiver os valores do seu grupo. O respeito atualmente vem de outras realizações e não do acúmulo de riqueza por meio de instrumentos financeiros exóticos. Bill Hewlett e David Packard não tinham suítes luxuosas, e de fato Bill Hewlett era encontrado com frequência na cafeteria ou "andando pela empresa". Steve Wozniak e Steve Jobs ainda são lembrados com carinho dos tempos em que iniciaram e Jobs, em geral, era visto usando jeans. Bill Gates, que causou espanto construindo uma casa enorme e luxuosa, é mais lembrado hoje em dia pelo bom trabalho que sua fundação tem feito com o dinheiro dele.

Produtos industrializados podem, sem dúvida, ajudar a gerar confiança e a atender às necessidades de realização. Quando Howard Head introduziu as raquetes de tênis com um *sweet spot*[11], ele aumentou imediatamente a capacidade dos jogadores amadores de tênis que as adquiriram. Sem dúvida, o Adobe Photoshop e outros programas gráficos para computador aumentaram a capacidade de pessoas como eu lidarem com material visual. Juntamente com a maior capacidade vem o aumento da confiança. De fato, hoje em dia, entender mais e ter mais competência de manipular aparelhos digitais parece contribuir para a maior confiança e realização. Não tenho certeza se o computador tornou-me um escritor melhor, mas posso mexer mais no texto, com maior rapidez. Também minha confiança é reforçada quando consigo resolver problemas de sistema para minha esposa porque ela fica impressionada

144 EXCELÊNCIA NO DESENVOLVIMENTO DE PRODUTOS

(é bom receber cumprimentos da esposa por sua competência). Mas, novamente, como mencionei antes, existem algumas armadilhas. Você pode perder sua confiança e capacidade de realização ao ser prisioneiro de sistemas de informática que o deixam constantemente frustrado e tendo de ligar para um técnico de informática ou recorrer a um telefone o tempo todo. O mesmo acontece quando se joga tênis com uma raquete ruim.

Necessidades intelectuais

Quando falo sobre necessidades intelectuais – que incluem criatividade, moralidade, aquisição de conhecimento, espontaneidade, solução de problema, ausência de preconceito, aceitação de fatos –, enfoco muito mais o *Homo sapiens* do que outras espécies, uma vez que essas necessidades vêm da mente humana. O pensamento, o esclarecimento e o sucesso são necessários à nossa existência. Você poderia alegar que tais necessidades exigem transporte, bom equipamento de áudio e computadores rápidos para serem realizadas, mas quando penso nas necessidades de autoatualização hoje em dia, penso em software – de informação e educação. Esse pensamento talvez seja meu viés como acadêmico, mas me parece que se deveria haver material de muito mais qualidade para possibilitar a aprendizagem e o autoconhecimento.

Seria bom se o dinheiro e o talento empregados na produção e venda de vídeos ou jogos de computador pudessem ser investidos em material educativo para todas as idades. Existem bons programas de educação em vídeos e na TV, e uma variedade de recursos disponíveis por meio da mídia (em abundância na internet, filmes, pinturas, esculturas, dados, artigos e livros), mas relativamente pouco tem sido feito para apresentar esse material de uma forma nova e estimulante ao público em geral. Existem programas em universidades particulares e públicas que utilizam TV e internet, mas os melhores tendem a usar um formato de curso tradicional e a exigir uma boa dose de motivação, compromisso e às vezes dinheiro para acessá-los. Às vezes fico imaginando materiais educativos de alta qualidade e criativos que sejam disponíveis a todos, sem custo nenhum, para ajudar as pessoas a atender às suas necessidades de aprender e criar.

Para mim, pensar nas necessidades dos humanos é uma maneira excelente de pensar em produtos e nas emoções que provavelmente resultariam

Produtos, emoções e necessidades   145

do uso deles. Acredito que os tópicos neste livro são necessidades – de bons negócios, adequação humana, trabalho artesanal, beleza, identidade cultural e meio ambiente limpo –, e que satisfazê-las nos faz sentir bem. Outras necessidades (como a de entretenimento, de controle de nossas vidas, de fazer coisas, de usar nossos corpos, de novidade, de cuidar dos outros, de tempo livre) podem ser colocadas em, uma hierarquia ou não, mas quase qualquer necessidade pode catalisar o pensamento de alguém e ser reformulada para pensar produtos que possam satisfazer a isso, e, no processo, resultar em emoções positivas. Portanto, é possível conectar a satisfação das necessidades humanas diretamente aos negócios por meio do design.

Encontrando a necessidade

A busca de um entendimento maior das necessidades das pessoas em geral e dos clientes em particular está atraindo mais atenção no design. As ciências sociais têm desenvolvido métodos poderosos de entendimento qualitativo das sociedades. Elas têm se aproximado das ciências naturais em termos de rigor e reprodutibilidade. Os processos de observação e registro de dados, sem influenciar os próprios dados, que estão sendo estudados, são cada vez mais úteis, e buscar definir o comportamento humano em sociedade de forma a lançar luz às necessidades desses indivíduos naquelas sociedades será útil para os designers de produtos. Dois pioneiros neste campo, Bob McKim e Rolf Faste, foram membros do corpo docente da Escola de Engenharia de Stanford, e uma boa parte dessa mentalidade de "encontrar uma necessidade" pode ser vista em cursos de pós-graduação no Programa de Design de Stanford.

Uma classificação interessante e razoavelmente sofisticada das necessidades, do ponto de vista de um designer, é encontrada em um artigo de Dev Patnaik, pós-graduando de design em Stanford. Ele é cofundador da Jump Associates, um grupo de consultoria de estratégia de produto com sede em San Mateo, Califórnia, e na cidade de Nova York e atualmente leciona um curso sobre identificação de necessidades na Escola de Engenharia de Stanford. O sistema dele divide as necessidades em quatro categorias baseadas no imediatismo e na universalidade[12]. A intenção do seu sistema é ajudar os clientes de sua empresa não só a entender melhor as necessidades de seus próprios

146 EXCELÊNCIA NO DESENVOLVIMENTO DE PRODUTOS

clientes, mas também a usar as informações obtidas para auxiliá-los no planejamento de produto.

A categoria de necessidades mais imediatas, e que é satisfeita com mais facilidade, no sistema de Patnaik inclui as necessidades das pessoas de um determinado grupo que desejam fazer as mesmas coisas da mesma forma – talvez os estudantes de Stanford precisem de um modo mais fácil de prender suas bicicletas nos bicicletários, de modo que ninguém consiga tirá-las dali. Embora esses estudantes possam ver sua necessidade de acordo com a tradição – prender suas bicicletas nos bicicletários –, o que precisam, na realidade, é muito mais abrangente e incentiva uma gama maior de soluções – usar um alarme, pintar a bicicleta para que fique feia, e assim por diante. De fato, a necessidade percebida pelo cliente pode desaparecer, se outros meios forem usados por ele para atingir um fim, como ir ao campus de ônibus. Obviamente, uma vez que outros estudantes não querem fazer as coisas todos da mesma forma, como é o caso do primeiro grupo, há mais espaço para a criatividade e inovação, para que suas necessidades sejam melhores satisfeitas. Porém, satisfazer essas necessidades pode ser mais difícil, exigindo não só mais criatividade e mudança, mas também, talvez, mover os designers e a empresa para uma área mais ampla de competição e novos conceitos.

A terceira categoria consiste de necessidades de pessoas da mesma idade, profissão, religião ou outro grupo de afinidade que não quer fazer exatamente a mesma coisa – por exemplo, a necessidade de alunos universitários de encontrar o namorado (ou a namorada) "certo", ter boas notas ou parecer uma pessoa legal. Enquanto o primeiro nível de necessidades pode ser resolvido acrescentando-se "características", ou fazendo-se aprimoramentos em um produto, o segundo e o terceiro níveis são muito mais abertos ao que Patnaik chama soluções que envolvem "nova oferta" e "nova família de produtos".

Finalmente, existem as necessidades "comuns", que são sentidas pela maioria das pessoas – ser amado, ser respeitado, estar em segurança (de novo, Maslow). Essas são mais gerais e as mais difíceis de satisfazer, muitas vezes precisando do que Patnik chama de "soluções sistêmicas" mais amplas. As necessidades comuns também incentivam uma gama mais ampla de conceitos e fazem a empresa pensar mais profundamente em seus produtos.

A empresa de Patnaik combina abordagens adotadas por designers de produto e cientistas sociais não só para resolver problemas, mas também para correlacionar as necessidades do cliente com a competência e a estratégia da companhia. O primeiro nível de necessidades provavelmente possa ser resolvido rapidamente e envolver um processo relativamente barato, os concorrentes podem facilmente alcançá-la (ou mesmo fazer melhor), por exemplo, fabricar um cadeado melhor para bicicletas. A satisfação do segundo nível de necessidades pode levar a empresa a uma solução que pode ser preferível, com frequência permitindo à empresa atacar seus concorrentes (por exemplo, um meio alternativo de transporte). Satisfazer o terceiro nível é ainda mais difícil porque essas necessidades podem ter pouco a ver com as atividades anteriores da empresa (por exemplo, passar dos cadeados de bicicleta para um transporte alternativo, até a obtenção de boas notas). Mas a análise das necessidades do terceiro nível pode ajudar a empresa a pensar mais amplamente em seus clientes e negócios, e levar a algo que poderia ser vantajoso a ela por causa de sua experiência com aqueles universitários que andam de bicicleta. Finalmente, as necessidades comuns podem simplesmente ser genéricas demais para a organização querer lidar com elas, embora seja interessante pensar nelas para possíveis direções da empresa no futuro.

Satisfazer necessidades definidas de uma forma cada vez mais ampla pode ser mais difícil, mas pode resultar em um negócio mais estável. Sistemas alternativos de segurança de bicicletas podem ser mais atraentes aos clientes potenciais. Famílias de produtos oferecem a oportunidade de atrair ainda mais clientes, erguer uma marca mais forte, construir síntese entre produtos e sobreviver a fracassos de itens isolados. As soluções sistêmicas promovem as vendas de produtos que são compatíveis uns com os outros e permitem um aumento da capacidade, quando combinados. O equilíbrio dos produtos de qualquer empresa é uma decisão estratégica fundamental e as decisões sobre definir esse equilíbrio podem ser auxiliadas por um bom mapa das necessidades potenciais do cliente, consideradas em vários níveis. Uma estratégia de produto de uma empresa e um bom conhecimento das necessidades do cliente são valiosos para os designers definirem os produtos da empresa.

Problema proposto

Escolha dois produtos que preencham suas necessidades e agradem-lhe emocionalmente e dois que não cumpram nenhum dos dois papéis. Não se sinta restringido a produtos que você possui, embora obviamente você precise conhecê-los. Por que você considera cada um deles um sucesso ou não, no que diz respeito às emoções e às necessidades? Veja se consegue discutir o assunto com alguém que tenha percepções diferentes sobre eles. Qual é a razão da diferença?

Tabela de problemas e táticas: emoções

Problemas	Táticas
Engenheiros, empresários, gerentes, com dificuldades para lidar com emoções	Faça mais testes de clientes, converse sobre emoções com colegas, amigos e a família.
Linguagem inadequada para conversar sobre emoções	Estude psicologia, leia sobre emoções.
Inconsistência entre respostas emocionais e "lógicas" a produtos	Experimente; tente um design que evoque várias respostas emocionais sem lógica.
Complexidade e sutileza de emoções	Deixe-se fascinar pela emoção – esta é uma das características mais importantes e motivadoras do *Homo sapiens*.

CAPÍTULO

Estética, elegância e sofisticação

O conhecimento pela experiência

Este capítulo trata da estética – certos sinais sensoriais, ou combinações deles, que dão aos homens uma satisfação incomum por meio de imagens, cheiros, sons, sensações e paladares maravilhosos. A fonte pode ser uma bela paisagem, uma planta, um animal ou um objeto. Conservamos o prazer que nossos ancestrais primitivos sentiam diante de aspectos da natureza que lhes faziam bem – o som de córregos limpos e transparentes, a sensação tátil do pelo macio, o cheiro e a cor de uma fruta madura, a visão de paisagens verdejantes. Adoramos olhar para uma floresta, uma árvore alta e um animal de caça, cheirar as flores e vivenciar os dias de primavera. Consideramos lindos esses estímulos e experiências sensoriais.

Também vemos beleza, muitas vezes duradoura, em nossos próprios trabalhos humanos: pintura, escultura, gravura, arquitetura, dança, música e teatro. Qualquer museu grande é uma demonstração dessa beleza, como o é qualquer livro bem ilustrado sobre a Renascença italiana. Muito do que se escreve sobre estética enfoca a arte, o que não é surpreendente visto que a arte enfoca a estética e sempre atraiu pessoas altamente intelectuais que adoram pensar e escrever.

Sabemos pelas pinturas rupestres que a arte é uma atividade humana existente há pelo menos quarenta mil anos. Também temos conhecimento da arte e da arquitetura dos egípcios, gregos e romanos, e de locais exóticos como

150 EXCELÊNCIA NO DESENVOLVIMENTO DE PRODUTOS

as ruinas de Machu Picchu e Casa Grande. Mas o que dizer de objetos feitos pelo ser humano, além de edificações e monumentos? As ruínas de culturas antigas mostram que as ferramentas, a vestimenta, as joias, os utensílios, a cerâmica e outros produtos não só têm sido feitos, mas também, surpreendentemente, têm sido decorado com primor há milhares de anos. Não era fácil fazer esses itens em tempos antigos, por isso os detalhes e as intenções acrescentados além da pura funcionalidade são particularmente dignos de nota. É interessante que esses produtos sejam encontrados com frequência nos mesmos museus que abrigam obras de arte. É provável que essa apreciação da beleza, e a necessidade dela, acompanhe o homem desde o aparecimento de nossa espécie.

Mas, e os produtos industrializados? Felizmente muitas pessoas também veem beleza neles, mas pode e deve haver algo além disso.

Diferentemente das artes, no entanto, há uma miríade de fatores que competem com considerações estéticas sobre os produtos, e muitos deles recebem mais atenção em razão de interesses em curto prazo e a sensibilidades particulares, ou à falta destas, por parte das pessoas envolvidas no design e na produção deles. A maioria das pessoas envolvidas na criação e na produção desses artigos não tem o mesmo interesse pela estética que os artistas. Certa vez, um executivo muito bem colocado me disse que a indústria fazia dinheiro, e não beleza. Perguntei a ele se fazer algo belo não seria uma maneira de ganhar dinheiro. Ele não gostou do rumo que nossa conversa estava tomando e mudou de assunto.

Quando eu estava me formando em engenharia na Caltech, passava bastante tempo me defendendo, e defendendo meus colegas, do estereótipo de que éramos *nerds* com visão estreita e poucos interesses fora da ciência e tecnologia. Afinal, também fizemos cursos de ciências humanas e sociais. Eu tinha interesse pela arte e achava que entendia bastante do assunto, além de ser um músico bem razoável. Quando me esforçava, em geral, conseguia convencer as mulheres com quem namorei a admitir que eu entendia um pouco de estética, mas nunca consegui escapar da frase "Pra um engenheiro...", acrescentada ao final. Depois de trabalhar alguns anos como engenheiro cercado pelo mesmo estereótipo, eu me matriculei na UCLA – Universidade da Califórnia – para estudar artes e imediatamente abri meus olhos. Eu nunca me aproximei de pessoas que tivessem um compromisso pessoal e profissional com considerações estéticas. Tive de me dedicar muito para alcançar os primeiros degraus da escada, e ficou óbvio para mim que eu nunca subiria até seu final. Depois de um ano, retomei minhas atividades como engenheiro por falta de grana, mas provavelmente tenha sido o ano mais proveitoso que passei na universidade. Embora eu não tenha seguido o caminho que me levaria a ser um artista, percebi que passei a entender melhor o mundo da estética. Apesar de ter sido um ano de muito trabalho e longas horas de dedicação, a boa notícia foi que eu percebi que era muito bom nisso, "Pra um engenheiro...".

Estética e produtos industrializados

A maioria das pessoas envolvidas no design e na produção de produtos industrializados não leva nem um ano para se sensibilizar e se familiarizar com considerações estéticas. Lembro-me de ouvir uma conversa de um famoso designer industrial afirmando que um de seus maiores problemas era que pessoas como os altos executivos de uma empresa cliente, membros da diretoria e seus respectivos cônjuges achavam que a experiência deles em questões como cor e forma era tão boa quanto ou melhor que a dos designers altamente treinados e experientes na empresa. Eu senti o sofrimento dele. Tomar boas decisões estéticas enquanto se efetua o design e se fabrica produtos exige treinamento, experiência e sensibilidade. A implementação dessas decisões, às vezes, requer combater pessoas influentes que parecem se considerar sensíveis a preocupações estéticas.

Muitos são os fatores envolvidos na estética de um produto industrial – linha, forma, cor, textura, peso, bem como aqueles mais exclusivos a indústrias como o uso de fechos, o ajuste de juntas e os resultados da fabricação (por exemplo, projeto, fundição ou os cordões de solda). Vários são os princípios de design usados na arte. Os pintores preocupam-se com escala, proporção, equilíbrio, unidade, ênfase, contraste, ritmo e variedade, já os escultores preocupam-se em ver se o seu trabalho tridimensional, ou seja, um trabalho que se mostre "interessante" de qualquer ponto de vista (articulação). Esses aspectos podem ou não se aplicar ao design de um produto, mas sem dúvida o designer deve tê-los em mente, pois todos desencadeiam reações emocionais e precisam ser checados quando se pensa em aparência. Evidentemente, as considerações estéticas não se limitam à aparência, por isso a experiência tátil, o cheiro e, no caso de produtos alimentícios, o paladar são considerações

152 EXCELÊNCIA NO DESENVOLVIMENTO DE PRODUTOS

igualmente importantes, tendo seus próprios aspectos e princípios. Muito da estética pode ser aplicado a produtos industrializados.

No que diz respeito às considerações estéticas, no entanto, os designers de produtos enfrentam mais restrições que os artistas. Os artistas, supondo-se que sejam capazes de ganhar uma renda adequada, podem se expressar livremente. Se eles tiverem independência financeira e forem autoconfiantes, poderão passar a vida produzindo trabalhos que não precisam ser apreciados pelos outros. Esse não é o caso de designers de produtos que se limitam ao que pode ser produzido e ao que pode ser vendido. Enquanto os artistas comerciais, os que são necessariamente orientados pelos os clientes, são menosprezados pelos artistas livres, os designers de produto que não têm uma boa noção do mercado são menosprezados pelas empresas.

Os designers de produto trabalham sob restrições do marketing da empresa, do setor industrial principal que a empresa ocupa, das tradições da organização e das opiniões de todos, desde o presidente do conselho aos trabalhadores da linha de produção. Em vez de vender seu trabalho final, eles devem vender o conceito inicial, e nele é difícil incluir fatores estéticos. É mais fácil quantificar a economia de um custo inicial ignorando a estética do que um lucro a longo prazo que possa resultar de um produto mais bonito. Portanto, quando as empresas veem um problema potencial no lucro, elas tendem a cortar os custos a curto prazo, mesmo nos casos em que isso possa afetar o aprimoramento do produto atual ou a qualidade da próxima geração de produtos. Embora os designers que prestam consultoria sejam contratados para ampliar as capacidades dentro de uma empresa, eles também são restringidos demais por aqueles que os contratam. Enquanto os artistas, em sua maioria, desenvolvem seu trabalho individual e as principais restrições que enfrentam são lidar com sua habilidade artística e a capacidade de captar recursos suficientes, a maioria dos designers de produtos é influenciada pela cultura e pelas restrições impostas pela organização e pela sociedade onde vivem.

As restrições aos designers de produtos também ocorrem porque os produtos tendem a perder a diversidade ao longo do tempo. Antes da Revolução Industrial e da produção em massa, os produtos feitos individualmente revelavam muito mais sobre o fabricante e ofereciam ao comprador a oportunidade de selecionar algo que estivesse de acordo com seus próprios valores. Essa diversidade certamente ainda existe nos produtos contemporâneos que são feitos de modo artesanal e independentes (como discutido no Capítulo 5). Se você quer uma cerca de madeira para sua fazenda de soja, sabe que se escolher o trabalhador que faz cercas com base no que ele fez anteriormente, terá uma cerca de seu agrado. Se você comprar um móvel feito à mão, sabe que nenhum outro móvel será exatamente o mesmo e que ele refletirá tanto o gosto daquele que o fez quanto o seu próprio gosto. Você pode ter tanta opção de produtos quanto tem de fabricantes individuais, mas o número de indústrias que fazem um dado produto tende a diminuir ao longo do tempo.

Novas tecnologias muitas vezes são acompanhadas por uma explosão de pequenas empresas que as aplicam aos produtos. Com o passar do tempo, algumas empresas progridem, absorvendo outras e crescendo, e outras, consequentemente, fecham. Eventualmente, apenas algumas continuarão a existir. Em 1908, havia 253 fabricantes de automóveis nos Estados Unidos. Por volta de 1929, havia 44[1]. Atualmente existem três grandes e algumas pequenas. Se você vai a uma feira de carros de "latão" (carros com acessórios em latão, feitos no início do século XX), existe uma grande diversidade estética em razão do grande número de fabricantes e ao fato de uma quantidade maior de componentes ficar exposta, e não dentro do corpo aerodinâmico. Se você olha para um estacionamento hoje em dia, os automóveis convergiram para alguns modelos básicos. Com a diminuição do número de empresas que produzem um determinado produto, e à medida que as remanescentes crescem, existe um incentivo óbvio da parte dessas empresas para fabricar produtos que agradem a um número cada vez maior de pessoas. Esse objetivo de agradar impõe restrições cada vez mais severas ao designer de produto. Um produto de "aceitação geral" pode ser desinteressante para um indivíduo em particular.

A produção industrial também se torna complicada pela necessidade de se estar atento e reagir às mudanças na tecnologia e também à moda e modismos, sendo que qualquer um desses fatores pode transformar um produto em obsoleto, às vezes rapidamente. A moda e o modismo são um pouco mais capciosos, principalmente na área de produtos de consumo, porque as pessoas nesse setor tendem a se esquecer de como elas são inconstantes. Nós, humanos, gostamos de mudanças que não gerem desconforto. Se a modificação for abrupta demais nos incomoda, mas se não há mudança, ficamos desmotivados. Assim como nossos sentidos são mais sensíveis a estímulos diferentes, ficamos excitados com o novo e o diferente. Também gostamos de associar-nos a um grupo de pares que admiramos e de nos sentirmos pertencentes a ele.

154 EXCELÊNCIA NO DESENVOLVIMENTO DE PRODUTOS

Uma forma de nos acomodarmos às mudanças é quando nosso grupo de pares, nossa cultura ou sociedade muda conosco. Dizemos que aquilo que atualmente for *in* está na moda – mas a moda muda e costuma mudar rápido...

Os produtos de consumo estão sujeitos a mudança, sejam roupas, carros, alimentos ou o que for. Perto de Stanford agora é moda dirigir um Prius, usar roupas pretas e fazer compras no mercado do produtor – o que não é muito agradável para a Chrysler, para os fabricantes de tecidos com padronagens xadrez, ou para as mercearia maiores. Os fabricantes desses itens "em alta" mudarão, mas o mesmo acontecerá com a cultura da área. Os industriais sabem desse fato e esforçam-se para tentar prever as mudanças e, se possível, direcionar o futuro usando boa propaganda e pesquisa de mercado. Mas continuaremos sem saber quais serão os modismos no futuro. Procurei minhas fotos antigas, em épocas diferentes, e elas me fizeram lembrar que eu usei calças Levi's com cós de 7,5 centímetros, sapatos de camurça, camisas pretas e rosa, Rayban espelhado e calças boca de sino em várias épocas de minha vida (é claro que não tudo de uma vez). Também me lembrei que os automóveis tinham a parte traseira rebaixada, e não a frente. Os modismos também podem ser vistos claramente nas dietas e nos exercícios físicos. Carboidratos e margarina eram usados alguns anos atrás e agora não são mais, e a disponibilidade conveniente de quadras de tênis no campus de Stanford é remanescência de um modismo que durou pouco.

Um breve histórico do design industrial

Se você encontra um rifle antigo com trava no tambor ou um motor a vapor do século XIX em um museu, provavelmente notará que se empregou um esforço significativo nesses produtos por razões que vão além da capacidade de funcionamento deles. Eles costumam ter decorações incríveis como desenhos, revestimentos, peças de metal bem trabalhadas e metais polidos. Um estudante de design logo percebe que algo mudou no design e desenvolvimento do produto desde aquela época, porque esses objetos agora são de colecionadores e não estão mais disponíveis no mercado. Existe uma estética definida das máquinas que evoluiu no mundo todo. Para simplificar uma história complicada, o mundo apaixonou-se pelo maquinário, a indústria descobriu maneiras de diminuir o custo das máquinas simplificando formas e materiais e, ao mesmo tempo, um número considerável de pessoas fortes e influentes racionalizou o resultado do ponto de vista estético.

Uma das primeiras figuras de destaque no design industrial foi Peter Behrens, que foi contratado inicialmente por uma grande empresa alemã de materiais elétricos (AEG) como "consultor artístico" e estava comprometido a integrar arte à produção de massa. Ele desenhou produtos que aplicavam conceitos do Modernismo alemão, desenvolveu um visual gráfico consistente para a empresa, projetou uma fábrica modernista com concreto e aço aparente, e foi membro fundador da German Werkbund (1907-1934, reestabelecida em 1950), uma organização de designers formada para ajudar a Alemanha a ganhar mais competitividade econômica. A Werkbund tornou-se um fórum influente para discutir questões como o papel do trabalho artesanal na indústria, a função da beleza em objetos comuns e em que medida as formas podem e devem ser determinadas pela função.

Uma das instituições mais conhecidas dedicadas a essa abordagem do design foi a Bauhaus, criada por Walter Gropius (outro fundador da Werkbund) e iniciada em 1919 em Weimar. A Bauhaus incluía em seu corpo docente pessoas influentes como Behrens, Ludwig Mies van der Rohe, Marcel Breuer, László Moholy-Nagy, Wassily Kandinsky, Josef Albers e Paul Klee. Na época de seu estabelecimento, o Modernismo alemão estava influenciando fortemente a arte alemã e a instituição entendia que sua missão era não só apoiar essa filosofia, mas também levá-la para além das artes, para campos como a arquitetura e o design de produtos industrializados. Eventualmente, a ênfase resultante em configurações simplificadas de modo funcional e racional determinou formas destituídas de ornamentação e a reconciliação da arte com a indústria alastrou-se pelo mundo todo e viria a afetar imensamente o design. Na arquitetura, essas ideias deram origem a formas rígidas do chamado estilo internacional, e no design de produto elas originaram muitos valores estéticos que viriam a definir o design industrial até o presente.

Embora a ideia de permitir que a forma seja ditada pela função não tenha sido originada pela Bauhaus, certamente foi enfatizada por seus ensinamentos. O conceito também foi exportado por meio dos profissionais e estudantes da Bauhaus que voltaram para seus países de origem ou imigraram para outros. Nas décadas de 1920 e 1930, a profissão de design industrial surgiu nos Estados Unidos liderada por pessoas como Henry Dreyfuss, Raymond Loewy e Walter Dorwin Teague, que tinham sido influenciados por essa abor-

156 EXCELÊNCIA NO DESENVOLVIMENTO DE PRODUTOS

dagem. Eles tendiam a ter formações em áreas onde a estética visual era importante (cenografia, arquitetura) e tinham personalidades que lhes permitiam misturar-se facilmente a gerentes de empreendimentos de manufatura. Estabeleceram grandes escritórios de consultoria e assumir a responsabilidade pelo design de muitos produtos produzidos em grande escala pelas empresas influentes da época. Eles capitalizaram o desejo que os clientes tinham por produtos "modernos", a necessidade de dar mais atenção à adequação humana e a inépcia das empresas daquela época para lidar com preocupações estéticas.

Nós do Ocidente (e uma parte cada vez maior do mundo) somos herdeiros dessa tradição de design, como pode ser visto da comparação de produtos modernos com aqueles desenhados no período anterior a Bauhaus. A decoração pela decoração desapareceria, e as formas tornariam-se mais elegantes, mais simples e mais determinadas pela função. No entanto, existe uma desvantagem a essa ênfase extrema na função técnica. Pense em computadores, automóveis e utensílios domésticos. Certamente eles são mais simples e consistentes com a produção do que aqueles no início do século XX, e suas formas têm uma certa beleza aerodinâmica, mas eles são tão interessantes quanto os antigos? Quando eu alugo carros, sempre me surpreendo com a semelhança dos modelos de vários fabricantes. E quanto à variedade? Conheço muitas pessoas que colecionam, restauram e dirigem carros antigos. Os modernos são muito melhores, do ponto de vista do desempenho, mas havia algo de estético nos carros mais antigos que nos atrai e existe algo que nos deixa satisfeitos atualmente, quando dirigimos um carro que tenha certa singularidade. Eu tenho um trator a vapor 1910 no meu quintal e uma gangorra movida a pedal do final do século XIX na minha sala de estar, e ambos têm um conjunto maravilhoso de peças fundidas, engrenagens, polias, cintos e outros componentes e, no caso do motor a vapor, canos e válvulas. Eles são a antítese do design da Bauhaus, mas os visitantes sempre gostam de mexer neles, e não nos nossos carros modernos e comuns.

A simplificação do produto e a padronização do design, às vezes, causam semelhanças entre produtos muito diferentes por causa do papel de modismos e modas no design. Nos anos 1930, foi grande a busca da racionalização. Essa forma apareceu não só em aviões e carros velozes, mas também em muitos bens de consumo. Folheando antigos livros sobre a história do design, é difícil não se deparar com um apontador de lápis desenhado no escritório de Loewy que parece que poderia voar no ar a alta velocidade, de tão diferente. Os eletrodomésticos dos anos 1950 eram conhecidos pela paleta de cores, sendo o verde abacate uma das mais procuradas. Ao mesmo tempo, os automóveis tiveram primeiro uma cor, depois passaram para duas e então três, às vezes explicados como uma liberação do verde oliva da época da guerra. Atualmente, os veículos têm poucas cores padrões. O mesmo acontece com aparelhos eletrônicos digitais. Máquinas de lavar e secadoras tendem a parecer iguais, e refrigeradores, fogões e lavadoras de louça têm uma aparência semelhante, embora suas funções sejam diferentes. Quando viajamos, a dificuldade para identificar nossa mala na esteira é aumentada pelo fato de a grande maioria das malas ser preta e ter formato semelhante.

Uma tarefa que eu costumava dar aos alunos exigia que eles fossem comprar duas unidades de qualquer produto de baixo custo e aprimorassem a estética de um deles, de acordo com alguns critérios. Então eles levavam a versão original e a aprimorada para a classe e discutiam os resultados. Os estudantes de engenharia costumavam aprimorar seu produto eliminando detalhes que não tinham nada a ver com a função técnica, simplificando a forma, removendo pinturas e chapeamentos que mascaravam a identidade dos materiais, e polindo a superfície. De vez em quando um estudante, em geral de artes visuais, modificava o produto adicionando detalhes, dando tratamentos à superfície e mudando sua forma para torná-lo mais interessante. Essas mudanças deixavam os outros alunos constrangidos, pois eles eram incapazes de avaliar facilmente o resultado, além de não saberem dizer se as mudanças feitas eram aceitáveis. A situação tornava-se ainda mais confusa quando os estudantes preferiam o produto modificado, embora as alterações não fossem consistentes com sua função técnica. Um exemplo mais pessoal é que minha esposa adora nossa mesa elegantemente modernista Saarinen[2] e cadeiras "ovo". Mas ela também gosta de seu abridor de garrafa mais berrante que tem a banda da Universidade de Stanford tocando "All right now", quando este é usado.

É fácil fazer um trabalho fraco de design modernista, mas é difícil fazer um bom trabalho. É preciso evocar a resposta emocional esperada com uma abordagem minimalista. Formas simples podem ser grosseiras e desinteressantes. O acabamento da superfície é essencial nesses designs por causa da falta de detalhes. Uma caixa com cantos quadrados, por exemplo, pode ser algo bem desinteressante. Porém, se os cantos forem arredondados demais, a caixa pode se parecer a um pacote. Logo, qual é o melhor raio para uma aresta? As pessoas reagem fortemente à cor, e você sabe, por causa da seleção de cores em seu computador, que existem muitas delas. Ao variar o tom, o valor e a escala cromática, pode-se produzir um número de cores que parece ser infinito. Portanto, como se escolhe a melhor cor? No mínimo, você precisa experimentar um grande número delas, embora seja ainda melhor dedicar tempo e esforço para entender mais do assunto. E o que dizer de formas que embora funcionais, vão além do que é necessário, como o espremedor de laranjas que se parece com uma tarântula, de Philippe Starck? Uma boa solução, evidentemente, seria encontrar um especialista para fazer essas coisas. Mas como você saberia escolher um especialista ou, ainda, você deveria mesmo acreditar em um especialista? A única resposta que eu conheço seria você mesmo aprender a fazer isso.

Elegância e sofisticação

Quando se lida com estética, principalmente no mundo das artes, depara-se com palavras que têm um significado específico no campo que estão sendo discutidas. Algumas dessas palavras são específicas à natureza do trabalho, como o termo italiano *chiaroscuro* (modelar pelo uso da luz e do escuro) e *pctórico* (referindo-se à maneira como a pintura é aplicada). Mas outras são mais gerais, como *sutil* (não usar a tinta direto do tubo), *interessante* (eu não sei bem o que pensar sobre isso, mas pode ser incrível), *maravilhoso* (eu gosto muito), *elegante* e *sofisticado*. Vamos discutir os dois últimos, uma vez que não só se aplicam a produtos, mas também implicam um alto nível de qualidade.

Quando eu estudava na Caltech, notei que a palavra *elegância* era muito usada. "Que prova elegante"; "Que mecanismo elegante"; "Que experimento elegante". Um professor de matemática, em um momento informal, contou--nos confidencialmente que tinha escolhido sua carreira porque era viciado em elegância. O que tudo isso significa? As pessoas tentavam nos dizer: "Precisão, rigor e simplicidade"; "O máximo com o mínimo"; "Docilidade técnica". Tínhamos uma vaga ideia. Mas, afinal, éramos universitários e não tínhamos sido admitidos ao *inner sanctum* ("circuito secreto"). A elegância, quando usada em um contexto científico ou de engenharia, parecia ter a ver com eficiência, *insight*, limpeza; com fazer o máximo com o mínimo. Um mecanismo elegante era aquele sem peças extras, em que cada componente fazia seu trabalho de forma excelente. Uma solução elegante para um problema era tanto simples quanto brilhante. Infelizmente, uma vez que os universitários passam seu tempo ocupados com problemas relativamente chatos em livros de textos, tínhamos pouca chance de ir apreciar pessoalmente a beleza de fazer um trabalho original com perfeição.

Na Caltech também falávamos sobre sofisticação e chegamos a dois significados diferentes. No lado técnico, a sofisticação tinha a ver com coisas que são altamente complexas e desenvolvidas: "Aceleradores modernos são incrivelmente sofisticados em comparação aos primeiros"; "As espaçonaves são extremamente sofisticadas se comparadas aos automóveis"; "Eu adoro ensinar alunos de pós-graduação porque eles são mais sofisticados". Evidentemente, estando na faculdade, também estávamos preocupados em aumentar nosso refinamento pessoal, outro sentido da palavra que parecia ter a ver com a leitura de certos livros, o conhecimento de certos assuntos, tornar-se menos desajeitado nas interações com o sexo oposto, aprender a beber e tornar-se mais conhecedor do mundo e mais urbanizado.

Mais tarde, quando estudei artes na UCLA, novamente ouvi a palavra "elegância" sendo muito usada. Por vezes, ela implicava simplicidade, precisão e rigor, como em: "Que traje elegante", referindo-se à casaca mais nova e simples (uma aplicação do princípio de "mais com menos"); "Que modo elegante de retratar a raiva", poderia se referir a uma única pincelada de cor forte em uma pintura. Entretanto, na escola de artes, outra definição de elegância era usada com frequência: "Que uso elegante de cores", poderia ser aplicado a uma pintura complexa com uma ampla variedade de tons restritos; "Que cadeira elegante", poderia se referir a uma cadeira que fosse ricamente decorada; "Que passagem elegante", poderia ser um trecho de uma música que evocasse uma sala de estar do século XVIII e certamente nem um pouco "simples". Eu também ouvi a palavra "sofisticação" em contextos mais amplos ou mais específicos: "Esta é uma escultura extraordinariamente sofisticada para seu nível de treinamento"; ou "Aprecio Rauschenberg por causa da sua sofisticação".

O problema em usar palavras relacionadas com a estética é que a linguagem é inadequada quando se trata de descrever a experiência sensorial. As palavras elegância e sofisticação significam coisas diferentes para pessoas distintas e há uma ligação sutil entre elas. Isso se torna claro se você procurar em dicionários o significado formal das palavras, pois encontrará inúmeras acepções. Existem três grupos principais de palavras nas definições usuais de *elegante*. Um parece referir às pessoas e dois a produtos:

160 EXCELÊNCIA NO DESENVOLVIMENTO DE PRODUTOS

Pessoas

E-1 "Caracterizada por uma noção de propriedade ou refinamento; impressionantemente exigente em maneiras e gosto."

Produtos

E-2 "Riqueza dignificada e graça; luxuoso ou opulento de uma maneira discreta, de bom gosto."

E-3 "Marcado pela concisão, acuidade e engenhosidade; e habilmente adequado e simples."

(Ah! E-2 refere-se a cadeiras Luís XIV e E-3 a mecanismos.)

Sobre a palavra *sofisticado* continua a confusão porque aqui, novamente, encontramos uma única palavra sendo definida de duas maneiras, uma aplicando-se mais a pessoas e uma a produtos:

Pessoas

S-1 "Não simples, sem arte ou ingênuo. Urbano, sábio, entendido, perceptivo, sutil."

Produtos

S-2 "Altamente complexo, refinado, ou desenvolvido, ou caracterizado por forma, técnica avançada etc. Desenhado ou atraente para pessoas sofisticadas."

(Ah! De novo: S-2 aplica-se aos produtos industrializados e às pinturas de Rauschenberg[3]).

Essas palavras deveriam se aplicar a produtos industriais e às pessoas que os desenham? O tipo E-3 de elegância é, para mim, universal. Não só a definição aponta para a economia e a confiabilidade, mas acredito que todos admirem esse tipo de elegância, podendo ou não identificar o motivo de tal admiração. O tipo de elegância E-2 é obrigatório nos chamados produtos de luxo. Obviamente, E-2 aplica-se menos a produtos como motocicletas para motocross, escavadeiras e ratoeiras. No que se refere à sofisticação, a definição S-2 deve se aplicar a qualquer produto complexo de alto desempenho, já no que diz respeito à sofisticação, a definição S-2 deve se aplicar a qualquer produto complexo de alto desempenho.

O que dizer de pessoas preocupadas em desenhar e fabricar bons produtos? Elas devem ser tanto elegantes (E-1, "uma noção de propriedade ou refinamento; impressionantemente exigentes em maneiras e gosto") como sofisticadas (S-1, "urbanas, conhecedoras do mundo, entendidas, perceptivas, sutis")? Algumas dessas características são universalmente necessárias ("entendidas" e "perceptivas"), enquanto outras são menos ("impressionantemente exigentes quanto às maneiras"). De fato, seria surpreendente ver uma organização com pessoas que tivessem todas essas características. Em uma empresa que fabrica produtos destinados a clientes com essas características, as pessoas na organização devem pelo menos ser capazes de entender e valorizar todas essas particularidades, mesmo que elas não as possuam.

Muitas áreas de design incluem uma elevada porcentagem de pessoas altamente sofisticadas, e é necessário ter um pouco de sofisticação para interagir com elas de uma maneira produtiva. Você não precisa ser Beethoven para apreciar seus quartetos, mas provavelmente tenha de ouvir muita música, e talvez saber algo sobre o assunto, para realmente apreciá-los. Das pessoas que conheço, que não são músicos profissionais e adoram músicas tocadas por quartetos de cordas, a maioria trabalha como profissionais em outras áreas, mas como hobby, fazem parte de quartetos de cordas amadores.

Os CEOs de empresas desenham produtos como hobby a fim de se tornar mais familiarizados com o processo e utilizar melhor os profissionais à sua disposição? Infelizmente, a maioria dos gerentes concentra-se em metas a curto prazo e no agrado aos clientes hoje, e não a lhes impor desafios e estímulos. Também, em razão de critérios usados para selecionar e promover executivos na indústria, muitas das pessoas mais influentes em organizações de produção se julgam donas da verdade e são muito menos sofisticadas que aquelas que dedicam realmente seu tempo aos produtos. De fato, conheci muitos casos em que, em minha modesta opinião, os executivos de empresas com responsabilidade por seus produtos têm dado um direcionamento pouco aconselhável ao design de produtos. De fato, conheço pessoas que assumem a responsabilidade pelo design e que, mais uma vez em minha opinião, tinham muito pouco em matéria de sofisticação.

Os produtos nos agradam satisfazendo a certos critérios em nossa mente. Alguns deles parecem inatos, como o prazer pelas coisas que são precisas,

162 EXCELÊNCIA NO DESENVOLVIMENTO DE PRODUTOS

engenhosas e simples, e, portanto, provavelmente eficientes e confiáveis. Outros são aprendidos, como nossa apreciação por um piano, um automóvel ou um talher fino. A elegância e a sofisticação são importantes para nós, quer seus sentidos literais sejam confusos ou não. Os designers e produtores devem ser sofisticados para criar produtos, embora eu esteja convencido de que tais produtos sejam apreciados por todos nós, mesmo que não sejamos exigentes quanto ao design. A sofisticação no fazer design exige treinamento, exposição e sensibilidade. Provavelmente não vamos desenhar um mecanismo elegante se não soubermos o que queremos. Quando as pessoas me perguntam como se aprende a desenhar produtos elegantes e sofisticados, minha resposta é que elas devem adorar esses produtos e ir fundo neles.

Como exemplo de uma maneira de valorizar mais a elegância e a sofisticação por meio da exposição, pense na música. Tipicamente, a música que atrai as crianças tem ritmos, harmonias e melodias repetitivas e simples. Pense nos padrões da infância como "Brilha, brilha estrelinha" e "Toca o sino". Quando os ouvintes crescem, seus gostos mudam. A música que atrai adolescentes, em geral, fala de seus problemas e, por sinal, é alienante para grupos de outras faixas etárias. É fascinante observar variações sutis no rock que permitem aos estudantes de ensino médio referir-se ao rock que estava "em alta" dois anos atrás como ultrapassado, embora, para as pessoas mais velhas, pareçam ser idênticos. Com o avançar da idade, embora algumas pessoas pareçam ter um amor universal pela música, a maioria delas se "especializa", preferindo um gênero específico a outros. Embora possam continuar gostando dos variados tipos de música, tornar-se-ão mais exigentes pelo menos em um gênero. Aquelas que apreciam a música clássica geralmente no início gostam de Tchaikovsky, descobrem Dvorak e passam a Beethoven e Mozart, em algum momento começam a apreciar quartetos e trios, e acrescentam Stravinsky, Schönberg, Mahler e sons mais contemporâneos e experimentais. Entretanto, seus gostos também se ampliarão. Eventualmente, os amantes de música clássica se voltarão para o jazz, música popular, música de raiz e talvez regressem ao rock. Eles também voltarão a apreciar Tchaikovsky.

O mesmo se pode dizer dos fãs de jazz, que depois de começarem com Dixieland e passarem para várias formas latinas, swing, *bebop* e sons de improviso mais abstratos, podem voltar a apreciar música clássica, pop e Dixieland. As direções que as pessoas tomam ao tornarem-se mais expostas e conhecedoras da música são surpreendentemente consistentes – é por isso que cursos para aprender a apreciar música são possíveis. Essa consistência representa um enorme benefício para a indústria fonográfica. Também não temos problema em correlacionar essas direções com a maior sofisticação. O mesmo acontece com as outras artes. A pintura começa com o realismo fotográfico, segue pelo impressionismo, expressionismo, abstração e, finalmente, talvez uma apreciação de todas as formas. Cursos de história da arte ajudam nesse processo.

A mesma situação é evidentemente verdadeira com designers de produtos. Eles e os usuários desenvolvem uma crescente sofisticação por meio da prática e uso. Pense nas bicicletas. Aqueles que adoram bicicletas aprendem com a exposição, o conhecimento e a orientação a apreciar as sutilezas da construção, do mecanismo, do equilíbrio e do manuseio que compõem uma bicicleta excelente. Espera-se que os bons designers de bicicletas, que em geral também são usuários, sejam ainda mais sofisticados.

Forma e função de produto

Formas simples que evoluíram pelo uso com frequência tornam-se extremamente elegantes porque o desnecessário foi extirpado ao longo do tempo – propulsores de aviões de madeira são exemplos. Eles são extremamente funcionais e tecnicamente são bastante sofisticados, além disso sua forma é bela e sem detalhes desnecessários e transições esquisitas. Uma escultura bem conhecida é a *Passáro no espaço,* de Constantin Brancusi, que está exposta no Metropolitan Museum of Art de Nova York. Se você a vir, provavelmente ouvirá outros espectadores comentar tanto sobre sua semelhança com a lâmina de um propulsor de avião quanto sobre sua elegância.

O mesmo acontece com frequência com produtos que exigem contato íntimo com as pessoas. O cabo de um machado é um exemplo. Um cano simples é outro. Eu tenho um assento de vaso sanitário emoldurado em meu escritório e as pessoas que nunca estiveram lá costumam me perguntar por que (ou, pelo menos, provavelmente ficam admiradas) ao entrarem em minha sala. A resposta é que se não soubéssemos o que era, teríamos de concordar que um assento de vaso sanitário tem uma forma extremamente elegante – é um conjunto singular de curvas sutis e variações. Outros produtos são elegantes por causa da direção que o design tomou na empresa. Os itens da Apple

164 EXCELÊNCIA NO DESENVOLVIMENTO DE PRODUTOS

são um exemplo. Sapatos com plataforma são outro. Alguns produtos são elegantes porque os requisitos de desempenho os fazem ser assim, como a bicicleta de corrida ou a aeronave de alta velocidade.

Linhas e formas abstratas podem ter esse tipo de elegância minimalista independentemente da função. As linhas com curvatura variável tendem a ser mais elegantes que aquelas com curvatura constante. Formas com curvatura leve tendem a ser mais elegantes que aquelas sem curvas. E então vêm os mecanismos. Mecanismos extremamente bem desenhados para aplicações aeroespaciais em que o peso é fundamental normalmente são mais elegantes que aqueles em aplicações agrícolas nos quais o peso não tem a mesma importância. Mecanismos que têm menos peças e em que as funções e articulações são claras para o observador, tendem a ser mais elegantes que os aparelhos de Rube Goldberg[4]. Engenheiros, gerentes e outros na indústria sentem-se relativamente confortáveis com esse tipo de elegância (E-3), "o máximo com o mínimo", embora possam não ter a sensibilidade nem as habilidades para produzi-la. Entretanto, com frequência, eles não o revelam em sua ânsia de adicionar função física, implementar uma especificação de forma barata ou chegar a uma solução singular em um produto. Dispositivos como a ferramenta combinada – os mesmos que mencionei que minha mãe me comprava quando eu era criança –, que agrupam chave de fenda, serra, alicate, abridor de garrafa, tesouras e outros, podem ser úteis, mas, em geral, não são elegantes, com exceção do venerável canivete suíço. O mesmo podemos dizer da maioria das coisas que sofrem do conceito de "falta de recursos", discutido no Capítulo 3, em que o aumento da função causa um tipo de complexidade.

No caso de um sistema complicado, adicionar componentes elegantes pode diminuir a elegância do todo. Lembro-me de uma discussão enorme que tive sobre o uso de amortecedor localizado para resolver um problema dinâmico estrutural. A situação tinha a ver com uma espaçonave que estava sendo desenvolvida em um cronograma apertado (planetas não esperam por você) e com restrições de peso extremamente específicas. Lançamentos de foguetes sujeitam a carga a níveis muito altos de vibração. Quando o protótipo da espaçonave foi sujeito a vibração simulada do lançamento durante o teste de desenvolvimento, alguns dos componentes que foram montados sobre a estrutura básica sacudiam de uma maneira inaceitável. Uma solução a esse problema teria sido redesenhar, reconstruir e requalificar a estrutura, mas não havia tempo suficiente para isso.

Estética, elegância e sofisticação 165

A solução proposta foi não mudar a estrutura, mas anexar amortecedores leves entre a estrutura principal da espaçonave e os componentes pertinentes. Para os engenheiros responsáveis pelos componentes que estavam sacudindo (eu era um deles), esta foi uma solução elegante porque o problema foi resolvido em tempo e custo mínimos. Para os engenheiros estruturais, foi uma solução extremamente deselegante, porque a estrutura deveria ter sido capaz de lidar com o problema sem a adição dessas peças que não faziam parte dela. No mundo da engenharia, acertos como este às vezes são chamados com desaprovação do "Band-aids" ou "remendos", e os responsáveis pelo bom funcionamento do produto os veem como eficientes e inteligentes, mas outros veem testemunhos de um design fraco: eficiente para alguns, mas não para outros – elegância para alguns e feiura para outros.

A elegância de um produto inicialmente complexo, em geral, aprimora-se à medida que ele passa por várias revisões para aumentar a facilidade de uso e a confiabilidade, e diminui o custo. Uma demonstração óbvia dessa progressão está na interface humana do software. Tenho escrito estes capítulos com a ajuda do Microsoft Word, um processador de texto amplamente usado. Tenho utilizado várias edições do Word, tanto para PCs quanto para Macs, e, em cada lançamento, muitas características recebem um desenho melhor ao que o anterior. Por exemplo, esta versão atual tem mais ícones de tela para comandos usados comumente, o que permite que eu escape dos comandos do menu. Mas, infelizmente, essa simplicidade crescente de uso (uso mais acessível) às vezes é obscurecida pela provisão de capacidade adicional e, como eu já mencionei, essa preocupação é justificável. A maioria dos meus amigos não precisa das opções adicionais contidas nos programas de processamento de texto e, de vez em quando, gostariam de ter um programa mais simples. De fato, vários deles recusam-se a mudar dos primeiros lançamentos por essa razão. Entretanto, mesmo eles percebem que esse software é usado comumente por muitas profissões e que muitos usuários valorizam a maior capacidade.

O equilíbrio entre elegância e complexidade, em casos como o Microsoft Word, é difícil, uma vez que, como mencionei anteriormente, todos nós parecemos gostar de recursos e capacidade que não usamos, embora isso possa complicar o produto. Por exemplo, eu tenho uma câmera Cannon PowerShot e uma câmera Nikon de lente única, reflexo (SRL). Qual é mais elegante? Para tirar fotos, a PowerShot teria o meu voto. Entretanto, a Nikon tem muitas outras capacidades (posso tirar fotos automaticamente ou controlar manual-

166 EXCELÊNCIA NO DESENVOLVIMENTO DE PRODUTOS

mente combinações de velocidade, abertura e foco, carrega uma ampla variedade de lentes e oferece a conveniência de ver por meio delas). A Nikon é mais flexível e capaz de tirar fotos excelentes em situações em que a PowerShot teria problemas. Infelizmente, eu uso a câmera Nikon tão raramente que costumo ter de reaprender algumas funções e, portanto, minha tendência é perder a noção de como ela executa um trabalho complexo com excelência. Ambas as câmeras são elegantes para suas finalidades específicas. Eu também tenho uma filmadora Pentax antiga – uma SLR que usei anos atrás. De vez em quando, tiro fotos com ela para relembrar os velhos tempos e devo admitir que eu a adoro. Obviamente, esse sentimento é uma resposta emocional que vem de meu longo convívio com a câmera e do fato de eu tê-la usado quando era um fotógrafo bem mais sério. Posso aplicar a palavra elegância à Pentax em seu significado usado na escola de artes – evocando glórias passadas, embora elas sejam apenas as minhas glórias.

Algumas preocupações sobre a estética de hoje

Olhando para a história do design de produto, está claro que o desenvolvimento da estética da máquina neste século simplificou a vida daqueles que criam os produtos da indústria. A maioria das pessoas na indústria está mais familiarizada com a função do que com o que agora é chamado de decoração. Na maior parte da história, os produtos têm incluído alguns detalhes puramente por prazer estético. Mas a palavra decoração tornou-se um termo quase pejorativo, referindo-se a modificações de forma e tratamentos de superfície que são acrescentados a um produto por razões estéticas, mas que não aprimoram a função. Essas coisas são ruins? Não, desde que não impeçam a função e esta seja definida amplamente, incluindo dar prazer emocional e satisfação cultural ao usuário. Por exemplo, um formato mais interessante para o estabilizador vertical em um avião poderia torná-lo mais atraente (ou, no caso de um avião de combate, mais ameaçador) praticamente sem custo no desempenho ou sem despesa extra.

Mas a estética da máquina requer atenção a detalhes. Tratamentos de superfície são extremamente importantes e devem receber muita atenção. Os acabamentos precisam ter integridade nos produtos. Por exemplo, tentar fazer novos itens parecer velhos não funciona – considere réplicas de móveis antigos com acabamentos em uretano e novas interpretações de limusines. Coisas velhas tentando parecer novas também perdem a medida, como bombas de gás com restauração exagerada e telefones com manivela encontrados em lojas de antiguidades. Também me preocupo com o fato de alguns fabricantes de produtos industrializados sentirem-se tão acomodados com o que eu chamei de "estética da máquina" que não experimentam outras tendências. Onde estão nossos designs de produto pós-modernistas?

Muitos designers conhecidos do passado (Frank Lloyd Wright, Battista Pininfarina, Elsa Schiaparelli, Raymond Loewry) desenvolveram designs extremamente sofisticados e foram capazes de influenciar tendências gerais. Henry Dreyfuss, por exemplo, não acreditava muito na sofisticação do design de consumidores ou empresários. Ele achava que os produtos deveriam ser definidos pelo designer, que, afinal, estava envolvido em tentativas de definir produtos excepcionais. Seus escritórios ainda dependiam muito do cliente e de suas sugestões e contavam com testes feitos por uma grande quantidade de usuários durante o desenvolvimento de um produto, mas ele acreditava que os produtos deveriam ser tão sofisticados quanto o cliente aceitasse, com o intuito de que eles pudessem vir a apreciá-los. Com frequência, as empresas clientes de Dreyfuss (como a AT&T) tinham grande participação de mercado e os clientes, muitas vezes, não tinham muita opção: uma vez que Dreyfuss costumava adquirir alto prestígio na empresa cliente, seu escritório tinha grande influência.

Atualmente, muitos designers conhecidos (Philippe Starck, Frank Gehry, Bob Lutz, Stella McCartney, Burt Rutan, Ralph Lauren) estão fazendo o mesmo que Dreyfuss, mas a situação mudou. Essas pessoas ainda podem influenciar empresas por causa de sua trajetória como visionárias e a demanda comprovada pelos produtos por elas desenhados. A maioria dos produtos, no entanto, é definida por designers menos famosos dentro de uma empresa, e os profissionais de marketing e gerentes estão altamente envolvidos no processo. O marketing tornou-se uma função muito mais forte e muito boa para certificar o que o cliente potencial poderá comprar. Mas, assim como o marketing tem dificuldade em julgar a resposta a um produto sem precedentes, ele tem problemas em prever a reação do cliente à estética radical. As abordagens de marketing podem ganhar a curto prazo, porque o cliente provavelmente sentirá uma atração imediata pelo produto, mas elas podem resultar em uma perda

168 EXCELÊNCIA NO DESENVOLVIMENTO DE PRODUTOS

a longo prazo, a não ser que sejam capazes de prever as futuras exigências de seus clientes e da sociedade como um todo.

Outra preocupação que tenho é a crescente separação entre aqueles diretamente envolvidos no design e na fabricação de produtos e aqueles que gerenciam grandes empresas. Esses últimos costumam ter formação em finanças e seus talentos, com frequência, residem na área de administração, design organizacional e controle. Essa experiência pode levar a um direcionamento da empresa que não é consistente com os processos de design e produção, tendo em vista a qualidade do produto. A Ford foi bem quando Donald Petersen presidiu a empresa. Petersen formou-se em engenharia e progrediu na empresa passando pelas divisões de produto. Ele define-se como "um sujeito que entende de carros" que foi o responsável pelo Taurus, um projeto bem-sucedido, antes de assumir a presidência e iniciar a campanha de sucesso nos Estados Unidos: *Quality is Job 1* ["qualidade é a tarefa n. 1"].

Os sucessores de Petersen não tinham uma formação em design e fabricação de produto, e a qualidade dos produtos Ford parecem ter definhado depois que ele saiu da empresa. A mesma situação aconteceu com a HP, uma companhia que parece se sair melhor em qualidade de produto e vendas quando conduzida por pessoas que têm um bom histórico como fabricante de bons produtos. Estes ficaram muito defasados quando a presidência da empresa foi assumida por Carly Fiorina, uma mulher impressionante, com formação em ciências humanas e administração e com um histórico admirável comprovado em finanças e vendas. Em comparação a presidentes da HP que tiveram mais êxito, faltou-lhe experiência na prática do design e na fabricação de bons produtos. A sofisticação requer que aqueles que desenham e fazem produtos não só os usem, mas também tenham amor por eles. A Boeing concluiu um estudo informal alguns anos atrás para definir as características de seus excelentes designers de aeronaves. Acontece que a característica-chave não era educação, formação familiar, criação ou qualquer coisa parecida. Era, sim, o amor por aviões.

A sofisticação exige a exposição direta não só aos próprios produtos, mas também àqueles produtos dos concorrentes e a todos os outros intimamente relacionados. Alguns anos atrás, um amigo meu, ao tornar-se CEO de um fabricante de empilhadeiras bastante conhecido e há muito estabelecido, descobriu que todas as empilhadeiras pequenas usadas na empresa eram de sua fabricação. Isso parecia ter lógica, não fosse o fato de que a empresa estava sendo

Estética, elegância e sofisticação 169

muito atacada nesse nicho por suas concorrentes e o benchmarking estava em alta. Para seu crédito, ele logo equipou a fábrica com exemplos de empilhadeiras das concorrentes. Ele provavelmente deveria ter dado um passo além e trazido exemplos de outras marcas e máquinas para a fábrica. Os fabricantes de empilhadeiras provavelmente poderiam se beneficiar ao desmontar fusquinhas Volkswagen e um robô industrial contemporâneo, bem como da engenharia reversa dos produtos de concorrentes. Mas sua tentativa de ampliar os conhecimentos e a experiência dos designers da empresa não combinavam bem com o conservadorismo do conselho de diretores que há muito ocupavam esse posto, convencidos de que a empresa fabricava, de longe, as melhores empilhadeiras de pequeno porte do mundo (meu amigo não está mais na empresa e a empresa não fabrica mais empilhadeiras).

Finalmente, quero dizer novamente que eu penso, de modo geral, que as escolas de engenharia e administração deveriam trabalhar melhor com tópicos como estética, sofisticação e elegância, já que os estudantes confrontam indiretamente a elegância e a sofisticação em pesquisas de doutorado. Ao pisarem nas profundezas da especialização intelectual, eles têm a oportunidade de pensar na diferença entre a boa e a má pesquisa. Seus consultores tornaram-se apreciadores da elegância e da sofisticação, e embora discussões sobre essas questões sejam raras, seu feedback muitas vezes é dirigido para a boa metodologia e resultados inspiradores/esclarecedores. Entretanto, os candidatos fracos a graduação e pós-graduação praticamente não têm oportunidade para lidar com questões relativas ao que é bom ou ruim. Originalmente, eu ia chamar o curso em Stanford do qual este livro deriva de "O significado do bom" ou "O que significa bom?", mas recuei, porque o título teria sido pouco adequado para a mentalidade da escola de engenharia.

Com algumas exceções, as escolas de engenharia prestam pouca atenção à estética em design, mas, em geral, concentram-se nas ciências de engenharia ou técnicas analíticas básicas. Como discutido no Captítulo 2, os estudantes na escola de engenharia tendem a estar lá por causa de seu desempenho passado em ciências e disciplinas relacionadas. A motivação deles pode ser o amor à tecnologia, mas a admissão nem requer esse amor nem tem como medi-lo. Como resultado, muitos de nossos estudantes estão mais interessados no processo do que nos resultados e mais preocupados com a otimização do que com produto real.

170 EXCELÊNCIA NO DESENVOLVIMENTO DE PRODUTOS

Quando eu estava na faculdade, muitos de meus colegas eram viciados em aulas de produto, fossem carros, aviões, equipamento de áudio, explosivos, barcos a vela, submarinos, caminhões extratores, o que fosse. Mas este já não é mais necessariamente o caso. Alguns estudantes têm paixão pelo produto (mais provavelmente por computadores e bicicletas do que por carros o aviões). Entretanto, muitos simplesmente gostam de matemática e ciências e estão procurando um emprego bem remunerado que leve à gerência ou um cargo em um lugar bom até irem para a escola de administração. Onde e quando eles vão aprender sobre o valor da beleza e como criá-la ou gerenciar o processo que a cria?

Problema proposto

Três produtos desta vez!

Escolha um produto que você considere ser simplesmente lindo e um que você considere inacreditavelmente repulsivo. Escolha um terceiro produto que você acredite ser extremamente *elegante*.

Por que você acha que um deles é simplesmente lindo, um é inacreditavelmente repulsivo e um é extremamente elegante? Por que você acha que o repulsivo existe? Ele poderia ser aprimorado? O que seria necessário para aprimorá-lo? Ele custaria mais? Você é capaz de pensar em uma maneira de aprimorar esteticamente o feio que, na realidade, o tornaria menos dispendioso para produzir?

Tabela de problemas e táticas: estética, elegância e sofisticação

Problemas	Tática
Linguagem inadequada para discutir e comunicar questões relacionadas à beleza, à elegância e à sofisticação	Ir fundo em produtos elegantes, sofisticados, "lindos" e dedicar muito tempo com as pessoas que os fazem; fazer aulas de arte; ir a museus e ler livros sobre design.
Valores de cultura machista, fronteiriça	Perceber que recursos finitos e o aumento da população não lhes permitirão voltar – de qualquer forma, muito da tradição fronteiriça é mito.
Incapacidade de reconhecer e apreciar a beleza, a elegância e a sofisticação	Praticar e tentar ajudar os outros a fazer isso; discutir produtos com outras pessoas; analisar por que alguns produtos agradam mais que outros.
Possível conflito imaginado junto com a maximização de vendas e lucro	Falar mais sobre essa questão dentro da empresa, principalmente com a alta gerência; a estética, a elegância e a sofisticação devem resultar no aumento das vendas e do lucro.

CAPÍTULO

Simbolismo e valores culturais

Quem somos nós?

Um símbolo é uma representação específica de algo mais abstrato. Exemplos poderiam ser um rosto sorridente (alegria), os Hells Angels, grupo de motoqueiros (que podem ser vistos como transgressores), o pombo (paz), a barra diagonal (proibido), e a palavra escrita. Os produtos da indústria também são simbólicos. Eles são específicos e, correta ou incorretamente, supomos que transmitam uma mensagem sobre seu proprietário. Considere o que produtos como o Corvette Chevrolet, a papete, a pílula para disfunção erétil, o skate, a máquina de café expresso e o rifle usado em assaltos nos dizem sobre seus proprietários. Suponho, acertadamente ou não, que as pessoas que vejo em uma mercearia que levam sacolas para carregar as compras sejam politicamente corretas, preocupam-se com o meio ambiente e provavelmente não saiam para caçar veados nem dirijam um Hummer. Imagino que as pessoas que dirigem trailers Volvo tenham uma atitude diferente em face às experiências viscerais do que aqueles que dirigem motos Kawasaki Hayabusas. As pessoas que saem para fazer compras na Decathlon provavelmente gostam de ficar ao ar livre. Aquelas que não herdaram dinheiro nem se casaram por dinheiro e têm um jato particular provavelmente tenham tido muito sucesso em suas áreas de atuação. As pessoas que usam roupas bastante velhas e empurram carrinhos cheios de objetos descartados provavelmente não tenham grandes propriedades.

174 EXCELÊNCIA NO DESENVOLVIMENTO DE PRODUTOS

O simbolismo associado a cada produto em parte é histórico, em parte é uma função do papel por eles desempenhado, e em parte é uma consequência do esforço consciente de produtores e distribuidores. Historicamente, alguns produtos têm sido associados a certos estilos de vida. Rolls-Royces, iates, cavalos de raça e joias deslumbrantes sempre foram associados à riqueza e às atividades de pessoas ricas enquanto foices, arados, martelos e, mais tarde, marmitas, botas, chapéus e picapes com a carroceria levantada costumam ser relacionados a membros da classe trabalhadora e a seu trabalho. Produtos como armaduras, espadas, fuzis automáticos e tanques simbolizam guerra e violência, e carrinhos de bebê e mamadeiras simbolizam a vida familiar.

Deixando de lado o simbolismo ao longo da História e seu uso, criamos conscientemente esse simbolismo por meio de ações que incluem propaganda e a construção da marca. Ligue a televisão ou pegue uma revista e olhe atentamente os anúncios. Com frequência, eles tentam retratar um estilo de vida específico, associando o produto com: o poder de atração sexual (roupas, cosméticos), saúde (farmacêuticos), adrenalina (carros, motocicletas), uma família feliz (produtos para casa), aquisição de conhecimento (cursos, livros), entretenimento (televisores, viagem), ou outros resultados atraentes que se poderia obter ao comprar e usá-lo. As empresas fazem um grande esforço e gastam grandes quantidades de dinheiro para construir uma marca que promoverá o sucesso de seus produtos. Um dos slogans da BMW, *The ultimate driving machine* ["a máquina de dirigir definitiva"], é um bom exemplo. Obviamente, é bom para a BMW que as pessoas associem seus produtos ao luxo e empolguem-se com eles. O orçamento da BMW para propaganda na TV nos EUA na época em que eu escrevia este livro era de 160 milhões de dólares por ano[1]. Se você acha que é muito dinheiro, em 2010, as empresas automobilísticas e revendedores norte-americanas gastaram mais de 13 bilhões de dólares em propaganda só nos Estados Unidos[2]. Muito dessa despesa vai para construir e reforçar o simbolismo de seus produtos.

O simbolismo dos produtos é importante para nós, como pessoas. Os produtos revelam nossos valores e associações. Os ternos Armani dizem ao mundo que somos "bem-sucedidos" e "requintados", e nos orgulhamos de usá--los para trabalhar na cidade. Da mesma forma, as roupas para trabalhar em fábricas mostram que trabalhamos ao ar livre e admiramos produtos benfeitos, e nos orgulhamos de vesti-las nas lavouras ou em construções. Não cairia bem usar um Armani em uma construção, nem roupas para trabalhar em fábricas em um escritório da Wall Street.

Os produtores devem ficar informados da natureza simbólica de seus produtos e assegurar que ela combine bem com seus clientes. Essa perspectiva talvez tenha sido mais fácil para os Estados Unidos, 50 ou 60 anos atrás, quando "Made in USA" simbolizava o melhor, os importados custavam mais e poucos países eram "desenvolvidos". Mas o simbolismo está mudando com o tempo. Em razão da globalização, da maior acessibilidade às viagens e de modernos meios de comunicação, na maioria dos países ocidentais se tem acesso a muitos outros produtos, inclusive aqueles que anteriormente simbolizavam valores culturais diferentes dos cultivados nos próprios países. Pense em produtos importados que se tornaram endêmicos na cultura brasileira, por exemplo. No Brasil, as máquinas de café expresso, os carros Ford, os hashis, vinhos franceses, australianos, chilenos e muitas coisas de outros países fazem parte da vida. Além disso, muitos países ocidentais passaram a depender do *Made in China*, embora não sem certa ambivalência.

Produtos, simbolismo e culturas

Os produtos não simbolizam apenas indivíduos, mas também os grupos com os quais nos identificamos. Os grupos com clientes, atitudes, comportamentos, instituições e realizações comuns costumam ser referidos como culturas, e variam no tamanho. Às vezes, falamos de cultura internacional (todos nós) ou culturas regionais (do Leste da Ásia, América do Norte, Europa, e assim por diante), falamos de culturas nacionais (chinesa), estaduais (oaxacana), e de cidades (parisiense) e de um número infindável de subculturas. Às vezes, refiro-me a "tribos", porque a palavra conota costumes, interesses comuns e a sensação de pertencimento. As tribos podem ser de qualquer tamanho, desde grandes (hutus, navajos, cristãos evangélicos) a pequenas (clubes Rotary, gangues de cidades do interior, universitários de Stanford).

Existem produtos cujos símbolos são reconhecidos por todos os homens? Sem dúvida, a própria tecnologia parece estar entre eles. O celular está se tornando algo comum em todo lugar, assim como a internet. O ser humano é a única forma de vida conhecida que tem tecnologia como a definimos, e nossa tecnologia sempre foi fonte de admiração e orgulho. Imagine a

176 EXCELÊNCIA NO DESENVOLVIMENTO DE PRODUTOS

reação desencadeada com o advento da roda em uma sociedade na qual as cargas eram transportadas nas costas; pense no arado para pessoas que historicamente lavravam terras usando ferramentas manuais; a arma para aqueles acostumados a lutar com espada e o prego para aqueles habituados a construir usando cavilhas de madeira. Em cada caso, como nos dias de hoje, a reação provavelmente não tenha sido imediata. As novas tecnologias estão cheias de falhas e não só deixam a desejar, mas também encontram resistência por parte dos especialistas nos procedimentos adotados anteriormente. Quando novas tecnologias instalam-se, no entanto, não podemos deixar de ficar impressionados. Pense na arma nuclear, no transistor, no processo de reprodução e cópias, na televisão, na coletora de tomates, no GPS, em computadores e celulares. Quando essas invenções foram apresentadas ao público, mostraram poucas indicações do enorme papel que teriam em nossa vida. Contudo, nós que lembramos do mundo antes dessas invenções, agora ficamos surpresos com o alcance delas, seja para o bem, seja para o mal.

Os artistas sempre selecionaram temas que simbolizam a condição humana, e a tecnologia foi bem representada. Nas pinturas rupestres de 20 a 40 mil anos atrás, há cenas de pessoas usando lanças, arcos e flechas para caçar animais (ou uns aos outros). Aquele que fizer um curso de história da arte ou visitar um museu conhecerá os produtos de tecnologia que aparecem na cerâmica grega ou romana, nos frisos antigos em construções, na tapeçaria como a de Bayeux e nas pinturas. Na última parte do século XIX e início do século XX, a tecnologia e as máquinas, como conhecemos hoje, eram maravilhas.

O Palácio de Cristal, construído para a Grande Mostra de Londres em 1851, e a Torre Eiffel, concluída em 1889, simbolizaram o progresso glorificando a tecnologia. Os pintores com frequência buscavam temas técnicos como estações de trem e máquinas (por exemplo, "Chuva, Vapor e Velocidade", de Turner; "A estação de trem Saint-Lazare", de Monet; "Fábrica em Horta de Ebbo", de Picasso; "Torre Eiffel", de Delaunnay; e "Dinamismo de um Automóvel", de Russolo). Os cubistas obviamente foram influenciados por formas tecnológicas em sua tentativa de reduzir seu assunto a uma geometria simples. Pintores como Duchamp e Balla tentaram retratar o movimento de maneira similar à câmera, e Mondrian e Stella ficaram fascinados com formas industriais e arquitetônicas. David Smith, Bruce Beasley, Jean Tinguely e outros escultores adotaram processos industriais e materiais para seu trabalho. E arquitetos como Renzo Piano, que projetaram o Centro Georges Pompidou, em Paris, utilizaram produtos e processos industriais como elementos de design.

Porém, as representações de tecnologia nem sempre foram uma paixão. Depois dos horrores da Primeira Guerra Mundial, surgiram os dadaístas, que, em seus trabalhos, não mostraram amor pela sociedade industrial capitalizada nem amor pela tecnologia. É interessante notar que elementos dessa estética reapareceram nos anos 1960, no trabalho de pintores como Andy Warhol e Robert Rauschenberg, talvez em reação à mentalidade da Guerra Fria após a Segunda Guerra Mundial e da Guerra da Coreia, que gerou insatisfação no mundo todo. Mas, em geral, a arte reflete a admiração que temos pela tecnologia.

Produtos e culturas nacionais

A tecnologia tem sido particularmente importante para vários países, como os Estados Unidos, por exemplo. Os americanos ficaram imensamente orgulhosos da capacidade industrial que varreu seus inimigos na Segunda Guerra Mundial. A cultura era fascinada por armas nucleares e energia até que muitas pessoas (certamente nem todas) começaram a entender seu potencial para a morte e a poluição. O País gastou muito dinheiro e esforço para enviar pessoas à Lua, e seus habitantes ficaram extremamente orgulhosos quando a operação foi um sucesso. Poucas eram as razões para se ir à Lua e viagens de rotina não são planejadas no futuro próximo. Entretanto, o esforço de pousar na Lua trouxe avanços na tecnologia, embora fossem orientados inicialmente para a viagem espacial, e não para o setor comercial. Sem dúvida, os militares estavam interessados na exploração do espaço e da Lua porque os combatentes de guerras sempre gostaram de terras altas, e 380 mil quilômetros é algo bastante alto (principalmente para lançar coisas para alvos na Terra). Os Estados Unidos também ficaram motivados, em grande medida, pela competição tecnológica com a União Soviética e audácia tecnológica geral. Os cidadãos adoravam ser do País que colocou o primeiro homem na Lua e ficavam empolgados ao pensar que o homem não se confinava mais à Terra.

Também houve iniciativas para se atingir avanços tecnológicos, com profundo desapontamento causado por incidentes como a explosão da Challenger e o acidente mencionado anteriormente em Three Mile Island. O acidente da

178 EXCELÊNCIA NO DESENVOLVIMENTO DE PRODUTOS

Challenger foi trágico, mas não inexplicável. O ônibus espacial era uma máquina complexa, extremamente avançada e suas missões eram perigosas. Nós, nos Estados Unidos, não tínhamos experiência suficiente para mandar pessoas para o espaço, e não poderíamos esperar a mesma confiabilidade que na aviação comercial, e mesmo nessa ocorrem desastres. Causa-me admiração não ter havido acidentes antes da Challenger. O incidente nos desapontou, pois os fracassos em nossa tecnologia são símbolos conspícuos de fracassos em nossa capacidade nacional. O Three Mile Island eliciou uma experiência e um sentimento um tanto semelhantes, embora não tenha envolvido mortes. Mais uma vez, um sistema complicado estava sendo operado pelo homem. Infelizmente, neste mundo imperfeito, as coisas quebram e as pessoas falham. O acontecimento foi um fracasso da tecnologia americana e, portanto, um fracasso de competência e de identidade para o País.

No que diz respeito a produtos comerciais, um bom exemplo de valores nacionais pode ser visto no carro produzido nos Estados Unidos, um país extenso, com boas rodovias e neve por toda parte durante o inverno. Muitas cidades americanas foram construídas no entorno da indústria automobilística. Los Angeles, por exemplo, embora tenha autopistas congestionadas com frequência, fornece uma área para dirigir e estacionar que pode ser comparada ao tamanho de Florença, na Itália. Os Estados Unidos têm se comprometido, como produtores de petróleo, com o baixo preço da gasolina. Quem viaja sabe que os preços da gasolina norte-americana historicamente são cerca da metade dos preços na maioria dos demais países. Portanto, os automóveis desse País evoluíram para máquinas grandes e pesadas que poderiam se deslocar com extrema rapidez por longas distâncias, com muito conforto e espaço interno. Atravessar o Texas é algo que se faz melhor com ar-condicionado, CDs, um refrigerador cheio de comidas e bebidas, *Cruise control* (sistema que mantém a velocidade controlada) e muito espaço para se esticar e mudar de posição. Nossos carros maiores, contudo, não são tão úteis nas estradas tortuosas dos Alpes, ou nas áreas onde a gasolina custa caro.

Ainda existe um mercado para carros grandes, velozes, potentes e carregados de luxo em países grandes, com população dispersa, como o Canadá e o México, e eles continuam a ser vendidos como produtos de prestígio em países como a China e até na Alemanha. Em áreas mais populosas dos Estados Unidos e outros países, carros menores e mais ágeis, agora estão se tornando mais atraentes. Para se manterem no ramo, os fabricantes de automóveis têm sido forçados a produzir modelos mais eficientes, econômicos e que tenham boa receptividade.

Possuir moradia própria tornou-se simbólico em muitos países, como uma parte importante do "sonho da casa própria". Com o tempo, sobretudo em países mais desenvolvidos, esse sonho passou a incluir não só uma casa, mas uma com um grande número de acessórios, e talvez dois carros ou mais. Como resultado desses valores, os Estados Unidos, percursor deste estilo de vida, possuem mais carros por habitante do que qualquer outro país no mundo. Também encontramos a anomalia dos moradores de apartamentos na cidade de Nova York que possuem carros, mesmo a cidade sendo muito hostil à posse e operação de automóveis particulares.

Outro exemplo dos valores nacionais e do papel do simbolismo americano pode ser visto no caso de armas. Os Estados Unidos têm longa tradição em posse de armas, o que simboliza "individualismo resistente", que fica no limite dos "combatentes heroicos que usam armas de fogo", e o "sucesso" percebido em guerras. Em decorrência disso, os cidadãos deste país compram, vendem e possuem um grande número de armas.

A insistência americana para substituir a mão de obra por maquinário tem nos levado a aparelhos domésticos com muitas funções automáticas, o que simboliza nossa capacidade de vencer o trabalho repetitivo de antigamente, que era um tanto exaustivo. As cozinhas dos EUA ostentam pequenos aparelhos para fins específicos como máquinas de fazer pão, torradeiras, mixers, liquidificadores, máquinas de café expresso e panelas para arroz, além dos eletrodomésticos padrões como fogões, refrigeradores e micro-ondas (um amigo meu da Inglaterra se diverte quando visita amigos americanos, contando os botões de controle existentes nas casas deles).

Os Estados Unidos certamente não são a única nação em que a tecnologia e produtos técnicos da indústria simbolizam identidade e cultura nacional. Pense no papel histórico do consagrado tanque russo (que contribuiu para derrotar os alemães na Segunda Guerra Mundial) e nas atuais conquistas espaciais da Rússia; também no lugar de destaque da embarcação (que ajudou a Inglaterra a dominar os mares) e na Batalha da Grã-Bretanha travada pela Força Aérea Real pela posse da Inglaterra. Países como Alemanha, Suíça e Suécia têm motivos para sentir grande orgulho por sua capacidade de produzir máquinas refinadas. Em minha experiência com alunos da Alemanha, França e Japão, eles parecem acreditar que os produtos de seu país são supe-

180 EXCELÊNCIA NO DESENVOLVIMENTO DE PRODUTOS

riores. Os produtos podem ser objetos de orgulho pátrio e refletem diferenças de valores nacionais em muitas partes do mundo. Esse viés nacionalista também ajuda a preservar a diversidade em produtos para todos nós.

Recentemente, encontrei um trabalho que detinha acompanhado de uma apresentação sobre esse tópico dado em uma de minhas aulas para um grupo de alunos que consistia de dois estudantes de pós-graduação da Irlanda, um da Turquia e um do Colorado. O aluno americano, como minoria, foi forçado a ouvir seus colegas expressarem sua descrença em "carros volumosos com imitação de madeira no interior" e "californianos usando cores berrantes que os fazem parecer baterias carregadas" (uma referência a roupas). Vou citar um parágrafo do trabalho escrito pelo grupo, uma vez que considero que os acadêmicos norte-americanos têm sido treinados para não manifestar estereótipos com a mesma ênfase que os alunos de outros países:

> Os escandinavos consideram o design como o fator mais importante na qualidade, e os italianos também. A diferença em sua ética é que os escandinavos exigem produtos que funcionem bem, tanto do ponto de vista emocional quanto técnico, enquanto os italianos não ligam tanto para isso. Os alemães enfatizam a funcionalidade e o desempenho de produtos no que se refere à sua fabricação. Enquanto os alemães esperam que a janela de um carro suba e desça um milhão de vezes sem falhar, os italianos querem que a janela funcione apenas quando eles querem olhar uma *bella donna*. Os holandeses, uma sociedade economicamente conservadora, gostam de produtos baratos. Nosso grupo divide-se quanto aos produtos ingleses. Alguns acreditam que eles têm certa elegância, mas não têm funcionalidade nem simplicidade, enquanto outros acham os carros esportivos ingleses o "epítome da alta qualidade masoquista". Os franceses não ligam para questões ambientais e para sua saúde, mas valorizam produtos que promovam o estilo pessoal.

Quer você concorde, quer não, esses estereótipos são muito arraigados e provavelmente tenham base em valores nacionais divergentes a respeito de produtos industrializados.

Como outro exemplo de valores nacionais expressos por meio da tecnologia, pense nos banheiros e suas peças em vários países: as banheiras grandes da Inglaterra, as salas de banho da Malásia com seus cochos de água para higiene e banho, os bidês da França, os sanitários/urinóis e os ofurôs do Japão. Lembro-me de quando era universitário e morava em uma casa com quatro colegas, um deles vinha de um país que usava urinóis. Ele ficava de cócoras em cima do vaso sanitário com os pés calçados porque, para ele, um assento de vaso usado por tantos outros não é uma coisa agradável para o contato corporal. Ele também considerava os sanitários fixados no chão, que se agacha para usar, mais corretos anatomicamente (e tinha razão).

Produtos e subculturas

Tratei de subculturas em nações e culturas que atravessam fronteiras nacionais ao discutir o impacto emocional de produtos que nos levam a nos associar a um determinado grupo de pessoas. Em termos gerais, os seres humanos parecem ter uma propensão para se agregar a grupos sociais, ou subculturas, em vez de se considerar apenas uma das quase sete bilhões de pessoas da raça humana. Esses grupos têm a vantagem de ser mais funcionais em tamanho e de reforçar os valores pessoais de seus integrantes. É comum as pessoas participarem de vários desses grupos. Um deles pode ser de brasileiros, outro de sulistas, outro de mães com filhos pequenos, outro de eletricistas, de esquerdistas, de um time de boliche. Uma das coisas que distinguem os membros de qualquer subcultura é a preferência por certos objetos produzidos industrialmente a outros. Esse conceito é bem conhecido dos designers e profissionais de marketing, e alguns produtos são projetados especificamente para um dado grupo. Skates são desenhadas para os jovens, por exemplo, e cadeiras reclináveis para aqueles que procuram conforto em vez de sofisticação visual.

A identificação com produtos pode ser notada claramente quando se consideram itens populares com grupos de várias faixas etárias nos Estados Unidos. Os cidadãos mais velhos não costumam dirigir veículos de quatro rodas com pneus gigantes. Entretanto, muitos deles cobiçam casas de repouso, que não atrairiam as pessoas na casa dos 40 anos. Os adolescentes geralmente não querem, nem ligam para *Buicks* (carros antigos), conjuntos de potes para a cozinha, ou cortadores de cerca viva movidos a gasolina. A maioria dos adultos não quer roupas "punk", a não ser que sejam adaptadas satisfatoriamente e reapresentadas por designers da moda. Você consegue se lembrar de quando era adolescente e desdenhava de todas as coisas chatas com as quais seus pais complicavam a vida deles?

182 EXCELÊNCIA NO DESENVOLVIMENTO DE PRODUTOS

Eu ainda me lembro, que enquanto estava na força aérea, me orgulhava de que todas as minhas posses mundanas que cabiam no baú da minha Austin Healey. Agora minhas posses aumentaram e ocupam quase todo espaço disponível. Você pode se lembrar, como pai, de não entender por que seus filhos não pareciam dar valor para suas ordens ou por que eles eram descuidados. Ao mesmo tempo, você pode ter notado que seus pais atingiram uma idade em que se desfaziam das coisas com mais facilidade e não pareciam tão ligados a posses quanto você. Se agora você está no grupo de idosos e acumulou um grande número de pertences, pode achar que outras questões são mais importantes. É bem comum para os idosos "descartarem" seus bens em algum momento.

É interessante ver as mudanças de gosto da sociedade, por exemplo, nos Estados Unidos, à medida que os nascidos após a Segunda Guerra envelhecem – um grupo de cerca de 75 milhões de pessoas que tiveram um impacto tremendo nos padrões de consumo do país. Quando eram crianças, o país dava importância aos brinquedos, a vínculos educacionais de apoio e era obcecado por teorias de educação dos filhos. Quando se tornaram jovens adultos, era muito comum a inundação de discotecas e condomínios, e os comerciais de TV e filmes mostravam pessoas com seus vinte e poucos anos. Agora, as propagandas americanas consistem em modelos mais velhos, em atrizes e atores mais antigos no palco, e mais ênfase em idade, saúde e cirurgia estética. O Cadillac está ressurgindo e vários tipos de opções de aposentadoria, atividades e comunidades são muito comentados.

As subculturas também podem ser definidas pela renda e vocação. Eu posso generalizar sobre os padrões de consumo de vários conhecidos meus, que se tornaram bem de vida participando do crescimento do Vale do Silício. Muitos deles agora são presidentes de empresas e membros de conselhos de diretoria – os chamados executivos. Como mencionado anteriormente, alguns retêm os adereços do vale – jeans, bicicletas etc. – embora seus jeans e bicicletas sejam mais caros do que antes. Mas muitos agora tendem ao gosto conservador de pessoas bem-sucedidas financeiramente: ternos escuros, carros alemães em cores sóbrias, e talvez um Porsche ou uma Ferrari ao lado. Suas casas têm muito branco e mármore, e são meticulosamente organizadas, não mostrando os desgastes causados pelo uso que a minha, por exemplo, tem. O grupo tende a não ter traillers, móveis de barganha ou luminárias feitas de velhas bombas de cozinha. No entanto, eles valorizam e colecionam arte. Apreciam ouvir música em aparelhos de som novos e de alta qualidade, mas não tocam instrumentos musicais. Comem e bebem com moderação e preocupam-se com sua aparência e saúde. Dão importância ao bom gosto e ao decoro. Eles não escondem sua saúde, mas não a exibem.

Já os meus amigos, por exemplo, não são nem ricos nem pobres. Suas casas são menos formais do que aquelas e, em minha opinião, mais realistas com a vida. Livros e revistas estão espalhados pela casa. Com frequência, existem sinais de crianças e netos. Os aparelhos de TV estão à vista e cercados de cadeiras adequadas e mesas para cerveja, vinho e coisas para beliscar. Seus móveis são mais macios e menos homogêneos e a limpeza da casa é menos meticulosa. Minha esposa e eu fazemos parte de uma subcultura de pessoas que parecem adorar coisas excêntricas, embora esses objetos tomem espaço e tenham pouca utilidade. Ainda que não nos consideremos colecionadores, adquirimos constantemente essas coisas. Por exemplo, temos uma cadeira velha de dentista na sala de estar, simplesmente porque é divertido. Nossos netos adoram sentar nessa cadeira, embora alguns de nossos convidados mais velhos se encolham só de vê-la. Mas esse item é uma boa companhia para um rifle antigo, uma gangorra, um cortador de grama, um varredor de carpete, um biombo de cascalho, uma bomba d'água, uma tocha esfumaçada, um pote de chumbo, uma serra de madeira, um microscópio usado em patologia, uma árvore da vida mexicana, entalhes africanos, orquídeas, pinturas e esculturas. Uma vez que esta é nossa sala de estar, temos, ainda, sofá, aparelho de som, escrivaninha e várias cadeiras e mesas e, perto do Natal, minha esposa acrescenta várias centenas de enfeites que trouxe para casa de várias viagens. Adoramos todas essas coisas em nossa sala de estar, tanto que espalhamos os enfeites pelo resto da casa.

Suponho que fazemos parte da cultura de velharias, mas muitos de nossos amigos também são, e muita gente é assim. Recentemente, dei uma palestra em um pequeno museu local que tem interesse por itens mecânicos. A exposição, na ocasião, exibia ferramentas antigas. Em dado momento, perguntei ao público quantos deles colecionavam coisas que seus amigos não apreciavam. Quase todos levantaram as mãos. Então perguntei quantos enfrentavam o problema grave de não ter uma casa grande o suficiente para guardar todas aquelas coisas que eles adoravam – dessa vez todos levantaram as mãos. Muitas empresas bem-sucedidas apoiam essa cultura de velharias. Obviamente, a e-Bay é uma delas, enquanto outras empresas suprem peças originais e reproduções praticamente para qualquer produto que possa ser considerado antigo e interessante.

Um amigo meu colecionava e restaurava tanques do exército e órgãos musicais, mas não comentava sobre isso. Outro colecionava trens de brinquedo. Ainda outro interessa-se por motores de tração a vapor e tratores com esteiras. Um amigo de meu tempo de faculdade acabou tão ligado aos trens que passou de brinquedos para os trens de verdade, com motor a vapor, depois trabalhou em uma importante operação de ferrovia turística. A vida dele mudou porque precisou se afastar das coisas comuns. Muitos nessa cultura de "máquinas antigas" restauram objetos velhos e constroem modelos a partir deles. Dois amigos meus montam locomotivas a vapor na escala de 7,5 polegadas. Tive a oportunidade de conhecer um homem que era um modelador profissional de navios. Médico, no início ele construía modelos de navio como hobby, mas ficou tão envolvido com isso que sua saúde estava abalada pela falta de sono. Sua esposa finalmente o convenceu de que ele tinha de abrir mão da prática médica ou de sua modelagem de navios. Ele deu crédito a ela por colocar o problema de tal forma que ficou claro que ele deveria desistir da medicina. Quando eu o encontrei, ele estava construindo alegremente modelos de iates para proprietários ricos e modelos para filmes, em tempo integral e se sustentando com a venda deles.

Os produtos também se correlacionam com a identidade em grupos vocacionais. Os trabalhadores da construção civil compram menos notebooks do que os executivos, e, em geral, apreciam ferramentas de alta qualidade que são mais bem vistas por maquinistas e mecânicos do que por secretárias. Com o tempo, esses produtos preferidos tornam-se simbólicos da subcultura. Se eu quero me parecer mais com um executivo bem-sucedido, posso comprar um celular de última geração. Quando quero me parecer mais com um produtor rural, dirijo minha picape, embora, evidentemente, serei mais aceito pelos produtores se for o tipo "certo" de picape.

Como disse anteriormente, tive uma picape durante vários anos, e com frequência passo um tempo em uma fazenda no vale agrícola da Califórnia. Em 1976, comprei uma pequena picape Toyota com cama e adorei o carro. Entretanto, fui alvo das críticas de meus amigos do Vale, que tendiam a preferir vans Ford de cor branca. Quando minha Toyota finalmente ficou velha, comprei uma caminhonete azul da Ford. Não recebi muita crítica pelo tamanho e marca de minha picape, mas claramente a cor azul confundia as pessoas. Eu não adorava a picape tanto quanto minha Toyota, pois não era tão divertido e tão confiável dirigi-la. Mas a nova caminhonete me serviu bem até que ficou muito velha. Então decidi comprar uma picape Toyota cabine dupla, mas quando revelei minha decisão a um grupo de amigos recebi uma desaprovação velada, pois ainda deveria comprar uma van Ford de cor branca. Logo, finalmente, tive um produto industrial consistente com a tribo de produtores. Claro que eles não tinham nada a ver com a tribo de professores.

Globalismo e culturas

Como mencionei, uma das grandes tensões no mundo a época em que escrevi este livro se deve ao rápido crescimento da globalização. Avanços tecnológicos como o despacho por contêineres, a comunicação digital e por satélite e a aeronave de fuselagem larga simplificaram a expedição de bens, a viagem das pessoas e a condução de negócios por grandes distâncias. Produtos da indústria são cada vez mais produzidos com peças feitas em diversos locais e montados em lugares muito distantes dos consumidores finais. A China é a maior prova desse conceito. Países ocidentais valorizam os preços mais baixos dos produtos chineses, mas, como é usual, queremos os benefícios sem os custos – produtos baratos, mas um equilíbrio de pagamentos com o mundo e pleno emprego com salários relativamente altos. Muitos acham (como eu) que essa globalização continuará, embora um número crescente esteja atento aos custos de energia de empresas globais, e não sabe se ela será sustentável a longo prazo.

Essa globalização está tornando mais difícil correlacionar produtos com os países de origem. Muitos produtos que proclamam "Made in USA", por exemplo, contêm componentes de outros países enquanto outros são produzidos por uma fábrica em outro país ou mesmo por uma joint venture com uma empresa estrangeira. Um dos efeitos da globalização é a crescente padronização de produtos industrializados. Bens de capital, aqueles que exigem um grande investimento e são usados por empresas na produção, estão se tornando bastante padronizados. Existem semelhanças enormes e crescentes entre as ferramentas de máquinas, caminhões, tratores, usinas e guindastes produzidos nos Estados Unidos, Alemanha, Japão e outros países industrializados e em industrialização. O design de tais produtos é altamente influenciado pela

186 EXCELÊNCIA NO DESENVOLVIMENTO DE PRODUTOS

função e as empresas que os desenham e produzem estão se tornando cada vez mais internacionais em suas operações e em sua sensibilidade de mercado.

Ficaríamos surpresos se um motor elétrico para máquinas grandes fabricado na Bélgica diferisse significativamente de um fabricado no México. Não só eles são construídos para vendas no mundo todo, mas também estamos nos acostumando aos padrões internacionais não apenas de função e preço, mas também de coisas como material, forma e mesmo cores. Essa tendência à padronização global não se limita a produtos comerciais de alto preço. Equipamentos de esportes são outro exemplo de uniformidade internacional de produto. Não existe muita variação em raquetes de tênis, tacos de golfe, luvas de boxe ou bolas de futebol. Parte dessa uniformidade é padronizada por regras, algumas delas tendo evoluído para sua forma atual por meio do uso, outras, pela globalização. A moda também tende a internacionalizar os produtos: a procura atual por jeans e tênis é um bom exemplo.

Contudo, existe uma desvantagem potencial para a qualidade de vida nessa padronização global, eu não sinto o mesmo prazer em viajar para o exterior quanto sentia antes, em parte porque os aeroportos, as empresas de aviação, o transporte terrestre e os hotéis ficaram mais padronizados ao longo do tempo, tornando as visitas a uma cultura nova e diferente menos empolgantes. Minha primeira viagem para o exterior foi para o Japão nos anos 1950, e para quem era americano, era outro mundo. Atualmente, embora exista uma forte identidade cultural, visualmente o país é muito mais parecido ao Ocidente.

Ainda existem países, como a Índia, que têm mantido uma singularidade visual, embora também estejam se aproximando do modelo ocidental prevalente para aderir aos negócios internacionais que crescem dia a dia e a viagens turísticas. Agora existe uma nova estrada cujo pedágio é dividido entre Mumbai e Pune, na Índia, uma viagem que eu fazia com frequência. É verdade que o tempo de viagem foi reduzido pela metade e o caminho provavelmente seja mais seguro, mas a estrada nova não tem caminhões tombados, carros de boi, tratores de três rodas, elefantes, *scooters,* pedestres, gado, buracos e outros aspectos tradicionais das estradas indianas. Para mim, como ocidental, a estrada é menos interessante. Temo que a cabine construída pelo próprio proprietário para o caminhão na Índia também tenha um futuro limitado. Provavelmente, o Tata, um dos modelos fabricados pela Motors Limited, a maior empresa indiana no setor automobilístico, logo será vendido em outros países, mas neles talvez ninguém procure carrocerias de madeira para enfeitar com totens, franjas, flores e outros objetos encontrados e que decoram carrocerias dos caminhões tradicionais na Índia. No entanto, acho que há uma boa chance de que a estética indiana permaneça viva no País – ela sobrevive há milhares de anos. Um amigo meu, que é presidente de uma empresa indiana de muito sucesso, adora relógios feitos pela Titan, uma empresa local que combina design indiano tradicional com um produto moderno. Ele também adora destacar que jovens empresários indianos bem-sucedidos gostam de usar *kurtas* em festas e decoram suas casas com artesanato indiano tradicional.

Qual será o preço eventual da padronização global no que concerne à diversidade cultural? Estamos nos movendo para a escassez de produtos que simbolizam nossas diferenças? Nós nos tornaremos uma única comunidade global com só uma linguagem principal e produtos industrializados comuns a todos? Os negócios parecem estar tomando esse rumo, mas não acho que todo *Homo sapiens* fará isso. De fato, quanto mais as forças da globalização tendem a padronizar produtos pelo mundo, mais mercado pode haver para produtos exclusivos de culturas locais. Dez bilhões, seis bilhões, ou mesmo apenas um bilhão de pessoas ainda representam um número grande demais para ter valores, crenças e gostos semelhantes, a não ser que sejamos submetidos a uma lavagem cerebral em massa ou sejamos lobotomizados por invasores de outro sistema solar. A China luta por uma cultura comum, mas olhando para a extrema diferença entre a vida urbana e rural, a enorme defasagem de renda entre os ricos e os pobres e os estilos de vida de muitas pessoas com descendência chinesa que vivem em todo o mundo, embora exista uma herança comum, esta está longe de ser homogênea.

Ainda que os produtos industrializados nos Estados Unidos talvez não sejam tão diversos quanto aqueles na Índia e China, eles refletem uma coleção de subculturas. E as subculturas permanecerão.

Como exemplo, à medida que a população da Califórnia cresce (agora com meros 30 milhões), torna-se ciente de mais divisões dentro do estado e mais se fala em dividir o estado em regiões de valores mais semelhantes. Por diversas razões, é improvável que isso aconteça, mas as quatro regiões que são bem diferentes: a Califórnia do Sul (crescimento, entretenimento, automóveis e construtores), a Califórnia Central (os Vales do Sacramento e San Joaquin – agricultura e cidades com influência recente), a região de San Francisco Bay (capitalistas de risco, dinheiro, Prius e mercados de produtores agrícolas) e a parte Norte do estado (madeira, produtores de maconha e bela paisagem

188 EXCELÊNCIA NO DESENVOLVIMENTO DE PRODUTOS

– construtores não são bem-vindos). Essas diferenças regionais têm existido em minha memória e permitem aos californianos o prazer de não só fazer comentários grosseiros e contar piadas maldosas uns sobre os outros, mas também de fazer uso de produtos diferentes.

Neste mundo cada vez mais global, grande parte da diversidade de produtos continua entre aqueles mais pessoais como alimento, móveis, roupas, pasta e escovas de dente, barbeadores, desodorante, absorventes e roupas íntimas. As subculturas têm opção suficiente para escolher produtos que sejam consistentes com seus valores. Mercearias vendem vegetais orgânicos e bacon. Alguns grupos modificam produtos como automóveis e computadores para se ajustar melhor ao que desejam. A globalização provavelmente signifique que as separações baseadas em nações, estados e outras divisões políticas tornarão-se mais fracas e outros agrupamentos, como subculturas, mais fortes.

Algumas subculturas serão fortemente definidas por um produto: as motocicletas Harley-Davidson grandes são um bom exemplo. Originalmente, a motocicleta "cruiser" era um veículo tipicamente americano. Essas motos são confortáveis para percorrer longas distâncias em estradas retas. Elas não são bem desenhadas para pilotar a alta velocidade por estradas tortuosas ou para viajar por terrenos irregulares, sem asfalto. Em razão da disponibilidade dessas motos, ao torque e ao som agressivo (principalmente com silenciador mínimo) causado por seus motores de velocidade relativamente baixa e grande deslocamento, elas também se tornaram a moto preferida dos primeiros clubes de motos, alguns deles caracteristicamente "contraventores". Embora agora a maioria das vendas dessas motocicletas seja para pessoas que definitivamente não são contraventoras, os donos de motos Harley-Davidson são uma tribo. Eles têm uma reunião anual em Sturgis, Dakota do Sul, alto interesse pela Harley-Davidson Company e seus produtos, e valores semelhantes em coisas como roupas adequadas para usar enquanto andam de moto. Mas, o interessante é que a Harley-Davidson está prevendo que a partir de 2014, cerca de 40% de suas vendas sejam no exterior[3]. Aparentemente, a subcultura está se espalhando e, sem dúvida, muitos valores da tribo americana permanecerão intactos – vide motoclubes como o Hell Angels, que possuem a versão brasileira.

Os produtos da indústria que usamos dizem para as outras pessoas quem somos. Temos feito tudo isso – financiamento, design, fabricação, venda porque gostamos de nos ressair no mundo, com nossa tecnologia. Mas acho que questões como imigração, balança de pagamentos, propriedade intelectual e proteção comercial se tornarão cada vez mais discutidas. Muitas questões associadas com a produção industrial, como poluição, esgotamento de recursos e energia e disponibilidade de água estão sendo reconhecidas como problemas internacionais. A questão de fronteiras políticas e leis religiosas *versus* internacionais *versus* nacionais serão uma questão no futuro próximo.

A longo prazo, para que o *Homo sapiens* prospere, não há escolha senão ter uma forma de pensar cada vez mais internacional. Mas os produtos diversificados, que são símbolos de subconjuntos da humanidade, perdurarão. Eu, pessoalmente, gostaria de ver mais diversificação. A facilidade que temos para encontrar falhas em vários produtos é uma função dos compromissos inerentes em nosso sistema atual de produção de massa. Nos últimos vinte anos, muito se tem falado sobre mais customização dos produtos, mas não tem acontecido muita coisa. Parece ser mais barato convencer a todos nós a convergir do que atender à diversidade no gosto humano. Mas acho que nos apegaremos à nossa diversidade e os mercados seguirão essa tendência.

Problema proposto

Escolha uma subcultura da qual você se sinta parte. Escolha também o produto que é mais simbólico dessa subcultura e o produto que simboliza melhor o que você é.

Que subcultura você escolheu? Quais foram os dois produtos que você escolheu? Por que cada um deles preenche aos critérios expressos? Em que medida o produto que você escolheu, e que se encaixa com a subcultura, também simboliza o que você é?

Tabela de problemas e táticas: simbolismo e valores culturais

Problemas	Táticas
Crença de que o simbolismo e os valores culturais são superficiais e podem ser mudados facilmente	Pensar quando simbolismo e cultura são fatores na qualidade do produto e como a maior atenção a eles pode aprimorar essa qualidade.
O simbolismo e a cultura são difíceis de detectar e medir para os designers e outros, principalmente se eles não estiverem acostumados a pensar neles	Tornar-se mais sensível ao seu próprio simbolismo e valores e àqueles de outras culturas; passar mais tempo com pessoas de outras culturas.
Suposição de que necessidades, vontades e desejos de todos são/devem ser os mesmos	Viajar e conversar mais com pessoas; experimentar seus produtos em culturas diferentes e experimentar em sua própria cultura os produtos que são populares em outras.
Negligenciar as forças da globalização	Ler e conversar com pessoas que estejam diretamente envolvidas em coisas como terceirização e pensar sobre tarifas e outros tipos de proteção nacional; aceitar o fato de que o passado acabou.

CAPÍTULO

Restrições globais

O produto é adequado a uma terra finita e a seus habitantes?

Os capítulos anteriores trataram da qualidade de vida nos dias atuais ou no futuro próximo – produtos adequados ao nosso corpo e mente que nos dão prazer emocional, nos mantêm saudáveis e felizes e ajudam a mostrar aos outros quem queremos ser. Discuti longamente a interação entre o produto e o usuário individual, ou talvez pequenos grupos de usuários. Agora, este capítulo trata, em parte, de problemas que podem ocorrer no futuro, ou possivelmente de catástrofes que talvez afetem a um grande número de pessoas, se não ao mundo inteiro. Infelizmente, os produtos da indústria, por meio de sua existência e/ou fabricação e uso, podem diminuir lenta ou repentinamente a qualidade de vida na Terra para a nossa espécie, se não destruí-la seriamente. Existem, no entanto, oportunidades para produtos melhores e para uma vida melhor se nos esforçarmos para proteger, ou mesmo aprimorar nosso ambiente, e assegurar que a vida humana seja sustentável na Terra.

Hoje, tópicos como sustentabilidade e ambiente estão recebendo muita atenção em grande parte do mundo. Os alunos de escolas de administração nos Estados Unidos estão falando do "tripé da sustentabilidade" (*triple bottom line*), um conceito criado por John Elkington que nos diz que as empresas devem se preocupar com as pessoas e o planeta, além do lucro. Muitos americanos ficaram constrangidos com a recusa do país em aderir ao Protocolo de

192 EXCELÊNCIA NO DESENVOLVIMENTO DE PRODUTOS

Kyoto, o acordo internacional para reduzir as emissões do gás do efeito estufa, e acreditam que os Estados Unidos deveriam assumir a liderança na preservação do ambiente, em vez de se arrastar no fim da fila. Automóveis híbridos e elétricos parecem ter encontrado um nicho, e as pessoas estão pensando no controle de carbono, em redes de energia inteligentes, na geração de energia solar, na agricultura sustentável e na conservação. Um número crescente, tanto de pesquisas quanto de cursos nessas áreas, tem sido realizado nas universidades.

Grandes problemas

No período em que eu escrevia este capítulo, li a edição da revista *The Economist*, de 28 de maio a 3 de junho de 2011. Na capa, a foto de uma Terra construída com placas e vigas de aço rebitado e a manchete: "Bem-vindo ao Antropoceno", com o subtítulo: "Os homens mudaram a forma de fazer o mundo funcionar. Agora precisam mudar sua maneira de pensar sobre ele"[1]. A revista incluía um artigo intitulado: "O Antropoceno: um mundo feito pelo homem"[2].

A chamada e o artigo discutem a teoria de que a Terra passou do período geológico relativamente estável chamado Holoceno, definido por repetidas eras de gelo, para um novo período caracterizado pela atividade do homem, chamado Antropoceno. Essa teoria é de autoria de um eminente químico estudioso da atmosfera, Paul Crutzen, e de seu colega Eugene Stoermer. A Comissão Internacional de Estratigrafia, responsável por nomear vários períodos, eras e idades da Terra, está estudando formalmente essa possibilidade.

Muito do passado geológico foi definido por fósseis, formações de rochas e depósitos químicos. Nossa era atual fornecerá aos geólogos do futuro fósseis de cidades, e animais e plantas muito domesticados. Eles encontrarão mudanças no habitat e extinções relacionadas, alterações no clima e seus efeitos, no ciclo do carbono e nitrogênio, e alterações radicais na sedimentação, tudo em razão do trabalho da espécie humana. Os números apresentados nos artigos são impressionantes. A liberação de nitrogênio pelas indústrias tem aumentado a quantidade de nitrogênio na terra em 150% mais do que aquela causada pelos micróbios, com resultados que variam do incentivo ao uso de plantas como alimentos (o que é bom) às "zonas mortas" costeiras, cada vez maiores, criadas pelo escoamento de água usada na lavoura (algo bem ruim). Os níveis cada vez mais altos de dióxido de carbono na atmosfera em razão de atividades humanas, embora essas atividades respondam por apenas 10% de todo o dióxido de carbono produzido, estão começando a resultar em efeitos em cadeia preocupantes.

A revista *The Economist* acrescenta que a massa total de humanos e seus animais domésticos não só supera de longe aquela dos animais silvestres, mas o ecossistema em geral está se restringindo a plantas e animais que se deram bem em um ambiente dominado pelos homens. Outro exemplo da escala da atividade humana é a mina Syncrude de areias de alcatrão, em Athavasca, na província de Alberta, no Canadá. As atividades de mineração lá moverão 30 bilhões de toneladas métricas de terra – o equivalente a duas vezes a quantidade de sedimentos que flui dos rios no mundo em um ano.

Uma razão para a maioria da população mundial ter dificuldade em pensar na escala dos problemas que atingem a crosta terrestre é que não sabemos ainda lidar com grandes quantidades direito. Considere o seguinte: se eu carregar minha picape com a carga máxima, poderei carregar uma tonelada métrica de terra. Isso significa que essa mina no Canadá moverá 30 bilhões de picapes carregadas de terra e que as várias picapes colocadas uma atrás da outra formariam uma linha de um pouco mais de 161 milhões de quilômetros de comprimento, o que completaria o círculo em volta da Terra mais de quatro mil vezes. Pense em uma fila de picapes com uma largura de 9,6 km circulando a Terra. Ou, se essa quantidade de terra fosse espalhada uniformemente pelo Canadá, cobriria toda a nação com uma camada de cerca de um quarto de centímetro de espessura – se você é um geólogo, é capaz de imaginar. Felizmente, a poeira movida é assentada em seu local original, embora obviamente sua composição mude. E ainda que os impactos no ambiente sejam grandes, eles estão sendo monitorados de perto pelo governo canadense. A cobertura feita pela *The Economist* do Antropoceno merece atenção, especialmente porque estamos no meio de uma grande recessão mundial, e problemas a longo prazo relacionados ao ambiente e à sustentabilidade da vida humana (e de outras vidas) com frequência recebem menos atenção durante esses períodos, principalmente por parte de revistas relativamente conservadoras como a *The Economist*.

A preocupação com esses problemas tem diminuído lentamente durante minha vida, mas a magnitude deles e a relação de suas soluções com nossas economias e valores são tão grandes que, em geral, só falamos em resolvê-los da boca pra fora. Infelizmente, esses problemas são complexos, envolvendo sistemas como redes de energia elétrica e sistemas interestaduais de distribuição de água, normatizações do governo que devem ser seguidas obrigatoriamente e tratados de cooperação internacional. Essas questões são controversas, e infelizmente se tornaram politizadas demais. E, sendo as pessoas e a mídia como são, podemos estar passando por um breve período de consciência e atividade, depois do qual retrocederemos para reprimir o fato de que estamos descuidando do que é nosso. É estranho que as empresas estejam assumindo uma posição negativa diante das regulamentações e despesas que visam proteger o ambiente, pois poderíamos ganhar muito dinheiro se reorientássemos nossa maneira de tratar a ecosfera.

Apesar das complexas organizações de caça (pecuária) e coleta (agricultura) dos homens modernos e das poderosas ciência e tecnologia, compartilhamos um problema com nossos ancestrais. Se nossos recursos esgotarem-se ou se destruirmos nosso ambiente, ficaremos em uma situação problemática. Nossos ancestrais mais antigos, sendo comparavelmente poucos em termos de números, podiam resolver tais problemas mudando-se para um local diferente ou tirando coisas de outras tribos. Agora estamos usando com muito mais rapidez recursos que não são facilmente renováveis – minerais essenciais, animais, plantas, espaços abertos, solos, ar fresco e água potável. E está ficando mais difícil encontrar novos locais para ir e tirar coisas dos outros, na medida em que locais inexplorados estão se tornando raros e as "tribos" cresceram e ficaram muito mais armadas.

O papel do produto industrializado

Então, o que os produtos industrializados têm a ver com todas essas questões globais? Quase tudo. Os atuais produtos que nos permitem caçar e coletar tão eficientemente também afetam o meio ambiente: basta olhar uma mina de carvão moderna ou uma operação de pesca em águas profundas. O aumento acentuado de nossa população, a tecnologia cada vez mais poderosa e as expectativas crescentes resultaram no desejo de um número cada vez maior de produtos industrializados de todos os tipos. Infelizmente, a fabricação, a manutenção, o uso e o descarte desses produtos maravilhosos esgotam os recursos exigidos para a sua produção e uso. Tudo isso traz danos frequentes, senão irreversíveis, à ecosfera.

Bob, um dos meus filhos, está envolvido no design e fabricação de produtos que nos ajudarão a adotar um estilo de vida mais sustentável. Como ele gosta de dizer, a indústria depende de "aquecer, bater e tratar" matérias-primas. Infelizmente, aquecer, bater e tratar resulta em um tipo diferente de impacto ofensivo, tanto em quantidade quanto em qualidade, daquele de nossos antepassados. Nossos queridos ancestrais liberavam muito menos poluentes no ar, no solo e na água. O material também era mais benigno, porque não existiam grandes indústrias de eletrônicos que empregassem substâncias químicas na produção de itens que, por sua vez, contivessem metais pesados e outros materiais tóxicos que não pudessem ser reciclados. Considere a energia nuclear, que não só nos convenceu, finalmente, do perigo do resíduo nuclear, mas também nos fez perceber a natureza finita do minério de urânio. Evidentemente, a magnitude da produção industrial continua a aumentar. Um exemplo, são os processos modernos que exigem quantidades imensas de energia para transformar matérias-primas em formas que posteriormente tentam enterrar ou queimar, resultando em mais problemas.

Os produtos de alumínio são um bom exemplo disso. Embora a crosta terrestre tenha contido sempre uma grande quantidade de alumínio em vários compostos, apenas cem anos atrás os processos e fontes necessários de energia elétrica tornaram-se disponíveis para fazer do alumínio metálico mais do que uma raridade cara. Mas o gasto de energia para produzir alumínio é muito alto. Atualmente, a produção de 450 gramas de alumínio requer um pouco mais de seis quilowatts-hora de eletricidade. A indústria de alumínio nos Estados Unidos, por exemplo, consome diretamente cerca de 55 bilhões de quilowatts-hora de eletricidade anualmente para produzi-lo[3]. Essa quantidade equivale à eletricidade consumida por sete milhões de casas. Os Estados Unidos geram no total aproximadamente quatro trilhões de quilowatts-hora de eletricidade por ano; logo, isso representa 1,4% do uso total de eletricidade do País todo para produzir alumínio. Obviamente, isso resulta em muito mais emissão de dióxido de carbono do que aquele de toda a população dos Países Baixos. No lado positivo, esse custo de energia e a natureza física do alumínio levaram à reciclagem de produtos, uma vez que é muito mais barato derreter produtos de alumínio descartados do que fabricá-los com novo metal extraído de minas (daí a bela recompensa por reciclar canecas de alumínio).

196 EXCELÊNCIA NO DESENVOLVIMENTO DE PRODUTOS

A compatibilidade com a Terra e sua ecosfera inevitavelmente se tornará cada vez mais importante na qualidade do produto. Embora a atenção a problemas ambientais e à sustentabilidade no longo prazo pareça seguir a saúde da economia e o interesse com outros problemas, não podemos deixar de ficar mais atentos a coisas como reciclagem, fontes alternativas de energia, a ecosfera e o design, a manufatura, a possibilidade de consertar e o descarte de produtos: uma oportunidade sem precedentes para a indústria!

Por que esses problemas?

Talvez a causa mais significativa de nossos problemas crescentes de ecosferas e recursos tenha sido o crescimento populacional. Todos nós acompanhamos os números: a população da Terra era de 5 milhões em 8000 a.C., 250 milhões em 1000 d.C., 1,6 bilhão em 1900, e agora, 7 bilhões (aumento de 1 bilhão nos últimos 12 anos), e a projeção é de 9 bilhões em 2050[4]. A população não continuará a crescer exponencialmente para sempre, claro, mas a alternativa para a morte em massa ou o extermínio (causado por muitas guerras, que hoje tendem a não acontecer mais) implica muito do crescimento continuado.

Outra causa desses problemas são as expectativas cada vez mais altas da população. Querer continuamente novos aparelhos para aumentar a qualidade de vida, provavelmente seja uma característica de nossa espécie. Uma casa, um automóvel e combustível, um refrigerador, uma TV, uma lavadora, uma secadora e outros aparelhos são considerados "necessidade". O mesmo ocorre com um computador e um celular. Considere o celular com câmera. Um estudo feito pelo Gartner Group destacou que 460 milhões de celulares com câmeras foram vendidos em 2006. Esse produto, na época em que escrevia este livro era relativamente novo, mas a maioria das pessoas agora espera que o celular tenha câmera, quer precisem ou não dela.

Essas expectativas são reforçadas pela crescente capacidade de sofisticação dos fabricantes para influenciar os desejos de potenciais clientes, entre eles: governos e empresas, por meio de propaganda e outras promoções. Outro fator é a atitude "Nós podemos qualquer coisa", dos tecnologistas modernos. Você pode mandar pessoas para Marte, NASA? Sem dúvida. Dê-nos dinheiro e construiremos o que você precisa. Sua empresa grande e excelente tem problemas de informação? Nós lhe venderemos um sistema de TI que resolverá todos eles. Você quer uma bomba que mate apenas os maus sujeitos? Sem problema.

Os produtos e processos da indústria podem ser designados de uma forma mais compatível com restrições globais? Certamente. Mas, no passado, essa talvez não tenha sido uma prioridade tão alta quanto deveria ter sido. A indústria produz coisas a fim de vendê-las aos clientes, e, portanto, esses produtos são definidos de acordo com o que os clientes querem (ou tenham sido levados a acreditar que querem). As organizações e aqueles que desenham produtos observam o mercado. Com exceção do custo e da disponibilidade de materiais e regulações que os restringem, eles não costumam estar focados e talvez não tenham consciência da escassez, dos danos ambientais e do consumo de energia associado aos materiais que eles usam ou aos processos de fabricação e uso de produtos. E não têm se interessado por problemas relativos ao descarte ou à reciclagem desses produtos, a não ser que sejam obrigados a cumprir a regulamentação (por exemplo, se eles exportarem para a Alemanha, país que tem leis relativas a essas questões) ou possam a ganhar dinheiro fazendo isso (como os benefícios de custo obtidos com a reciclagem de canecas de alumínio, mencionada anteriormente).

Os clientes também não têm pensado suficientemente sobre esses assuntos. As centenas de milhões de celulares que são descartados por ano resultam em centenas de milhares de toneladas de descarte, parte dela altamente tóxica[5]. Os computadores e os monitores agora são maiores e contêm ainda mais toxinas[6]. O problema está sendo reconhecido atualmente, e há tentativas de resolvê-lo, mas as dificuldades superam as soluções. Um exemplo da complexidade de tais situações pode ser visto na questão das fraldas descartáveis. A cada ano, nos Estados Unidos, por exemplo, 3,5 milhões de toneladas de resíduos consistem de fraldas descartáveis[7]. Esses materiais, cheios de urina, fezes e camadas de plástico, acabam nos lençóis freáticos do País inteiro. O mais assustador é que não consigo encontrar informações documentadas na internet sobre a extensão do problema mundial. Encontrei estimativas entre 20 e 40 milhões de toneladas por ano. Talvez ninguém saiba, realmente.

198 EXCELÊNCIA NO DESENVOLVIMENTO DE PRODUTOS

Felizmente, a consciência dessa questão tem levado à disponibilidade das chamadas fraldas descartáveis ecológicas, algumas delas usando material à base de resina na camada externa e um gel para absorvência. Procure as fraldas Bamboo na internet se quer ver um exemplo desses produtos. As fraldas são anunciadas como biodegradáveis, e podem ser descartadas no vaso sanitário, mas existe um aspecto negativo que é a grande quantidade de energia para fabricá-las. E ainda faltam pesquisas na área, a longo prazo, sobre os efeitos do produto em bebês. Além disso, essas fraldas não degradam em um aterro estéril. Mesmo que jogadas no vaso não atinjam o aterro sanitário, será que os sistemas delicados de esgoto, como aquele que serve a minha casa, darão conta delas? E, sem contar que vasos com descarga exigem água corrente. Também, se podemos eliminar resíduos com a descarga, pensaremos menos ainda nisso. Ironicamente, fraldas de pano antiquadas ainda podem ser "mais gentis" com a Mãe Terra, mas quais são as chances de voltarmos a usá-las?

É inevitável que os produtos não deem conta das restrições impostas por nós e pela natureza finita da Terra. A única questão é quando. Aprimoramentos na tecnologia até agora nos têm ajudado a atenuar as dificuldades, mas em algum momento no futuro nosso estilo de vida não funcionará. Essa situação causará deslocamentos importantes porque as teorias econômicas e o próprio capitalismo baseiam-se no crescimento e no "valor adicional" aos recursos naturais. A boa notícia é que não só os clientes beneficiam-se, mas os fabricantes também poderão lucrar com esforços para solucionar esses grandes problemas e que persistirão a longo prazo, antes de a situação tornar-se crítica demais, principalmente se eles assumirem a dianteira.

A Toyota, com apoio de consumidores que pensam à frente, captou uma boa parte do mercado do Prius. A General Motors poderia ter tido uma liderança mais longa em veículos elétricos com o EV1, mas depois de fabricar um número relativamente pequeno de carros e fazer o leasing deles, a GM fez um recall e os destruiu. No processo, a GM desapontou muita gente, adquiriu má publicidade (o filme *Who killed the electric car?*, por exemplo), e perdeu muita credibilidade. Existem muitas razões para o recall, inclusive a timidez organizacional, um desejo de tentar conservar o passado e a ânsia de maximizar o lucro a curto prazo. Quando o EV1 foi lançado, no final de 1996, podia-se ganhar mais dinheiro com as SUVs. Em 2011, a Chevrolet lançou o Volt (um novo sedan híbrido elétrico), mostrando que existe agora mais aceitação geral e interesse em veículos com uso eficiente de energia e ecológicos.

Resposta à mudança

Como alguém que teve interesse durante tantos anos pela solução de problemas humanos, fico fascinado em ver como demoramos a tratar de grandes crises e de longo prazo como aquelas relacionadas a recursos limitados, ao ambiente e nosso estilo de vida insustentável. Um bom exemplo dessa falta de rapidez na solução das dificuldades é o chamado problema do petróleo. Neste período da história, parece que praticamente todos nós concordamos que a reserva de petróleo na superfície terrestre é finita e que o mundo, em geral, depende fortemente dele.

Na introdução a um livro intitulado *Winning the oil end game* ["vencendo o jogo final do petróleo"], de Amory Lovins (que pode ser baixado da internet), George Shultz, que trabalhou como economista sênior do Comitê de Conselheiros Econômicos do Presidente Eisenhower nos anos 1950, menciona que uma das principais preocupações de Eisenhower, naquela década, era a dependência de petróleo estrangeiro. Nos anos 1970, quando a Opep (Organização dos Países Exportadores de Petróleo) passou a existir e os preços da gasolina subiram, longas filas formaram-se nos postos, faltou combustível, muito estava por fazer e eram necessárias medidas governamentais duras. As empresas automobilísticas começaram a produzir carros que economizavam combustível para responder tanto aos consumidores quanto às novas regulamentações do governo; muito dinheiro foi empregado em pesquisas de combustíveis alternativos que iam do xisto betuminoso à energia solar, e a mídia floresceu com uma estória atrás da outra sobre a diminuição das descobertas de reservas, a imensa dependência dos Estados Unidos do óleo estrangeiro e as reservas limitadas. Assim que os preços da gasolina baixaram, no entanto, a grande preocupação evaporou – o que não foi uma boa forma de abordar um problema de longo prazo. Embora a preocupação tenha retornado em razão dos altos preços da gasolina e das tensões internacionais, as importações de petróleo nos Estados Unidos continuam sendo de mais de 300 milhões de barris por mês, e as revistas de automóveis ainda estão analisando entusiasticamente veículos cada vez maiores e mais rápidos[8]. Toda vez que vejo ciclos como esse, percebo como esquecemos rapidamente problemas com forte impacto e como estamos dispostos a controlar voluntariamente nossos desejos pelo excesso.

Nos primeiros anos deste século, a situação piorou, nos Estados Unidos, eles estão usando e importando mais petróleo que antes. O país fala outra vez

200 EXCELÊNCIA NO DESENVOLVIMENTO DE PRODUTOS

sobre o problema, e muitas pesquisas sobre fontes alternativas de energia estão ocorrendo, mas a mudança é bem difícil por causa de um caso amoroso quase universal com o produto tradicional por parte dos consumidores e produtores. Nos anos 1950, não havia preocupação com o fornecimento geral de petróleo ou com o efeito estufa causado por dióxido de carbono. Nos anos 1970, estávamos cientes da natureza finita do petróleo, mas ainda não muito preocupados com as mudanças climáticas. Agora que sabemos tanto da quantidade impermanente do petróleo na Terra quanto do efeito estufa, por que continuamos a agir com tanta lentidão?

Parte do problema é que as pessoas subestimam a complexidade do sistema de transportes baseadas no petróleo. Mais de cem anos já se passaram, aprimoramos não só o automóvel, mas também a infinidade de vias expressas, postos de gasolina, garagens, concessionárias, lojas de autopeças, fábricas de montagem e produção e fornecedores que abrangem o sistema. Usar mais energia elétrica requer mais do que simplesmente projetar e construir um carro elétrico. Se cem anos atrás nós soubéssemos o que agora sabemos, provavelmente daríamos mais ênfase ao transporte de massa e ao planejamento dos transportes.

O Sul da Califórnia é um exemplo dos problemas causados pelo desenvolvimento de uma área supondo-se que o automóvel seria um transporte adequado para sempre. Não deve causar surpresa encontrar, com frequência, histórias saudosas sobre a antiga "Linha Vermelha" (*Pacific Electric Railways*), que ligava toda a região com *ônibus elétricos*, antes de ser desativada para dar lugar aos ônibus a díesel. Na época, provavelmente tenha havido pouca resistência a essa mudança por parte da maioria das cidades locais. Mas, agora que a Califórnia do Sul está completamente congestionada com veículos que produzem fumaça e mal se anda durante o horário de pico, a desativação da "Linha Vermelha" é considerada por muitos uma covardia. Embora a Califórnia do Sul, como muitas áreas urbanas, esteja no processo de fortalecer seu sistema de vias elétricas, a tarefa é complexa e extremamente cara porque o direito de exploração de ferrovias desapareceu. Porém, um uso acentuado de ferrovias faz parte de nosso futuro, simplesmente porque é muito mais eficiente e aparentemente mais luxuoso, à medida que outros modos de transporte tornam-se mais caros e causam transtornos.

Considerando nossos veículos multiuso mais padronizados, finalmente estamos começando a nos tornar inovadores ao reduzirmos o uso de petróleo.

A Honda e a Toyota chamaram a atenção das pessoas com o Insight e o Prius, carros híbridos. Em 2008, havia cerca de trinta empresas iniciantes tentando fabricar carros elétricos. Uma delas, a Tesla Motors, onde trabalha meu filho Dan, está produzindo um carro esportivo mais caro e elétrico, com alto desempenho. O veículo acelera do zero a 90 km em cerca de quatro segundos, e é capaz de rodar 400 km com uma única carga de bateria. A empresa afirma que os carros produzem apenas 10% da poluição dos carros esporte à gasolina, e são seis vezes mais eficientes (o equivalente a obter 217 km por galão e ter um custo operacional de 1% por km), também é bonito e incrivelmente divertido de dirigir. Até a presente data, o Tesla vendeu sua produção planejada do modelo 2011, e está estudando produzir um sedan sport menos caro no início de 2012. Mas como sociedade, temos um longo caminho pela frente. O público deve perceber que está tendo de suportar uma tecnologia que permaneceu essencialmente a mesma durante cem anos, e que fazer parte de uma grande multidão pastoreando duas toneladas de metal propelido por explosões periódicas em uma máquina que mais aquece a atmosfera do que fornece energia para as rodas é algo constrangedor.

Muitas são as oportunidades de diminuir nossa necessidade de energia, e às vezes é surpreendentemente fácil fazer isso. Como um exemplo específico de importantes economias de energia elétrica por meio da regulação do governo e mais atenção dada à eficiência por fabricantes, considere os refrigeradores domésticos. O tamanho das geladeiras tem aumentado desde os dias da caixa de gelo. O uso de energia por refrigerador aumentou ainda mais até o início dos anos 1970, uma época de grande preocupação com a energia, causada pelos preços da gasolina (embora pouco petróleo seja usado na geração de eletricidade). Em 1977, a Califórnia estabeleceu um conjunto de regulações sobre a eficiência de aparelhos, e uma delas ditava que qualquer refrigerador vendido no estado devia atender a uma certa meta. Uma vez que a Califórnia representava cerca de 10% do mercado e os fabricantes foram avisados da regulamentação, o uso de energia por refrigerador caiu um pouco, antes de 1977, e continuou a diminuir depois dessa data. Com a diminuição no uso de energia, a Califórnia alterou sua meta para ter uma utilização ainda mais eficiente dessa fonte. Uma vez que todos os fabricantes queriam vender no estado, aprimoraram o funcionamento de seus refrigeradores de modo a consumirem menos energia, atendendo às exigências das suas autoridades. Com isso, as geladeiras com menos consumo de energia passaram a ser vendidas nos demais estados norte-americanos. Portanto, depois de certo tempo, outros estados e finalmente o governo federal estabeleceram requisitos semelhantes, e, desde então, embora o tamanho do refrigerante tenha continuado a aumentar, os refrigeradores usam 60% a menos de eletricidade do que há vinte anos[9]. É interessante que o preço do refrigerador tenha caído também. Essas mudanças são o resultado de melhores formas de fabricar e projetar, e também demonstram que aprimorar a função não leva necessariamente a um custo mais alto. Além disso, ao contrário de preocupações anteriores, a função aprimorada e o preço reduzido não afetaram o lucro da empresa.

Abordagens revolucionárias

Felizmente, hoje muito se pensa sobre abordagens revolucionárias a sistemas de energia. Existe atualmente muito interesse pelas chamadas abordagens (V2G) de veículos elétricos de rede inteligente, em que grandes números de carros elétricos seriam conectados à rede de energia elétrica (plugada na parede) quando não estão em movimento. Os donos pagariam para carregar seus carros. Tal sistema teria várias vantagens. Primeiro, as baterias poderiam ser carregadas quando o uso elétrico é baixo (à noite) e as tarifas são mais baixas. Em segundo lugar, as baterias poderiam funcionar como armazenadoras da rede elétrica para ajudar em momentos de alto uso de eletricidade. Esse sistema também permitiria que os automóveis funcionassem como fontes geradoras de energia, em casos de alta demanda local e os donos seriam pagos quando seu carro estivesse descarregado. O resultado seria uma necessidade acentuadamente reduzida de postos centrais de abastecimento de energia (que são projetados para atender em pico de carga) e energia elétrica mais barata para todos.

Tal esquema não seria viável com automóveis tradicionais porque a capacidade da bateria por veículo é baixa e baterias com chumbo-ácido podem passar apenas por um número limitado de ciclos de carga e descarga. Mas a capacidade da bateria de um carro elétrico é bem grande se comparada ao uso de eletricidade na maioria das casas. Como exemplo, a bateria do carro da Tesla Motors (uma bateria de íon lítio) tem autonomia para 56 km/h, o suficiente para fornecer energia a uma casa média durante dois dias. As baterias avançadas também podem suportar mais ciclos carga-descarga, e permitem ser descarregadas mais completamente sem danos.

É claro que a eficiência apenas não economiza necessariamente energia, porque aprimoramentos históricos em eficiência têm mais do que sido contrabalançados pelo uso crescente desta. Nem a disponibilidade de métodos de conservação de energia garante que a mudança ocorrerá, mesmo que ela seja economicamente benéfica. Um bom exemplo desse problema pode ser visto no caso da iluminação, outro grande uso de energia e que alguns países, como os Estados Unidos, levam a extremos (mais de 30% da eletricidade gerada no país é usada para iluminação). Quando vou para o exterior, sempre me espanto com a quantidade de luzes das cidades dos EUA ao sobrevoá-las, às três da madrugada, por exemplo, se comparadas à cidades não americanas. Admito que isso é impressionante – não existe show de luzes comparável a voar para o Los Angeles International à noite –, mas parece que existe um medo nacional do escuro. Os edifícios ficam iluminados à noite embora vazios, e as casas ficam totalmente acesas embora ninguém esteja em muitos de seus cômodos.

Mas as pessoas se apegam a crenças antigas sobre a iluminação, muitas das quais são falsas: ler com pouca luz pode prejudicar a visão é uma delas. A iluminação custa dinheiro. As lâmpadas incandescentes têm duração mais curta se são ligadas e desligadas com frequência, mas a duração refere-se à quantidade total de tempo que elas ficam ligadas, e a perda devida ao ciclo (ligar e desligar), em geral, mais do que supera o tempo em que elas não são usadas – em outras palavras, provavelmente você não terá de trocar lâmpadas com tanta frequência se desligá-las quando não está na sala, e você também usará muito menos energia. Outro mito é que as lâmpadas fluorescentes tremulam e não são bonitas. Essa crença baseia-se no comportamento da iluminação fluorescente em sua infância. As fluorescentes modernas tremulam tão rapidamente que nem se nota. Você pode até adquirir fluorescentes pintadas para que tenha uma aparência melhor do que teria usualmente. E, evidentemente, as fluorescentes são muito mais eficientes do que as lâmpadas incandescentes. A iluminação fluorescente em casa se paga muitas vezes ao longo da vida da lâmpada em economia de eletricidade (e o tempo de vida é bem mais longo do que aquele das incandescentes). Infelizmente, o custo inicial de lâmpadas fluorescentes é mais alto, e esse custo representa muito para as pessoas. Mas isso também mudará e as LEDs, ou os diodos que emitem luz (o tipo encontrado em pequenas lâmpadas brancas de Natal), estão aumentando

204 EXCELÊNCIA NO DESENVOLVIMENTO DE PRODUTOS

em tamanho e energia e possuem fechamento rápido. Os edifícios comerciais têm entendido isso e substituído a iluminação incandescente por aquela com descarga a gás. Por exemplo, lâmpadas de vapor de sódio amarelo são muito usadas para iluminação externa. Mas, no geral, a maioria de nós, nos Estados Unidos, tarda a se atualizar.

Além dos refrigeradores e da iluminação, o progresso impressionante está sendo alcançado reduzindo-se o custo de energia em casa. Seu browser na internet está cheio de informações sobre isso, desde anúncios para casas com uso baixo de energia, a informações sobre como reduzir o custo de energia nas casas, e até descrições de imóveis que não só não têm contas de energia, mas também, às vezes, ganham dinheiro vendendo energia para a rede. Essas casas que usam pouca energia costumam combinar painéis solares e construções (como janelas tratadas, posicionamento adequado, inércia térmica) com aparelhos e iluminação eficientes. Nos EUA, muitos são os anúncios para casas que exigem apenas 50% da energia das "tradicionais" (embora não especifiquem o que significa "tradicional"). O Ministério de Energia americano tem uma meta de reduzir o uso de energia em 70% sobre essas casas "tradicionais", além de diminuir o custo adicional de construí-las para perto de zero, em 2020[10].

Outro exemplo de redução do uso de energia é o aprimoramento do controle e o consumo por motores elétricos. Aproximadamente dois terços da eletricidade usada na indústria e um quarto da energia utilizada em residências são consumidos por motores elétricos. Com frequência, ou normalmente, eles são dimensionados para a maior carga que encontrarão e pouca atenção é dada às economias potenciais de energia. Se, por exemplo, um motor está fazendo uma bomba funcionar com uma carga variável, ele não usará sua carga máxima durante algum tempo, às vezes, nem a maior parte dele. Embora os motores elétricos sejam extremamente eficientes em sua carga máxima, sua eficiência diminui quando eles operam com menos carga. Uma solução a esse problema é o chamado controlador eficiente. Um tipo desse dispositivo varia a frequência do insumo de eletricidade ao motor para acionar sua velocidade rotacional. Em meados da década de 1990, a 3M Corporation recebeu muita atenção por usar esses dispositivos, juntamente a outras modificações nos sistemas elétricos a motor em um de seus edifícios. O uso de eletricidade no prédio diminuiu em 41%, uma economia anual de 77.554 dólares[11]. Naturalmente, a empresa foi em frente, fazendo o mesmo nos outros edifícios. O investimento exigido para isso se pagou com economias no custo de energia em pouco mais de um ano. Desde então, houve muito mais progresso nesses controladores "inteligentes" e mais atenção foi dada aos sistemas a motor elétrico.

Obviamente, será preciso haver soluções alternativas à provisão de energia no futuro, e, pelo menos na época em que eu escrevia este livro, muito estava acontecendo. Como exemplo, alguns anos atrás em uma edição de minha revista de alunos na Caltech encontrei um artigo intitulado "Put Some Sunlight in Your Tank" ("coloque um pouco de luz do Sol em seu tanque")[12]. O texto referia-se ao trabalho de um aluno de pós-graduação chamado William Chueh e o laboratório do professor de ciência dos materiais e engenharia química, Sossina Haile. O esforço tinha a ver com destruir o dióxido de carbono usando um catalisador e temperaturas extremamente altas (1500 °C). O catalista Chueh está trabalhando com óxido de cério, usado em conversores catalíticos de automóvel, e uma fonte de calor potencial é o Sol. Em geral, é extremamente difícil destruir o dióxido de carbono, porque se teria de usar tanta energia quanto se ganha quando o carbono se forma com oxigênio. Mas, a altas temperaturas e com o catalisador adequado, o processo ocorre rapidamente, e o Sol é uma fonte clara da energia necessária para fornecer o calor. Uma vez que o carbono é separado, pode ser reutilizado como combustível.

Uma grande área coletora é necessária para captar a energia solar, e um processo semelhante àquele em que Chueh está trabalhando seria associado a uma usina, ou outra fonte grande, em vez de um automóvel ou uma casa. Uma possibilidade é destruir continuamente o dióxido de carbono reusando o carbono no processo de geração de eletricidade. Outra seria em uma usina híbrida que durante o dia gerasse eletricidade tanto de meios solares quanto convencionais, e então usar o combustível produzido pela destruição do gás de combustão para produzir eletricidade à noite – um método para obter armazenamento em grande escala. Os números citados no artigo eram bastante impressionantes, e a pesquisa solar-termoquímica agora é difundida.

Menciono a pesquisa de Chueh como ilustração do tipo de trabalho que pode ter efeitos importantes na produção e uso de energia. Independentemente da pesquisa de novas abordagens para prover e armazenar energia, muitas mudanças ocorrerão com nossas fontes atuais. Muito mais uso de eletricidade nos transportes ocorrerá, uma vez que as emissões de usinas centrais que queimam hidrocarbonos podem ser tratadas com mais sucesso do que aquelas de veículos móveis, e os motores elétricos são bem eficientes. Usaremos

206 EXCELÊNCIA NO DESENVOLVIMENTO DE PRODUTOS

melhor a energia eólica, solar, a biomassa e a nuclear para prover a elétrica e empreenderemos muito mais esforço para diminuir o uso de energia, limpando emissões de sistemas geradores elétricos e desenvolvendo dispositivos melhorados de armazenagem.

Para ver um exemplo relacionado à energia mais perto de casa, vamos considerar todos aqueles brinquedos operados com bateria que abarrotam as lojas – alguns deles são maravilhosos(!). Temos dois desses brinquedos em nossa casa, uma lagarta com a cara engraçada e que emite vários sons (música, palavras, e assim por diante) quando você empurra sua porta, e um cubo grande e macio que também toca música, fala e faz outros ruídos quando tocado em vários pontos. Não só eles parecem entreter eternamente crianças de um e dois anos (o que não tem preço para os avós), mas parecem quase nunca precisar de baterias, além de serem educativos. Entretanto, compare esses com exemplos infindáveis de brinquedos não confiáveis, que quebram fácil, consomem baterias sem fim e que são, simplesmente, malfeitos. Quantos são os animais plásticos equipados com baterias e revestidos com imitação de pele que se mexem e fazem sons de bichos até quebrar? Ou pense em robôs que funcionam à bateria e que congelam no meio do movimento porque mecanicamente não estão aptos para a tarefa. O resultado final é gasto de energia e materiais para fazer as baterias, a produção de materiais tóxicos que devem ser descartados e o tempo e dinheiro que as pessoas usam na compra e descarte deles.

Por sinal, esse último exemplo ressalta um método bem elementar de economizar energia: não a use para coisas desnecessárias. Por exemplo, uma maneira excelente de as pessoas ajudarem a diminuir a quantidade de energia usada a cada ano no transporte é não viajar tanto. Uma das vantagens de se aposentar oficialmente é que agora eu posso fazer minha parte para poupar energia não fazendo viagens para onde eu não quero ir. Considere quantas viagens desnecessárias a negócios estão sendo feitas nesta era de comunicação eletrônica. Continuamos falando sobre teleconferência e fazer uso crescente de comunicação digital e da internet. No entanto, passamos pela agonia de aeroportos e de sentar espremidos em assentos inadequados para fazer viagens desnecessárias. Acho sim que se deveria ter uma chance de passar um tempo com colegas em outros lugares a fim de conhecê-los, mas e depois? Talvez precisemos de produtos de comunicação de mais qualidade.

O iceberg

O problema da energia obviamente é apenas um dos muitos que têm a ver com a utilização de recursos e ameaças ao ambiente – a ponta do iceberg, embora seja uma ponta bem grande. Alguns especialistas na área temem que mais da metade das espécies que vivem na Terra podem ser extintas lá pelo ano 2100, em razão de mudanças em seus habitats, toxinas na biosfera e morte intencional por nós, humanos[13]. À medida que a extinção de espécies acontece, podemos perceber que muitas delas eram importantes para o nosso bem-estar. Empresas farmacêuticas podem achar que suas matérias-primas diminuem à medida que florestas são sacrificadas. Os homens estão se encaminhando para uma das maiores extinções na história da Terra, e a primeira em que teremos um papel importante.

Outro assunto que está gerando muita preocupação, tanto por causa de restrições globais quanto de produtos industrializados, é o uso da água. O consumo de água do planeta tem aumentado mais rapidamente que a população. Quando iniciei em Stanford, interessei-me pelas vastas quantidades de água usada para a descarga de substâncias relativamente benignas nos vasos sanitários. Considere a quantidade multiplicada pela população, então multiplicada pelo número médio de vezes que a pessoa deu descarga no vaso por dia, vezes 365 – uma quantidade extraordinária de água corrente por ano que literalmente desceu pelo ralo. Em 1992, novas leis nos EUA sobre o uso de água limitaram o volume da descarga a seis litros. Essa mudança causou certa consternação entre encanadores e consumidores, mas nos acomodamos a novos níveis de descarga e estamos economizando parte dessa enorme despesa anual. Em algum momento, no entanto, mesmo seis litros será um desperdício, principalmente em climas secos. Muitos vasos sanitários na Austrália (e que agora estão sendo importados pelos Estados Unidos) permitem que se selecione seis litros ou três, dependendo do que você depositou no vaso. Vasos que desviam urina e compostos sem água estão no mercado para reduzir ainda mais a perda de água e já estão sendo usados em algumas áreas. Vai chegar o dia em que o uso de água limpa para descartar resíduo humano parecerá anacrônico.

208 EXCELÊNCIA NO DESENVOLVIMENTO DE PRODUTOS

Existem vastas oportunidades para o desenvolvimento de produtos que usem água com mais eficiência, tratem o chamado esgoto e dessalinizem e purifiquem a água poluída de forma barata e sem grandes despesas de energia. Há ainda uma necessidade contínua de tecnologia de irrigação mais eficiente. O importante uso de água (70% aproximadamente) no mundo é para agricultura, a porção significativa vai para irrigação. Nos Estados Unidos, cerca da metade da área agrícola é irrigada por (superfície) inundada, mais de 40% com irrigadores e apenas 7% com microirrigação (como um sistema de gotejamento). É possível em muitas áreas agrícolas ver quilômetros de sistemas de irrigação funcionando em horas quentes do dia. As perdas com evaporação são imensas, mas até mesmo meus colegas de faculdade que se dedicam ao plantio justificam isso ressaltando que a água evaporada voltará para a superfície como chuva. Minha resposta é: sim, mas onde? A chuva infelizmente tende a cair em áreas úmidas, onde não é necessária, e não em áreas de plantio, que tendem a ser as áreas mais secas, já que a maioria das plantas precisam do Sol.

Mais sistemas, obviamente, serão construídos para transferir água para áreas que precisam muito dela, com o desafio associado de construir tais sistemas de maneira que não afete o ambiente. O desenvolvimento contínuo de tecnologia e equipamentos para irrigação é necessário, principalmente em países em desenvolvimento. Existe também uma oportunidade para a criação de eletrônicos digitais que controlem a irrigação de forma mais inteligente. Tem havido uma quantidade razoável de experimentação na agricultura em que a área é analisada por tipos de solos e plantas, e então tratada. O tratamento é feito usando-se computadores e um sistema GPS para aplicar fertilizantes, pesticidas e água onde e quando necessário, e não uniformemente a campos inteiros. A agricultura, com exceção do maquinário moderno, sementes e químicos, é feita de forma bastante parecida à maneira comum de cem anos atrás. Havia abundância de água e para a maioria dos produtores era quase de graça. Mas os tempos mudaram muito. E a agricultura também precisa mudar.

Existe também o aquecimento global, uma grande parte do iceberg, e real, embora a temperatura média oscile e a temperatura possa não estar subindo onde você vive. Uma palestra interessante e alarmante sobre esse assunto intitulada "Powering the Planet" ("energizando o planeta") foi dada na conferência realizada na Caltech em 2007, por Nathan Lewis, professor de química da Caltech, cuja pesquisa enfoca questões sobre a energia global[14]. A conclusão dele é que somente a energia solar pode resolver nosso problema. Ele estima, por sinal, que o esforço necessário para realizar essa tarefa equivale àquele obtido de 50 Grupos ExxonMobil. Como muitas pessoas, ele vê o controle do chamado efeito estufa como uma importante oportunidade de negócios. Mas o tom de seu trabalho parece sugerir que ele acha que não conseguiremos atingir a meta de baixar o aquecimento global. O trabalho dele é bem escrito e interessante, uma vez que a Caltech tem uma história de alardear problemas de grande escala como a fumaça produzida por automóveis, por exemplo. Recomendo sua leitura e que as pessoas monitorem suas reações sobre o texto. Você acredita nele? Acha que tomaremos muitas medidas a respeito? Em caso afirmativo, quando?

Normas e leis

Ao conversar um pouco sobre aprimorar a adequação entre produtos industrializados e nossa Terra, eu deveria dizer algumas palavras sobre reguladores e cortes, que são importantes participantes desse esforço. As normas e ações judiciais relativas a produtos são um tópico controverso, pois muitas pessoas no setor consideram desnecessário o governo interferir no mercado livre, que é "sagrado" para eles.

Alguns consumidores também parecem achar que elas restringem sua liberdade individual. Afinal, os automóveis poderiam ser mais baratos sem os conversores catalíticos. Com menos normas, mais áreas seriam acessíveis a veículos como tratores e máquinas, poderíamos comprar mais fogos de artifício para comemorar o Reveillón, conseguiríamos aproveitar melhor o som de nossos motores modificados e sem silenciador, não ficaríamos constrangidos em nossa busca por armas de fogo, poderíamos comprar pesticidas melhores, ou ainda comprar nossa tinta preferida à base de chumbo, e compraríamos o material medicinal que quiséssemos sem ter de passar por consulta médica.

Obviamente, uma razão para leis e tribunais é que a liberdade de uma pessoa com frequência significa a inconveniência de outra. Sou mochileiro. Evidentemente, aqueles que andam de bicicleta por trilhas querem total liberdade para subir as montanhas, mas eu não quero que eles me empurrem para fora da trilha. Minha esposa e eu cuidamos de nosso jardim. É claro que vários motores funcionando ao mesmo tempo sem abafador permitem que nossos vizinhos cuidem de seus jardins mais rapidamente, mas quem precisa

210 EXCELÊNCIA NO DESENVOLVIMENTO DE PRODUTOS

dessa barulheira toda? Sem dúvida, os donos de automóveis precisam pagar mais para comprar e mantê-los com equipamento para filtrar a fumaça, pois o céu deve, pelo menos de vez em quando, ficar azul e o ar não pode cheirar mal e fazer com que nossos olhos ardam (tendo crescido no Sul da Califórnia e ficado algum tempo em lugares como Pequim, Délhi e a cidade do México, percebo muito isso).

Outra razão para leis e normas, por estranho que pareça, é nos proteger de nós mesmos. Como exemplo, o governo dos Estados Unidos, quando instituído, não tinha intenção de regular produtos industrializados. Mas o processo que os levou a isso nos é revelador. Na primeira parte do século XIX, os barcos a vapor andavam apenas alguns quilômetros por hora, pois o motor deles funcionava a baixa pressão e desenvolvia pouca velocidade. Eles eram extremamente lucrativos, entretanto; às vezes gerando 50% de retorno sobre seu investimento original em apenas um ano. A concorrência cresceu, e o melhor desempenho desejado pelas pessoas significava mais velocidade. Um segredo para se obter velocidade é aumentar a pressão, porque permite motores com menos peso para determinada potência e, portanto, um barco mais veloz. Embora motores e caldeiras em barcos a vapor tenham se aprimorado continuamente, havia a tentação de operar motores acima de níveis seguros de pressão e de economizar na manutenção, para economizar custos. Isso levou a um número crescente de explosões fatais da caldeira, resultando na criação de agências reguladoras dos governos.

Atualmente, as agências reguladoras federais incluem a Environmental Protection Agency (Agência de Proteção Ambiental, EPA), a Federal Aeronautics Administration (Administração Aeronáutica Federal, FAA), a Food and Frugs Administration (Administração de Alimentos e Drogas, FFA), a Federal Communications Commission (Comissão de Comunicações Federais, FCC), a Office of Safety and Health Administration (Administração de Saúde e Segurança no Trabalho, OSHA), Interestate Commerce Commission (Comissão Interestadual de Comércio, ICC), Nuclear Regulatory Commission (Comissão Reguladora Nuclear, NRC), a Consumer Product Safety Commission (Comissão de Segurança do Produto ao Consumidor, CPSC) e a National Highway Traffic Safety Administration (Administração de Segurança do Tráfego de Estradas Nacionais, NHTSA). Existem também muitas agências estatais e municipais que regulam produtos em que problemas de segurança, ambientais ou na qualidade foram detectados. As regulações também ocorrem

Restrições globais 211

por meio de institutos técnicos, que com frequência formam agências para fornecer padronização e controle de qualidade. Outras normas reguladoras podem ser estabelecidas por grupos de compra. Um exemplo é o sistema de especificação militar norte-americano (*MilSpecs*). Muitas agências passaram a existir porque o setor privado não tinha regulação própria.

Os tribunais e a mídia também desempenham um papel importante na qualidade e segurança do ambiente. O litígio de responsabilidade do produto provavelmente seja ainda mais controvertido do que a regulação e pode causar grandes prejuízos às empresas. O Insurance Information Institute (Instituto de Informação de Seguros) estima que litígios relacionados ao amianto poderão custar 65 bilhões de dólares às seguradoras e causar a falência de 60 empresas. Em vez de penalizar igualmente os concorrentes, o litígio pode focar em uma única empresa (Firestone), ou um subconjunto (fabricantes de talidomida). Qualquer que seja o caso, as opiniões diferem amplamente. Aqueles que defendem casos de responsabilidade de produto costumam achar que agiram com a devida cautela em suas decisões e que o juiz e o júri simplesmente não entendem os riscos de se fazer um negócio. Os defensores do consumidor e aqueles com uma tendência contrária às empresas ficam horrorizados com os danos e procuram fazer valer medidas ainda mais punitivas.

Nos Estados Unidos, não há chance de um litígio de responsabilidade pelo produto desaparecer. As empresas não ficariam tão ansiosas para fazer um recall e modificar produtos sem a ameaça de litígio, e provavelmente não pensariam tanto em segurança ao criar o design de seus produtos. As regras podem mudar para que uma parte maior do acordo vá para as partes lesadas e os advogados recebam uma parte menor. As restrições às ações de classe também podem ser mudadas. Mais casos podem ser acordados ligando-se arbitragem e negociação, mas, ainda assim, haverá discordâncias e recompensas para aqueles julgados como tendo sido prejudicados com o uso de produtos. E os casos que são resolvidos no tribunal só estão começando. A maioria das reclamações de responsabilidade pelo produto é resolvida fora do tribunal.

Infelizmente, a ameaça de litígio é uma força que favorece o conservadorismo no design de produto, e um argumento contra o clima litigioso é o seu impacto sobre a inovação. Quando se tenta um aprimoramento radical no desempenho e/ou no custo, talvez seja bem passível de se produzir um produto que tenha, admitidamente, falhas. Se processada por essas falhas, é mais

212 EXCELÊNCIA NO DESENVOLVIMENTO DE PRODUTOS

provável que a empresa perca. Uma questão que surge continuamente em processos de responsabilidade pelo produto é se o design do produto segue a prática padrão. Uma empresa de aviação comercial que busque a capacidade de decolagem vertical seria muito mais exposta a ações de responsabilidade do que uma ligeira modificação nas existentes atualmente. Os produtores alegam, com certa razão, que o litígio de responsabilidade os faz ficar cautelosos para seguir novas direções.

A mídia evidentemente tem um efeito amplificador nas disputas judiciais, e de fato é uma força em si mesma. A cobertura em jornais, TV, filmes e pela internet aumentou imensamente o poder da mídia. Grandes incidentes ou acidentes com vítimas fatais, danos ao ambiente ou à propriedade são apresentados continuamente, durante dias. Como evitar a revolta contra a British Petroleum depois de ver aquelas praias e pássaros inundados de petróleo e ler sobre os problemas dos pescadores? Não estamos nos tornando, todos nós, desconfiados da segurança das SUVs? O que dizer dos aditivos incluídos em alimentos?

A imprensa tem um poder imenso para espalhar o alarme, mas pode estar falhando por não divulgar tudo o que descobre "com clareza", efetivamente. A Universidade de Stanford passou por investigação do Congresso anos atrás, relativa ao acréscimo de despesas gerais em concessões e contratos. A mídia felizmente anunciou os detalhes de todas as acusações e citações dos acusados durante meses. No meio de tudo isso, as normas para rateio e controle das despesas gerais foram mudadas e a imprensa anunciou isso como punição. Depois de alguns anos, quando a investigação foi concluída, a Universidade foi inocentada de todas as acusações. A mídia deu pouca atenção a essa notícia.

Como engenheiro, vejo os dois lados da situação da regulamentação. Certamente, sei das incertezas no design e fabricação de novos produtos e conheço o poder da mídia. Depois que a Challenger explodiu, por exemplo, eu fui entrevistado por um repórter para um jornal de San Francisco. Dei minha opinião, que foi uma tragédia, mas essa era uma missão de alto risco. O projeto do ônibus era algo sem precedentes e exigia um alto grau de inovação. O veículo Challenger estava envelhecendo. Eu segurava a respiração cada vez que um ônibus voava e não fiquei muito surpreso quando um deles teve problemas. Se houve algum erro, eu atribuo ao mau julgamento de pessoas que enviavam professores e senadores em missões como essa, mas entendia a fragilidade de máquinas complexas que deveriam sobreviver ao lançamento e à entrada de volta na atmosfera terrestre.

Julguei mal a quantidade de exposição que minha opinião receberia. A entrevista foi impressa em inúmeros jornais, e eu recebi correspondências me atacando por minha atitude arrogante sobre a vida humana e pela tentativa "engenheiresca" de encontrar desculpas para um equipamento operado com negligência e malfeito. Não me surpreendi porque suportei muito disso quando trabalhei no JPL, no início dos anos 1960. Os funcionários do JPL eram (e são) extremamente bons no que fazem, além de serem altamente motivados. Estávamos trabalhando muito no projeto da espaçonave, mas tivemos fracassos que nos desapontaram, embora eles não nos surpreendessem totalmente porque ninguém tinha construído nada parecido antes. Essa explicação não satisfez o público. Foi daí que veio a investigação do Congresso. A boa notícia foi que o Congresso, ou pelo menos a equipe investigadora, teve muitas informações sobre o que estávamos fazendo.

Contudo, eu também vejo o valor do litígio de produto e da cobertura da mídia. Os empresários gostariam de fazer produtos novos, ganhar dinheiro e tomar decisões sobre questões éticas e sociais a respeito de seus produtos, mas seria muito pedir isso. O público merece ter voz nesse processo, e essa voz passa, necessariamente, pela legislação, pela ação judicial e pela mídia. Eu me sinto melhor em saber que os produtores de meus alimentos, meus remédios, meu carro, meus eletrodomésticos e outros que podem me desapontar profundamente e/ou me provocar lesões estão sujeitos a regulamentações e seus fabricantes não querem ser processados. Eu não quero que eles fiquem cerceados a ponto de não continuarem a desenvolver produtos aprimorados, e sendo engenheiro, provavelmente esteja disposto a assumir mais risco do que as pessoas que têm menos ciência do processo que me traz esses produtos. Mas a vida é mais fácil se eu não tiver de me preocupar se minha escada vai cair, se vou levar um choque ao pegar minha torradeira ou se o ambiente onde vivo está envenenado. E se minha escada cair, minha torradeira me eletrocutar ou o ambiente onde vivo começar a me deixar doente, é melhor que a mídia divulgue isso ao mundo!

E agora, o que fazer?

Para mim, quando visto no contexto do ambiente e da sustentabilidade, a qualidade é algo simples de definir. Quanto menos desperdiçar e menos prejudicar o ambiente, maior será a qualidade de um produto. Somos capazes de fazer coisas que não gasta nada e são bem legais.

Muitas técnicas modernas de embalagem são horríveis. Pacotes plásticos têm sido feitos de petróleo e os processos de fabricação, e de dar formato a eles, exigem energia e produzem poluentes. Seiscentos milhões de toneladas de polietileno são produzidas por ano, e muito disso vai para as embalagens. Uma grande quantidade de plástico vai para se fazer o plástico bolha, só pra envolver produtos que podem quebrar facilmente; ou para os sacos finos de plástico na seção de hortifrúti que nem podem ser puxados do rolo nem abertos, principalmente quando se está com as mãos ocupadas. E por aí vai... Proteger a ecosfera e seguir rumo a um nível de existência sustentável e de alta qualidade é um problema imenso, mas fazer produtos de alta qualidade necessários para que isso aconteça é uma oportunidade enorme.

Problema proposto

Suponha que a vida na Terra, para nós, mudará necessariamente a fim de proteger nossos recursos e o ambiente. Você é capaz de pensar em mudanças em produtos que iriam ao mesmo tempo ajudar a preservar o ambiente, auxiliar a sustentabilidade a longo prazo e aprimorar sua vida? Como os produtos poderiam mudar de modo a atenuar algumas de suas inquietações, e onde e como a qualidade seria uma consideração importante? Como seriam a viagem, a comunicação, a habitação e a assistência médica? E como seria a alimentação, a eliminação, os exercícios, a higiene e o entretenimento? Como os elementos de qualidade tratados neste livro seriam trabalhados mais adequadamente ao mesmo tempo em que ajudariam tanto a economia quanto o ambiente e serviriam para a sustentabilidade?

Tabela de problemas e táticas: adequação humana

Problemas	Táticas
Pensar a curto prazo e a economia	Pensar a longo prazo e com preocupação pelo futuro da raça humana.
Crença de que o progresso depende do crescimento infindável e do consumo de recursos	Passar mais tempo em cidades, e conversar com membros dedicados e altamente educados sobre o movimento "verde".
Otimismo tecnológico ("a tecnologia vai resolver isso")	Aprender mais sobre os problemas.
Pensamento estreito/local	Ficar longe de hotéis "ocidentais" sofisticados quando viajar e conversar com pessoas do local sobre questões ambientais.

CAPÍTULO

Conclusão

O que aprendemos? Para onde vamos?

A qualidade geral de produtos fabricados industrialmente deixa a desejar e isso se deve a muitas causas. Como discutido, uma delas é a falta de consciência e de atenção dada à qualidade. Simplesmente não pensamos nisso o suficiente nem tomamos medidas, muitas vezes bem simples, que poderiam contribuir para a qualidade. Quando os estudantes concluíam meu curso sobre qualidade e me perguntavam como continuariam a aprender sobre a qualidade geral do produto, eu os aconselhava simplesmente a continuarem atentos a ela – se possível, que ficassem obcecados por ela.

Outra causa da falta de qualidade é a natureza da vida no mundo moderno. Vivemos em uma época que fortes desejos materialistas estão em grande parte das pessoas, e o capitalismo está difundido, e mesmo países que se descrevem comunistas ou socialistas – Rússia, China, Venezuela e Finlândia – querem ganhar dinheiro, como também os capitalistas. Com frequência, é possível ganhar uma grana rapidamente produzindo um item que não é tão bom quanto poderia ser, sobretudo se forem feitas uma boa promoção e a venda a preços baixos. No entanto, um produto de alta qualidade geral poderá produzir o valor agregados e a lucratividade tão almejados pelas empresas.

Vocês acham que os líderes mundiais serão fabricantes de coisas baratas? Sem essa. Além disso, é mais empolgante ser o melhor.

A maioria das pessoas que compram produtos está bem ocupada com as atividades diárias e tende a se concentrar em questões que pedem atenção imediata, o que pode não incluir a qualidade geral dos produtos adquiridos. De fato, costumamos atentar para a qualidade quando um produto falha ou nos desaponta, e não quando o adquirimos. A maioria de nós compra um colchão porque um amigo comprou a mesma marca, ou porque o fabricante é um nome tradicional em colchões, ou ainda por causa de um bom vendedor, ou um anúncio de TV convincente, ou pelo preço baixo, e talvez por ter se deitado nele durante alguns minutos na loja. Mas saberemos realmente qual é a qualidade do colchão algumas semanas depois de sentirmos dores nas costas, por exemplo.

Compramos um carro com um grande número de recursos elétricos e eletrônicos, e o adoramos até completar 80 mil quilômetros, quando os problemas começam e os consertos ficam muito caros. Só então conversamos com os outros que tiveram a mesma experiência e passamos a criticar o carro. Adquirimos um traje social por estar *in*, mas nos sentimos frustrados quando sai de moda, muito antes de valer o que pagamos por ele. Aí talvez, até pensamos mais profundamente sobre o papel da moda no vestuário. Muitas de nossas aquisições nos causam certo descontentamento.

Se trabalhamos em uma empresa que fabrica produtos, nossa atenção é consumida em meio a muitas considerações – cronograma, lucro a curto prazo, orçamentos, avaliações de desempenho no trabalho, instalações da fábrica, moral, concorrência, viagem e como reduzir a quantidade de e-mails que recebemos. Metas específicas de produtos, em geral, concentram-se em características mensuráveis, e essas metas costumam ser ambiciosas o bastante para descartar aspectos menos tangíveis. A qualidade geral pode ser pouco abordada, e não se qualificar para o nível de atenção e o esforço consciente que ela merece.

Como eu disse muitas vezes neste livro, qualidade é um assunto complicado que envolve várias dimensões. Não existe uma maneira simples de quantificá-la, e não sabemos como expressá-la quando discutimos o assunto e quando tentamos defini-la. Empregamos o raciocínio lógico e a resposta emocional para avaliar a qualidade geral de um produto.

Conclusão 219

Comecei o curso do qual este livro derivou porque queria tratar de vários tópicos sobre qualidade que eram difíceis de discutir empregando exclusivamente o raciocínio lógico e tratando de forma quantitativa. Subestimei a dificuldade de ministrar um curso dessa natureza, mas felizmente consegui empregar um componente experimental ao solicitar que os alunos classificassem e tentassem aprimorar os produtos e os designs existentes e fizessem seus próprios projetos. Agora cá estou eu, escrevendo um livro sobre esses tópicos que são difíceis de discutir do ponto de vista racional e de tratar quantitativamente. Eu devo gostar de sofrer!

De modo geral, é mais fácil pensar em tópicos complicados usando a abordagem analítica, ou seja, dividindo-os em partes. Os assuntos abordados nos Capítulos 3 a 9 do livro constituem partes importantes da obra, como um todo. Acredito que eles correspondam à parte básica, mas não afirmarei que são os únicos aspectos importantes. São apenas os que escolhi durante os anos em que refleti e dei aulas sobre o assunto. Testei esses tópicos com um grande número de pessoas enquanto atuei em muitas áreas, em muitos países, e estou convencido de que eles ajudam muita gente a pensar no problema da qualidade geral. Espero que eles transmitam informações úteis, estimulem reflexões e o tornem mais atento à questão.

Os problemas propostos no final dos capítulos são paráfrases das atribuições dadas aos alunos. Comparar e criticar conscientemente a qualidade dos produtos exige atenção, aumenta a sua consciência e desenvolve sua capacidade para discriminar entre o que é bom e ruim, de uma maneira mais produtiva. Da próxima vez que você ver um produto que adoraria ter, tente imaginar por que reage a ele dessa forma. Quando você estiver disposto a comprar um produto comum, olhe vários concorrentes e pense seriamente por que prefere um aos outros. A razão desses exercícios foi preencher aspectos da qualidade que são difíceis de expressar conscientemente. Esses tipos de atividades e exposição de conhecimentos funcionaram bem nas aulas dadas, e não tenho modéstia em pensar que você também os achará interessantes e proveitosos. Este livro contém uma grande quantidade de informações sobre a qualidade de produto e como aprimorá-la, mas para mudar o comportamento essas informações precisam ser aplicadas por meio da experimentação e do uso. Para entender realmente o que é qualidade de produto, você precisa se envolver na questão.

220 EXCELÊNCIA NO DESENVOLVIMENTO DE PRODUTOS

Se quiser uma maneira fácil de lidar com a qualidade de produto, vou lhe dar uma matriz simples, baseada neste livro, que poderá ser usada como forma de avaliação: Matriz Excelência no Desenvolvimento de Produtos.

Tabela 10.1. Matriz Excelência no Desenvolvimento de Produtos

	Péssimo(a)			Excelente	
	1	2	3	4	5
Desempenho e custo					
Adequação humana					
Trabalho artesanal					
Apelo emocional					
Elegância e sofisticação					
Simbolismo e valores culturais					
Adequeação global					

Classifique alguns produtos que você tem, gostaria de ter ou que produz, quanto à qualidade, considerando cada tópico pela ordem abordada nos capítulos. Se a maioria das classificações recebe quatro ou cinco pontos, o produto é muito bom. Se algumas delas são mais baixas, mas a média é alta, o produto ainda é bom, porque nem todos os produtos são perfeitos. É incomum um produto atingir o máximo em todas as categorias, mas se a maior parte das pontuações ficar em torno de 1, 2 e 3 pontos, por que você gosta dele? Não estamos chegando ao ponto de suportar produtos péssimos ou medíocres? Se você está pensando em comprar um item assim, não faça isso. Livre-se dos produtos ruins. Se a sua empresa está considerando produzi-lo, descarte essa ideia enquanto puder. Ou aprimore o produto. Você consegue pensar em maneiras fáceis de aprimorá-lo com base nessas classificações? Se ele for aprimorado, custaria necessariamente mais e, em caso afirmativo, por quê? Por sinal, esta matriz pode ajudar na comparação de produtos concorrentes. E se você realmente se considerar capaz de usar bem a matriz, tente fazer uma versão com classificações entre 1 e 10.

Enquanto eu escrevia este livro, às vezes pensava o que teria me levado a tentar descobrir como as coisas funcionam, a imaginar formas de fazer melhor as coisas. Em parte, foi minha tendência a pensar em coisas difíceis, como qualidade. Mas, mais ainda, isso ocorreu porque chegou realmente a hora de nos preocuparmos em aprimorar a qualidade de nossos produtos industrializados. Nossa população e expectativas aumentaram a ponto de não podermos mais fabricar lixo e jogá-lo fora quando quebra ou quando nos cansamos. Produtos de alta qualidade, sejam baratos ou caros, ajudam a resolver muitos de nossos problemas, individual ou globalmente. A qualidade, embora difícil de quantificar, pode melhorar nossa vida enquanto reduz os danos à ecosfera da qual dependemos para viver. Ela pode aumentar o valor agregado para corporações que fabricam produtos que vão de espirais para matar mosquitos que custam poucas rúpias a aeronaves que custam milhões de dólares. Um produto de qualidade pode nos deixar orgulhosos com sua aquisição, bem como elevar o moral daqueles que o fabricam. Um bom martelo pode facilitar nosso trabalho, assim como um carro híbrido com um lindo design pode contribuir para nossos sentimentos de prazer e responsabilidade social, enquanto estamos ocupados com nossos afazeres.

É isso, pessoal. Mexam-se e façam algo bom.

Notas

Introdução

1. *The Oxford Pocket Dictionary of Current English*, Encyclopedia.com, http://www.encyclopedia.com/doc/1O999-quality.html.

Capítulo I

1. A Cadeira Barcelona foi projetada por Mies Van der Rohe em 1929 (N.E.).

2. O Aztec foi um carro de porte médio da Pontiac. Suas linhas controversas lhe renderam o título de "carro mais feio do mundo". Ficou famoso por aparecer na série Breaking Bad, como o carro do protagonista Walter White, interpretado por Bryan Cranston (N.E.).

3. O *ludismo* foi um movimento que ia contra a mecanização do trabalho proporcionado pelo advento da Revolução Industrial. Adaptado aos dias de hoje, o termo "ludita" (do inglês, *luddite*) identifica toda pessoa que se opõe à industrialização intensa ou à novas tecnologias (N.E.).

4. *Arts and Crafts* foi um movimento internacional contrário ao processo de industrialização ocorrido entre 1860 e 1910, e teve influência até a década de 1930 (N.E.).

5. Philip Elmer-DeWitt, "iPhone; 4% of Market, 50% of profit", CNN Money, http://tech.fortune.cnn.com/200/10/30iphone-4-of-market-50-of-profit.

6. Apple Inc. (APPL) Financial Rations, Forbes.com, http://finapps.forbes.com/finapps/jsp/finance/compinfo/Rations.jsp?tkr=AAPL.

7. O Ford Modelo T foi um carro produzido pela Ford, que popularizou o automóvel e revolucionou a indústria automobilística (N.E.).

8. Charles O'Reilly e Michael Tushman, *Winning through innovation: A practical guide to leading organizational change and renewal.* Cambridge, MA: Harvard Business School Press, 1997.

9. Lakh (também escrito "lac") é uma unidade no sistema de numeração indiano amplamente utilizado tanto formal como em outros contextos, em Bangladesh, Índia, Nepal, Sri Lanka, Birmânia e Paquistão (N.E.).

Capítulo 2

1. "Yankee Doodle" é uma música americana com origem na Guerra dos Sete Anos. É cantada patrioticamente nos Estados Unidos da América nos dias de hoje. É a música oficial do estado de Connecticut.

2. David Garvin, "Competing on the Eight Dimensions of Quality", *Harvard Business Review*, novembro-dezembro 1987.

Capítulo 3

1. O MITS Altair 8800 foi um computador pessoal projetado em 1975, baseado na CPU Intel 8080 (N.E.).

2. Clifford Stoll, *Silicon snake oil*, Nova York: Knopf Doubleday, 1996.

3. Considerado um dos mais famosos prêmios da publicidade internacional (N.E.).

4. "Growing a nation: The story of American agriculture", Utah State University, http://www.agclassroom.org/gan/timeline/farm_tech.htm.

5. A Deere & Company é uma corporação americana, líder mundial na fabricação de equipamentos agrícolas incluindo tratores, colheitadeiras, plantadeiras, equipamentos de forragem etc. (N.E.).

Capítulo 4

1. A "síndrome do túnel carpal" é uma pressão no nervo do punho que fornece sensação e movimento para partes da mão. Ela pode levar a dormência, formigamento, fraqueza ou danos musculares na mão e nos dedos (N.E.).

2. Alexander Kira, *The bathroom*. Nova York: The Viking Press, 1976.

3. Peter Lymman e Hal Varian, "How Much Information", University of California, Berkeley, 2003, http://www2.sims.berkeley.edu/research/projects/how-much-info-2003.

4. Paul D. MacLean, *The triune brain in evolution: role of paleocerebral function*. Nova York: Springer, 1990 .

5. Charles Hampden-Turner, *Maps of the mind*. Nova York: Simon and Schuster Adult Publishing Group, 1982.

6. After Dark é uma série de software de protetores de tela de computador lançado em 1989 pela Berkeley Systems para o Apple Macintosh, e para o Microsoft Windows, em 1991 (N.E.).

7. Charles Perrow, *Normal accidents*. Princeton, NJ: Princeton University Press, 1999.

8. Mitchell Rogovin et al., Three Mile Island: A report to the commissioneers and to the public", vol. 1, http://www.threemileisland.org/downloads/354.pdf.

9. Ralph Nader é um advogado e político americano, que provocou polêmica nos Estados Unidos em 1965 com a publicação do livro Unsafe at Any Speed ("inseguro a qualquer velocidade", em português), que questionava a indústria automobilística estadunidense sobre as mortes de milhares de cidadãos em acidentes com carros, que poderiam ser evitados se os veículos possuíssem equipamentos de segurança já existentes naquela época, e que, por razões de economia de custos, não eram instalados nos veículos (N.E.).

10. Bess Myerson se tornou a primeira judia americano e a primeira Miss New York (1945) a ganhar o concurso de Miss America, em 1945. Ela apareceu em vários programas de televisão nas décadas de 1950 e 1960 e nas duas décadas seguintes, estava envolvida na política de Nova York (N.E.).

11. A *Consumer Reports* é uma revista americana publicada mensalmente pela Consumers Union desde 1936. Publica análises e comparações de produtos e serviços ao consumidor com base em relatórios e resultados de seu laboratório de testes e com pesquisas de opinião (N.E.).

Capítulo 5

1. Estilo Hepplewhite, de George Hepplewhite, que apresentou suas criações de 1760 a 1786, tornando-se famoso por suas cadeiras (N.E.).

2. Matthew Crawford, "Shop Class as Soulcraft", *New Atlantis*, summer 2006, http://www.thenewatlantis.com/publications/shop-class-as-soulcraft.

226 EXCELÊNCIA NO DESENVOLVIMENTO DE PRODUTOS

3. Thomas J. Stanley e William D. Danko, *The millionaire next door*, Nova York: Simon and Chuster, 2000.

4. David Pye, *The nature and art of workmanship*, Londres: A & C Black, 2007.

5. Piet Mondrian foi um pintor modernista holandês. Participou do movimento artístico Neoplasticismo e colaborou com a revista De Stijl (N.E.).

Capítulo 6

1. B. S. Bloom et al., "Taxonomy of educational objectives: The classification of educational goals", *Handbook I: Cognitive domain*, Nova York: Longmann Green, 1956.

2. Antoine Becharam Hanna Damasio e Antonio Damasio, "Emotion, decision making, and orbitofrontal cortex", *Cerebral Cortex 10*, n. 3, pp 295-307.

3. Daniel Goleman, *Emotional intelligence*, Nova York: Bantam Books, 1995.

4. Robert Plutchik, *Emotion: A psychoevolutionary synthesis*, Nova York: Harper Collins, 1980.

5. "Fatalities on mount everest", *ExplorersWeb*, http://www.adventurestats.com.

6. Paul Bloom, *How pleasure works: The new science of why we like What? We Like*, Nova York: W. W. Norton, 2010.

7. Abraham Maslow, "A theory of human motivation", *Psychosomatic medicine*, n. 5, 1943.

8. Len Doyal e Ian Gough, *A theory of human need*, Nova York: Macmillan, 1991.

9. Donald Norman, *Emotional design: Why we love (or hate) everyday things*, Nova York: Basic Books, 2005.

10. James D. Agresti e Reid K. Smith, "Gun control facts", *Just Facts*, 12 de dezembro, 2010, http://justfacts.com/guncontrol.asp.

11. O *sweet spot* é onde uma combinação de fatores resulta em uma resposta máxima para uma determinada quantidade de esforço (N.E.).

12. Dev Patnaik, "System logics: Organizing your offerings to solve people's big needs", *Design management review* 15, n. 3, verão 2004.

Capítulo 7

1. "Automobiles", *History.com,* http://www.history.com/topics/automobiles.

2. Arquiteto finalndês Eero Saarinen (1910-1961) (N.T.).

3. Robert Rauschenberg foi um artista americano do expressionismo abstrato e do Pop Art (N.E).

4. Aparelhos Rube Goldberg são aqueles que começam com um simples impulso, mas que desencadeiam uma série de movimentos no efeito dominó (N.E.).

Capítulo 8

1. "BMW plans to spend $160 million for advertising on TV", *4WheelsNews,* 15 abril, 2011, http://www.4wheelsnews.com/bmw-plans-to-spend-160-million-for-advertising-on-tv.

2. "Kantar media reports U.S. advertising expenditures increased 6.5 percent in 2010", *Business wire,* 17 de março, 2011, http://www.businessire.com/news/home/20110317005314/en/Kantar-Media-Reports-U.S.-Advertising-Expenditures-Increased.

3. Relatório Anual, Harley Davidson Inc., http://www.harley-davidson.com/en_US/Media/downloads/Annual_Reports/2009/10K_2009.pdf.

Capítulo 9

1. "Wellcome to the anthropocene", *Economist.com,* http://www.economist.com/node/1874401.

2. "The anthropocene: A man-made world", *Economist.com,* http://www.economist.com/node/184741749.

3. W. T. Choate e J. A. S. Green, "U.S. energy requirements for aluminum production". *Historical perspective, theoretical limits and new opportunities.*

228 EXCELÊNCIA NO DESENVOLVIMENTO DE PRODUTOS

Columbia, MD: BCS, Inc., para o Ministério de Energia dos E.U.A., fevereiro 2003.

4. "World population estimates", *Wikipedia*, http://en.wikipedia.org/wiki. World_population_estimates.

5. "Frequently asked questions", *Recycle my cell phone*, 2011, http://recycle-mycellphone.org//faq.shtml.

6. HiTech Recycling Ltd., 2007, http://www.hitechrecycling.com/news/html.

7. Megan Gall, "3,5 tons of disposable diapers fill US landfills each year", *Examiner.com*, 19 de abril, 2009, http://www.examiner.com/stay-at-home-moms-in-san-diego/3-5-tons)-of-disposable-diapers-fill-us-landfills-each-year.

8. "Petroleum and other liquids: Data", *U.S. Energy Administration*, 2011, http://www.eia.gov/dnav/pet/hist/LeafHandler.ashx?n=PETs=MTTIMUS1&f=M.

9. "Refrigerators and freezers", Comissão de Energia da Califórnia, Centro de Energia do Consumidor, 2011, http://www.consumerenergycenter.org/home/appliances/refrigerators.html.

10. "Building America", Ministério de Energia dos EUA, 2004, http://apps1.eere.energy.gov/buildings/publications/pdfs/building_america/35851.pdf.

11. "3M in the United States", 3M, 2011, http://solutions.3m.com/wps/portal/3M/en_US/WW2Country.

12. Douglas Smith, "Put some sunlight in your tank", *Engenharia and science*, 72, n. 2, Outono, 2009.

13. "Warming puts species at one in ten extinction risk by 2100", *Simple climate*, 16 de julho, 2011, http://simpleclimate.wordpress.com/2011/07/16/warming-puts-species-at-one-in-ten-extinction-risk-by-2100.

14. Uma versão em PDF está disponível em http://eeser.caltech.edu/outreach/powering.pdf.

Leituras adicionais

ACKERMAN, Diane, *A natural history of the senses*. Nova York: Vintage Books, 1991. Um livro escrito lindamente sobre os sentidos e os sentimentos que eles evocam que pode ser aproveitado pelos leitores com e sem formação técnica. Um de meus livros favoritos há muito tempo, tende a deixar o leitor mais interessado nos sentidos.

ADAMS, James, L. *Conceptual blockbusting*: a guide to better ideas. Nova York: Basic Books, 2001. Minha coleção agora envelhecida de "blocos mentais" comuns que, embora facilitem a carga cerebral, nos inibem da criatividade e nos levam a resistir à mudança. Incluem-se maneiras de superá-las.

BLOOM, Paul. *How pleasure works*. Nova York: W. W. Norton, 2010. Uma leitura agradável e divertida sobre as facetas menos lógicas do que gostamos e não gostamos. Por que alguém pagaria três milhões de dólares por uma bola de beisebol usada?

CRAWFORD, Matthew. *Shop class as soulcraft*. Nova York: Penguin, 2009. Um argumento apaixonado em defesa do trabalho artesanal, do treinamento vocacional e do trabalho manual, escrito por uma pessoa que tem doutorado em filosofia e trabalha como mecânico de motocicletas antigas.

GLADWELL, Malcolm. *O ponto da virada – The tipping point*. Rio de Janeiro: Sextante, 2009. Influente e popular, trata-se de um livro escrito por um psicólogo e ex-jornalista científico sobre a natureza e sobre a importância das emoções na solução de problemas e na tomada de decisões.

GOLEMAN, Daniel. *Emotional intelligence*. Nova York: Bantam Books, 2010. Um livro popular e influente sobre a natureza e a inportância das emoções na solução de problemas e na tomada de decisões escrito por um psicólogo e ex-jornalista de assuntos científicos.

230 EXCELÊNCIA NO DESENVOLVIMENTO DE PRODUTOS

HAWKEN, Paul, Amory Lovins e LOVINS, L. Hunter. *Capitalismo natural – criando a próxima Revolução Industrial*. São Paulo: Cultrix/Amara Key, 1999. Um livro cuidadoso, pragmático e bem escrito sobre problemas ambientais e o potencial para as empresas lucrarem ao trabalharem para resolvê-los. Os autores acham que uma revolução semelhante à Revolução Industrial ocorrerá à medida que o capitalismo baseado na exploração de recursos evoluir para um capitalismo que respeite e conserve esses recursos.

KELLEY, Tom. *The art of innovation*. Nova York: Currently/Doubleday, 2001. Um livro extremamente acessível sobre criatividade e inovação, baseado nas experiências e nas abordagens adotadas pela Ideo, uma empresa de consultoria renomada por sua capacidade de inovar produtos e ensinar outras empresas a fazer o mesmo.

NORMAN, Donald. *Emotional design*. Nova York: Basic Books, 2004. Norman é psicólogo cognitivo e se tornou extremamente interessado em design e em produtos industrializados. Seu livro *The psychology of everyday things* foi um bestseller, e correlaciona emoções com vários aspectos do design de produto.

PATNAIK, Dev. *Wired to care*. Upper Saddle River, NJ: FT Press, 2009. Este livro afirma que a empatia é um dos fatores mais importantes para o sucesso das empresas. O autor é cofundador da Jump Associates, uma empresa de consultoria especializada em estratégia de produto e identificação de necessidades.

PERROW, Charles. *Normal accidents*. Princeton, NJ: Princeton University Press, 1999. O autor apresenta vários fracassos catastróficos em sistemas grandes e complicados, e mantém que embora devêssemos lutar para desenhar sistemas de modo que não ocorram falhas, ao contrário do que esperamos, elas ocorrerão. Ele acha que se o custo de tal fracasso for inaceitável, não deveríamos construir o sistema.

YANAGI, Soetsu. *The unknown creaftsman*. Tóquio: Kodasha International, 1989. Um livro maravilhoso sobre trabalho artesanal, sua natureza e recompensas. A ênfase é no trabalho artesanal, mas o livro é extremamente provocador, estimula a reflexão e sempre me faz querer sair e fazer uma espada samurai, ou, pelo menos, fazer cerâmica.

Índice remissivo

Abordagem de equipe
    interdisciplinar multifuncionais,
    37

Aborrecimentos diários, razões para
    aceitar, 19

Acabamento. *Veja também* Trabalho
    artesanal
    de certeza, 110-11
    de risco, 110-11
    grosseiro, 110-12
    livre, 110-13
    manual, 99, 107-10, 113-19

Acabamento livre. *Veja também*
    trabalho manual 109, 110, 113,
    114

Acidente da Challenger, 177-78, 212

Adequação
    cognitiva, 85-90
    humana, 73-76
    física, 76-80
    sensorial, 80-85

Adequação humana
    banheiros e, 75-76, 180
    complexidade e, 90-94
    designers e, 74-75
    Problema proposto, 97
    problemas com, 73-74
    segurança e, 94-97
    Tabela de problemas e táticas, 98

AEG, 155

Agências reguladoras federais, 210

Água, uso global de, 207

Albers, Josef, 155

Alegria, 125

Ambientalismo, 24

Análise conjunta, 36

Antecipação, 125

Antropoceno, 192-93

Apple, 63
    iPhone, 23
    primeiro computador da, 19

Aprimoramento da qualidade,
    exemplo de, 23-28

Aviões, índices desempenho/custo,
    69

Banheiro, adequação humana e, 75,
    180

Bateria – brinquedos movidos a, 206

Bauhaus, 155-56

Beasley, Bruce, 176

Behrens, Peter, 155

Bens de capital, padronização de, 185

Billington, David, 112

Biotecnologia, 73

232 EXCELÊNCIA NO DESENVOLVIMENTO DE PRODUTOS

Bloom, Benjamin, 121, 133, 137

Bloom, Paul, 136

Boeing, 168

Brancusi, Constantin, 163

Breuer, Marcel, 155

Câmera Nikon, 165-66

Câmeras de celulares, 196

Carson, Rachel, 24

Cérebro, o, 85-90
Teoria do Cérebro Trino, 87-88

China, 29-31

Chueh, William, 209

Comissão Internacional sobre
Estratigrafia, 192

"Competindo em Oito Dimensões
da Qualidade" (Garvin), 35

Complexidade
adequação humana e, 90-94
equilíbrio entre elegância e, 165-66
usina nuclear Three Mile Island,
falha e, 91-92

Computadores, 53
compatibilidade da mente
humana e, 73
solução de problemas e, 89

*Conceptual blockbusting: a guide to
better ideas* (Adams), 51

Concorrência global, 29-31

Confiança, 125

Córtex, 131-32

Crawford, Matthew, 109

Criatividade
características organizacionais
para, 52-53
design e, 51
mudança organizacional e, 52

Crutzen, Paul, 192

Culturas
globalismo e, 185-189
produtos e, 175-77

Curva de Moore, 68

Custo. *Veja também* Preço
complexidade do, 62-64
equilíbrio entre desempenho e,
64-68
introdução, 57-58
Problema proposto, 70
"real", debate sobre, 61
Tabela de problemas e táticas, 71

Custo "verdadeiro", debate sobre, 61

Custos de energia em casa,
reduzindo, 204

Dadaístas, 177

Danko, William, 109

Deming, W. Edwards, 29
ameaça de litígio e, 215

Desempenho
equilíbrio entre custo e, 64-68
introdução, 57
quantificando, 58-62
Problema proposto, 70
Tabela de problemas e táticas, 71

Desempenho/custo
de aviões, 78
de produtos, 78

Design
ameaça de litígio e, 211
criatividade e, 51-55
definido, 45
de produtos, 37
industrial, 154-58
natureza mutável do, 45-51
para produção, 27
processo, para a adequação física,
79
restrições globais e, 197
segurança e, 96-97
sofisticação aumentada do, 47

Designers
adequação humana e, 93-94
complexidade de sistemas e,
91-92
dualidade de consciência e
inconsciência e, 88-89

Doyal, Len, 135-36

Dreyfuss, Henry, 155, 167

Duchamp, Marcel, 176

Elegância, 158-63, 165
compensação entre
complexidade e, 171-72
Tabela de problemas e táticas, 171

Elkington, John, 191

Emoções
complexidade das, 125-30

diversidade em respostas a, 130-
31
introdução, 121-22
mecanismos de, 131-34
necessidades e, 134-36
papel de, 122-24
Problema proposto, 147
rótulos para, 125-26
Tabela de problemas e táticas,
148

Emotional Design (Norman), 135

Emotional Inteligence (Goleman), 125

Empoderamento, trabalhador, 27
reconhecimento/recompensas
por, 113-14

Empreendedorismo, 18

Empresas automobilísticas, EUA,
tradição e, 39-44

Empresas de automóveis, tradição e,
39-44

Energia solar, 205

Engenharia dos fatores humanos, 73

Equilíbrio técnico, 49-50

Equipamento para produção
agrícola
efeito de, na lavoura, 63
desempenho, custo e preço de,
61-62

Ergonomia, 73

Essencialismo, 133

Estados Unidos
aparelhos para cozinha nos, 179

armas e, 179

carros em, 178-79

foco na qualidade da produção nos, 26

importância da tecnologia para, 177

preocupação sobre qualidade de produto nos, 24

propriedade de casa nos, 179

tradição de produzir quantidade *vs.* qualidade nos, 39

Estética. *Veja também* Design industrial

elegância e, 158-72

forma/função de produto e, 163-66

introdução, 149-51

preocupações sobre a, hoje, 166

Problema proposto, 170

produtos industrializados e, 151-53

sofisticação e, 158-63

Tabela de problemas e táticas, 171

Estilo internacional, 155

EV1, 198

Excelência em Desenvolvimento de Produtos, Matriz, 220

Execução de protótipos, 79

Expectativas, população, 196

Farmacopeia dos EUA, 95-96

Faste, Rolf, 145

Fayol, Henry, 77

Fiorina, Carly, 168

Funcionalidades, 60-61

Funcionários, conservando e motivando a alta qualidade, 22

Forbes, Fahrad, 103

Forbes, Naushad, 102-3

Forbes, Marshall, 102-3

Ford Motor Company, 115, 174

Forma física, 76-80. *Veja também* Forma física de população idosa e, 79

dados para, 78

fazendo protótipos e, 79

maquetes para, 78

mudanças no estilo de vida e, 80

processo de design para melhor, 78

testando tempo para, 79

Forma/função de produto, estética e, 163-66

Fraldas, descartáveis, 207

Freud, Sigmund, 127

Função do cérebro, modelos de, 135

Garvin, David, 35-36

Gates, Bill, 21, 143

Gehry, Frank, 167

General Motors, 18, 33, 40, 48, 198

Gerenciamento científico, 77

Gerenciamento da Qualidade Total (TQM), 27

Global Positionaing System (GPS), 49

Globalismo, culturas e, 185-89

Goleman, Daniel, 125-26, 130

Gosto, mudança e, 22

Gough, Ian, 135-36

Gropius, Walter, 155

Grupo de design, atributos de, 46

Guerra, 127

Gulick, Luther, 77

Haile, Sossina, 205

Hampden-Turner, Charles, 88

Harley-Davidson (motocicletas), 129, 188

Hasso Plattner Institute of Design, 54

Head, Howard, 143

Hewlett-Packard, 26

Hierarquia de necessidades (Maslow), 134-35, 139

Holoceno, 192

Honestidade, 64

Humanas, necessidades. *Veja* Necessidades, humanas

Hunter Engenharia, 47-49

Iluminação, 203-04

Iluminação fluorescente, 203

Índia, 2, 30-31, 103, 110, 113, 184-87

Índices custo/desempenho
de aviões, 78
de produtos, 78

Inovação, 29

Insight, Honda, 201

Intel Corp, 68

Interface humana, 73

International Data Corporation (IDC), 23

Introdução ao design, 47-49

iPhone, 22

Irrigação, 208

Jet Propulsion Laboratory (JPL), 18, 24, 48-50, 65

Jobs, Steve, 66, 143

Jump Associates, 145

Juran, Joseph M., 27, 29

Kandinsky, Wassily, 155

Kelley, David, 54

Kennedy, John F., 65

Klee, Paul, 155

Kyoto, Protocolo de, 192

Lauren, Ralph, 167

Lei de Alimentos e Drogas (1906), 95

Lei de Importação de Drogas (1848), 95

Lei de Saúde e Segurança no Trabalho (1970), 95

236 EXCELÊNCIA NO DESENVOLVIMENTO DE PRODUTOS

Leis, 209-13

LEDs (diodos de emissão de luz), 203

Levi Strauss, 43

Lewis, Nathan, 208

limiar, 82

"Linha Vermelha" (*Pacific Electric Railways*), 200

Litígio de responsabilidade pelo produto, 211-12

Lixo tóxico, 195

lobos parietais, 88

Loewy, Raymond, 155-56

Lovins, Amory, 199

Lutz, Bob, 167

Lyman, Peter, 86

MacLean, Paul, 88

Maps of the Mind *(Hampden-Turner), 88

Maquetes, 78

Marketing. *Veja também* Propaganda
design de produto e, 167-68
intenção do, 37
produtos sem precedentes e, 48
qualidade de produto e, 36-38
valores de pessoas em empresas e, 48

Maslow, Abraham, 134-36, 139, 146

McCartney, Stella, 167

McKim, Bob, 145

Mecatrônica, 53

Mente, a, 86-88

Microsoft Word, 165

Mies van der Rohe, Ludwig, 155

Millionaire next door, the (Stanley e Danko), 109

Modernismo alemão, 155

Moholy-Nagy, László, 155

Mondrian, Piet, 176

Moore, Gordon, 68

Morte, fascínio pela, 129-30

Motores elétricos, 204-05

Mudança
gosto e, 21-23
organizacional, criatividade e, 51

Mudanças no estilo de vida, adequação física e, 80

Myerson, Bess, 95

Nader, Ralph, 95

Nature and art of workmanship (Pye), 110

Necessidades, humanas, 134-36
emoções e, 137
estima, 142
hierarquia de, 135
identificação de, 145-47
intelectual, 144-45
Problema proposto, 147
segurança, 140

sobrevivência, 137-41

social, 141-44

Necessidades de estima, 142-44

Necessidades de segurança, 140

Necessidades de sobrevivência, 138-45

Necessidades intelectuais, 144-45

Necessidades sociais, 141-44

New science of why we like what we like, the (Bloom), 133

Normal accidents (Perrow), 91

Norman, Donald, 137

O'Reilly, Charles, 24-25

Pacific Electric Railways "Linha vermelha", 200

Packard, David, 143

Padronização do produto, 156-57

Padronização, global, 186

Palácio de Cristal, 176

Panasonic, 43

Parkinson, Brad, 48-49

Passáro no espaço (Brancusi), 163

Patnaik, Dev, 145-46

Pensamento, qualidade e, 34-39

Perrow, Charles, 91

Petersen, Donald, 26, 115, 168

Piano, Renzo, 177

Picapes, como exemplo de problema de qualidade, 40-43

Pininfarina, Battista, 167

Plattner, Hasso, 54

Plutchik, Robert, 125-26, 130, 132

Populações envelhecendo, tratando da adequação física e, 79

Primavera Silenciosa (Carson), 24

Problemas ambientais. *Veja* Problemas da ecosfera

Problemas de ecosfera, 192-94

abordagens revolucionárias a, 202-06

causas dos, 196-98

papel do produto industrializado, 194-96

resposta a, 199-202

Problemas de qualidade, exemplo de, 40-43

Problemas propostos

sobre adequação humana, 97

sobre desempenho e custo, 70

sobre emoções e necessidades, 147-48

sobre estética, 170

sobre mentalidade estreita ou tradição, 55

sobre problemas ambientais, 214

sobre qualidade de produto, 32

sobre subculturas, 187

sobre trabalho artesanal, 118

Produção agrícola, efeito de equipamentos na, 67

Produtos. *Veja também* Produtos industrializados

alumínio, 195
aprimoramento e, 19
compromisso, 43
culturas e, 177-81
design e, 38
efeito de qualidade aprimorada
dos, 22
emoções e, 121-22
índices custo/desempenho de, 78
luxo, 142
perfeito, 19
propaganda e, 22
subculturas e, 181-85

Produtos consensuais, 43

Produtos de alumínio, 197

Produtos de luxo, 142-43

Produtos industrializados, 21. *Veja
também* Produtos
design de, 45-46
estética e, 151-54
papel dos, 196-198
tendências futuras nos, 21-23

Produtos perfeitos, 19

Propaganda, 63-64. *Veja também*
Marketing
produtos e, 22

Propriedade de casas nos EUA, 179

Preço. *Veja também* Complexidade
de custo de, 62-64
introdução, 57-58
Tabela de problemas e táticas,
71

Prius, Toyota, 198, 201

Problemas
qualidade, exemplo de, 40-43
razões para, 68-70

Pye, David, 110-13

Qualidade, 1. *Veja também*
Qualidade de produto
aspectos de, 35
como conceito abstrato, 16
critérios para, 16-17
marketing e, 36-38
Problema proposto, 32
produto, sucesso nos negócios
e, 22
raciocínio e, 34-39
solução de problemas e, 34-39

Qualidade de produção
além da, 28-29
aprimoramento, 37
foco na, 26-27
mudanças nas estruturas
e procedimentos
organizacionais para
aprimoramento, 27
responsabilidade pela, 27

Qualidade de produto. *Veja também*
Qualidade
atributos de grupo de design
para, 46
marketing e, 36-38
Problema proposto, 32
sucesso no negócio e, 22

Quantidade, tradição de produzir,
40-41

Índice remissivo 239

Rauschenberg, Robert, 177

Recompensas, para o trabalhador empoderamento, 113-14

Reconhecimento, para o empoderamento do trabalhador, 113-14

Refrigeradores, 201-02

Regulamentações, 220-25

Restrições globais
design e, 197
Tabela de problemas e táticas, 215

Resultado financeiro triplo, 191-93

Revistas, 43

Revolução da informação, 85-86

Rick, John, 101

Rogovin, Mitchell, 91

Rutan, Burtan, 167

Schiaparelli, Elsa, 167

Schimandle, Bill, 65

Segunda Guerra Mundial, entendendo adequação física e, 77-78

Segunda Guerra Mundial e entendimento, 77-78

Segurança
adequação humana e, 94-97
consumidor, 95-96
desenhando produtos para, 96
industrial, 95

Sentido da audição, 80-84

Sentido da pele, 81

Sentido da visão, 81

Sentido do movimento, 81

Sentido do tempo, 81

Sentido químico, 81

Sentidos, 80-81

Sentidos orgânicos, 81

Shell Oil Company, 48

Shop Class as Soulcraft (Crawford), 109

Silicon Snake Oil (Stoll), 61

Simbolismo
introdução, 173-75
produtos e, 175-77
Tabela de problemas e táticas, 190

Símbolos, definição, 172

Simplificação de produto, 156-57

Sistema de transporte baseado em petróleo, 200

Sistemas de energia, abordagens revolucionárias a, 202

Smith, David, 176

Sofisticação, 158-63, 168-69
Tabela de problemas e táticas, 171

Solução com "novas características", 146

Solução de problema
computadores e, 89
qualidade e, 34-39

240 EXCELÊNCIA NO DESENVOLVIMENTO DE PRODUTOS

Soluções sistêmicas, 146-47

Sputnik, 24

Stanley, Thomas, 109

Starck, Philippe, 167

Stella, Frank, 176

Stoermer, Eugene, 194

Stoll, Clifford, 61

Subculturas, 181-82
    Problema proposto sobre, 189
    produtos e, 181-85

Sucesso nos negócios, qualidade de
    produto e, 22

SUVs, 44, 80, 198, 212

Tabelas de problemas e táticas
    para adequação humana, 98
    para custo, desempenho e preço,
      71
    para elegância, 171
    para emoções, 148
    para estética, 171
    para restrições globais, 215
    para simbolismo, 190
    para sofisticação, 171
    para trabalho artesanal, 119
    para valores culturais, 190

Tata group, 31, 186

Taylor, Frederick W., 77

Teague, Walter Dorwin, 155

Tecnologia
    descrição de, 177
    Estados Unidos e, 177

importância de, 179-81

Teoria do Cérebro Trino, 87-88

Teoria econômica, falhas na, 44-45

Tesla Motors, 201-02

Tesouro Nacional, programa
    (Japão), 113-14

Theory of human need, a (Doyal e
    Gough), 135-36

Three Mile Island, fracasso da usina
    nuclear, 65, 178
    complexidade de, 91-92

Tinguely, Jean, 176

Torre Eiffel, 176

Trabalhador, empoderamento do, 27
    reconhecimento/recompensas
      necessários para, 113-14

Trabalho artesanal
    indústria/problema de cultura,
      105-10
    introdução, 99
    natureza do, 109-14
    prazer e orgulho de, 110-14
    Problema proposto, 118
    razões para a importância de,
      100-01
    sugestões para aprimorar, 114-18
    Tabela de problemas e táticas,
      119
    trabalho humano e, 110-14

Tradição
    de produzir quantidade *vs.*
      qualidade, 38
    fabricantes de carros e, 39-44

Índice remissivo

Tushman, Michael, 24-25

Uniformidade de produto, internacional, 186

Urwick, Lyndall, 77

Valores culturais, Tabela de problemas e táticas, 190

Varian, Hal, 86

Vasos sanitários, 207

Volt, Chevrolet, 198

Warhol, Andy, 177

Warner e Swasey Company, 107

Werlbund, 157

Winning the oil endgame (Lovins), 199

Winning through innovation: a practical guide to leading organizational change and renewal (O'Reilly e Tushman), 24-25

Wozniak, Steve, 143

Wright, Frank Lloyd, 177

Young, John, 26, 115

Sobre o Autor

James L. (Jim) Adams é professor emérito do Departamento de Engenharia Mecânica, do Departamento de Ciência da Administração e Engenharia, e do Programa de Ciência, Tecnologia e Sociedade da Universidade de Stanford. Graduado pelo Instituto de Tecnologia da Califórnia e mestre em engenharia pela Universidade de Stanford. Também fez cursos de arte na Ucla, serviu na força aérea e teve vários empregos na área de design e desenvolvimento no setor, antes de receber seu Ph.D.

Antes de voltar para Stanford como docente, Adams trabalhou para o Jet Propulsion Laboratory, JPL, em Pasadena, Califórnia, onde se envolveu no design da primeira espaçonave para explorar a Lua, Vênus e Marte. Em Stanford, lecionou desde design mecânico e de produto até criatividade e inovação, qualidade de produto e a natureza da tecnologia. Ele teve muitos cargos administrativos na Universidade e ganhou vários prêmios por se destacar no ensino e pelos serviços prestados tanto aos alunos quanto aos ex-alunos.

Além de seu trabalho em Stanford, é consultor e palestrante e conduz *workshops* para mais de cem clientes comerciais, que vão desde pequenos e grandes técnicos a grupos financeiros; serviu como consultor e palestrante a um grande número de grupos profissionais, educacionais e do governo; e é membro do corpo docente em vários programas executivos.

Adams é autor dos livros *Conceptual blockbusting*, sobre pensamento criativo; *The care and feeding of ideas*, dirigido para a administração da criatividade e mudança; e *Flying buttresses, entropy and o-rings*, sobre a natureza da engenharia. Jim e sua esposa, Marian, têm quatro filhos e oito netos e vivem no campus de Stanford, onde passa seu tempo de folga restaurando máquinas, lendo e escrevendo, comendo e bebendo, e trabalhando para Marian. Ele mantém um blog disponível em <http://www.jamesladams.typepad.com>.